성경의 부부들

성경의 부부들
ⓒ 김준수, 2024

초판 1쇄 발행   2024년 10월 25일

지은이   김준수
펴낸이   김준수
디자인   이명희 · 김인애

신고번호   제2018-000031호
펴낸곳   도서출판 밀라드
주 소   서울 양천구 지양로15길 24, 101-311.
전 화   02-6093-0999
홈페이지   www.millard.co.kr
I S B N   979-11-9715789-6-8(03230)

성경에 나오는 부부들의
사랑과 증오, 질투와 욕망

성경의 부부들

김준수 지음

그들도 우리와 똑같은 부부였다!

연인, 부부들에게 들려주는
성경의 아픈 연애와 사랑 이야기

밀리드

프롤로그

요즘 사람들은 어떤 것들에 관심을 갖고 살고 있을까요? 손가락으로 꼽아보라면 당신은 거뜬히 열 개쯤은 셀 수 있을 것입니다. 당신의 열 손가락 안에 섹스, 사랑, 결혼이 들어있을까요? 들어있다면 당신은 그런대로 정상적인 인간입니다.

섹스, 사랑, 결혼은 당신만 갖고 있는 관심사가 아닙니다. 이 세 가지는 인류 최대의 관심사이면서 영원한 숙제입니다. 어쩌면 대부분의 사람은 이것들을 위해 산다고도 할 수 있지요. 섹스, 사랑, 결혼은 개인의 삶과 운명을 결정할 뿐만 아니라, 한 공동체와 국가의 운명을 결정합니다. 우스꽝스럽게도 행복과 불행, 광기와 폭력, 평화와 전쟁은 여기에서 싹트고 자라고 폭발하고 끝나곤 하죠. 괴테가 평생에 걸쳐 혼신을 다해 쓴 《파우스트》처럼, 젊은 시절 아름다운 베아트리체를 짝사랑했던 단테의 《신곡》처럼, 심지어 이 세 가지는 영혼 구원과도 관련이 있습니다.

인류 역사에서 최고의 베스트셀러는 '성경'이라고 하지요?

성경은 영어로 '홀리 바이블'(Holy Bible)이라고 합니다. '거룩한 경전'이라는 뜻이죠. 성경은 말 그대로 성스러운 책입니다. 성경은 성스러운 책이기에 성스러운 내용들로만 채워져 있다고 생각한다면 그건 오산입니다. 성경의 상당히 많은 부분은 '섹스', '사랑', '결혼'을 다루고 있기 때문입니다.

성경에는 왜 이런 내용들이 빈번히 나올까요? 그것은 성경이 하나님의 이야기, 사람들의 이야기이기 때문입니다. 성경이 사람들의 이야기이니만큼 그렇다손 치고, 그게 하나님의 이야기라면 좀 이상하지 않아요? 전혀 이상하지 않습니다. 하나님은 자신의 형상과 모양대로 사람을 만드셨기 때문이에요. 그렇다고 하나님께서 섹스를 한다거나, 신끼리(하나님 외에 신은 없습니다) 사랑을 나눈다거나, 그리스의 제우스나 고대 가나안인들이 숭배하던 바알신처럼 다른 신과 결혼을 한다거나 하는 망측한 상상은 아예 하지 않는 게 좋습니다. 하나님은 자존자(스스로 계시는 자)이기 때문에 그렇습니다.

하나님은 우리들 인간이 가진 아름다운 인격과 사랑의 본질입니다. 하나님은 그의 형상을 닮은 피조물인 인간에게 그분이 가지신 인격과 사랑을 인간의 가슴에 스며들게 하셨습니다. 예컨대, 결혼을 생각해보십시오. 결혼은 인간이 만든 제도가 아니에요. 하나님이 만드신 제도입니다. 결혼은 인간을 복되게 하기 위한 하나님의 생각이 창세 때부터 현실로 반영된 것이지요. 그것은 선하신 하나님께서 인류의 선과 행복을 위해 만들어 낸 축복의 통로이며, 그분의 영광을 드러내기 위한 놀라운 선물입니다.

남자와 여자가 결혼한다는 건 경이롭습니다. 생각해보십시오. 서로 다른 육체끼리 몸을 합하다니요! 어찌 이런 일이 가능하겠습니까? 사랑하기 때문에 가능합니다. 결혼은 단순히 한 사람과 다른 사람의 육체적인 결합이 아닌, 전 인격과 감정의 결합입니다. 그것은 한 사람 안에 있는 존재하는 사랑의 궁극적인 표현인 것입니다. 그 사랑의 희열이 절정에 오를 때 비로소 두 사람은 하나가 되는 것이지요.

기독교인들이 그처럼 많이 헌신하고 충성하는 '교회'는 사랑하는 남녀의 결혼과 같은 신자들의 모임입니다. 이건 내 말이 아니라, 성경이 그렇게 말하고 있지요. 성경은 결혼을 교회로 비유하고 있습니다. 결혼은 신자들의 주 되시는 예수 그리스도와 그의 신부인 교회의 영원하고 변할 수 없는 사랑을 표징하는 거룩한 모형이라는 거죠. 이렇게 결혼은 사람을 자신의 형상대로 빚어내신 하나님과 그의 백성 간의 영원한 결합을 상징하는 신비롭고 기막힌 축복입니다.

이 책은 성경에 등장하는 부부들의 삶과 애환을 다룬 에세이입니다. 그들도 우리와 똑같은 부부였습니다. 그들도 우리들 평범한 부부처럼 사랑하고 증오하고, 질투하고 경멸하는 사이였습니다. 하지만 그들이 우리와 다른 점은, 그들은 한 시대를 살면서 하나님의 구원사에 등장해 성경에 기록되었다는 사실입니다. 그들은(들릴라와 아하수에로 왕을 빼놓고) 넘어지고 일어서면서 하나같이 믿음의 길을 걸은 사람들입니다.

이 책은 성경에 나타난 그들 부부 간 사랑과 증오, 질투와 욕망을 신학적 · 역사적 · 문학적으로 융합함으로써 사랑은 과연 무엇이고 부부란 과연 무엇인지를 탐색, 기독교인들의 연애와 부부생활에 도움을 주기 위해 쓴 것입니다. 필자는 이 책을 쓰면서 되도록 성경의 테두리 안에서 꾸미려고 했지만, 때론 어떤 내용에는 작가 특유의 상상력을 동원해 이야기를 풀어갔습니다.

성경을 열심히 읽는 분들은 '성경 말씀은 거룩하다'라는 고정관념으로 인해 성경의 진정한 메시지를 이해하지 못하는 경우가 많습니다. 그러한 고정관념의 렌즈 너머로 성경을 들여다본다면 숨이 멎을 것 같은 기분을 맛볼 것입니다. 이 책을 읽기 전, 예를 들면, '룻과 보아스_크리스천 연애의 진수'를 읽기 전에 성경의 룻기를 두세 번 읽은 후 이 책을 읽는다면 무척 재미있고 감동이 있을 것입니다.

필자가 이 책을 쓰게 된 동기는 결혼생활의 신비와 풍요로운 은혜 때문입니다. 필자는 올해로 결혼한 지 44년째입니다. 44년이라면 부부생활을 통달할 만도 하련만, 아직도 사랑이 무엇인지 부부가 무엇인지 감도 못 잡고 정글 속에서 헤맬 때가 많습니다. 이제 겨우 희미하게나마 하나님이 우리에게 원하시는 사랑과 부부의 원리를 깨닫는 걸음마 단계입니다. 송구스럽게도, 이것도 깨달음이라면 깨달음이고 경험이라면 경험이기에 독자 여러분과 그 깨달음과 경험을 나누고 싶습니다.

필자가 이 책을 쓰게 된 또 하나의 동기는 우리 사회의 무너지는 부부관계 때문이라 할 것입니다. 언젠가 필자는 한국 사회의 심각한 이혼율을 뉴스로 접하면서 충격에 휩싸였지요. 더욱 충격적인 것은, 기독교인들도 불신자들 못지않게 부부가 갈라서고 있다는 사실입니다. 모르긴 몰라도, 이러한 실상은 목회자들도 예외가 아닙니다. 정말 얼굴이 화끈거릴 만큼 부부생활이 엉망인 목회자 부부들도 많다고 들었습니다. 그렇게 많이 설교하고, 그렇게 많이 상담도 하고, 그렇게 많이 성령 충만 어쩌고저쩌고한 목회자들이 사모에게 폭언, 폭행을 일삼고, 다른 매력적인 여성에게 그처럼 쉽게 빠져들다니요! 그런 소식을 듣고는, 나는 귀를 의심하지 않을 수 없었고, 슬픔에 가득 찬 마음으로 기독교 신앙의 근본적인 문제에 커다란 의혹의 눈길을 보내지 않을 수 없었습니다.

성경에는 "진리가 너희를 자유하게 하리라"는 말씀이 있습니다. 믿는 자가 진실로 예수님을 믿고 성령 안에서 산다면 연애든 부부생활이든 은혜와 사랑이 가득할 것입니다. 그런 아름다운 연애, 행복한 부부생활을 하지 않으시렵니까? 그런 생각이 있다면 부디 이 책을 여러 번 읽으시길 바랍니다. 행복한 부부를 꿈꾸는 연애하는 커플끼리, 한 지붕 아래 살면서 날마다 지지고 볶는 부부끼리, 교회의 소그룹 멤버끼리 이 책 각 장의 마지막에 있는 '나눔'을 통해 서로의 생각과 경험을 나눈다면, 이 책을 더욱 알차게 읽을 수 있을 것입니다.

이 책을 읽는 모든 분에게 우리 하나님께서 주시는 기쁨과 평화가 넘쳐나시길 바라고 축복합니다. '생육하고 번성하여 땅에 충만하라'는 하나님의 언약의 말씀이 삶의 현장에서 그대로 이루어지시길 축복합니다. 우리에게 가정과 교회와 국가를 주신 하나님께 영광과 찬송을 올려드립니다.

2024년 9월 25일

지은이 김준수

차례

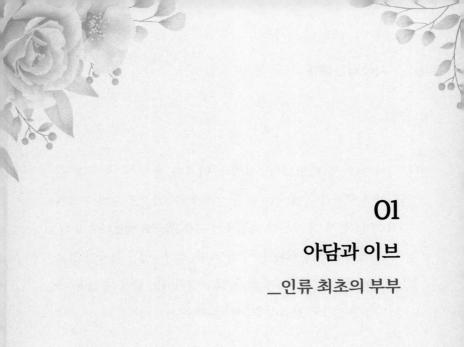

01

아담과 이브

—인류 최초의 부부

지상 낙원 에덴

　나는 어제 태어났다. 신적 에너지가 충만한 어느 봄날, 잠에서 깨어났을 때 나는 마취 상태에 있었으므로 내가 어떻게 만들어졌는지 잘 모른다. 조물주는 나를 흙으로 빚었다고 한다. 내 키는 동산의 무화과나무만큼 크다. 팔다리에는 근육이 있고 가슴과 어깨는 떡 벌어져 있다. 턱과 성기에는 털이 나 있다. 내 나이는 혼기가 꽉 찬 30살은 되지 않나 싶다.

　동산이 언제부터 여기에 있었는지 나는 잘 모른다. 동산은 내가 태어나기 한참 전, 아마도 영겁의 세월 동안 존재해 온 것 같은 느낌을 지울 수 없다. 동산에는 오로지 나 혼자만 살고 있다.
　찬란한 햇빛이 나뭇잎 사이를 비집고 들어오는 이 아름다운 동산의 이름은 에덴이다. 고집스러운 노인네가 알려준 이름이다. 노인네는 나와 외모가 닮았다. 하지만 그는 나하고는 비교가 안 되는 인물이다. 나는 땅에서 살지만, 노인네는 하늘에서 산다. 그는 자신이 천지만물을 창조한 전능한 신이라고 했다. 나는 그를 '하나님'이라고 부른다.

　어제 해 질 녘 한갓지게 동산을 거니는 하나님의 실루엣이 내

시선에 들어왔다. 나는 종종걸음으로 달려가 "아, 반갑습니다. 안녕하세요?"라고 그분께 인사했다. 하나님과 나는 동산의 안전과 관리에 대해 잠시 말을 나눴다. 우린 서로 말을 알아듣는다. 대화를 하면서 나를 만든 그의 손끝의 감촉을 온몸으로 느낀다. 나는 다짜고짜 물었다.

"이 동산은 여기에 얼마나 오랫동안 있었어요?"

이것은 의문투성이인 내가 하나님께 던진 최초의 질문이었다.

"아, 좋은 질문이야. 에덴동산이 언제부터 완성된 모습을 드러냈는지는 너도 알아야 하겠지. 그건 네가 태어나기 바로 전날이야. 5일 동안 동산을 만들고 거기에 동식물을 채워넣느라 나도 꽤 바빴지 뭐야."

그때 그의 얼굴은 만족스러운 미소가 번져나갔다. 그런가 싶더니 곧 엄숙한 표정을 지었다. 하나님은 이글거리는 눈빛으로 내게 다가와 동산 중앙에 있는 나무 곁으로 데리고 갔다. 그러고는 그 나무의 열매를 먹으면 죽을 거라고 엄포를 놓은 후, 하늘로 감쪽같이 사라져버렸다. 무슨 꿍꿍이속인지 알 수 없지만, 하여간 금단의 열매를 먹으면 죽는다고 하니 동산 중앙에는 아예 얼씬도 하지 않아야겠다고 마음먹었다.

오늘 오전 나는 동물들에게 이름을 지어주느라 바빴다. 오후에는 내내 빈둥거리며 파니 놀다가 묘하게 생긴 동물을 처음 만났다. 나무 위에서 몸을 비틀고 있는 그는 부러운 눈초리로 나를 바라보았다. 부끄러움을 느낀 나는 개울을 뛰어넘다가 넘어졌다. 그는 까르르 웃었다. 징그럽게 생겼지만 일면 귀여운 데가 있는 파충류다.

그는 동산에 사는 동물 가운데 유일하게 말을 한다. 지혜로워 보였고 세상 이치를 훤히 꿰뚫고 있는 듯했다. 나는 오늘 그 동물에게 '뱀'이라는 이름을 지어주었다. 그와 사귀고 싶지만, 언젠가는 신상에 해를 입을 것 같아 되도록 가깝게 지내지 않으련다.

나는 에덴을 충실히 지키고 가꿀 것이다. 아아, 그런데 왜 이리 가슴이 뛸까? 억누를 수 없는 이 호기심은…….

아담이 일기를 썼다면 아마 이렇게 쓰지 않았을까?

아담, 인류의 시조로 알려진 사람! 구약성경의 맨 처음 책인 창세기에는 창조주 하나님이 6일 동안 천지와 해와 달과 별과 동식물을 만드셨다고 알려준다.

이 모든 것들은 사람을 위해 디자인되었다. 하나님은 창조의 마지막 날에 사람을 만들었다고 한다. 창세기 1장의 기록에는 하나님이 자신의 모양과 형상을 따라 사람을 만드셨는데, 남자 한 명과 여자 한 명을 같은 날(아마도) 창조했다고 한다.

그런데 창세기 2장의 기록은 1장과는 사뭇 다르다. 2장의 기록에 따르면, 하나님이 남자를 먼저 창조하신 후 아담이라는 이름을 붙여줬고, 얼마 후 여자를 창조하셨다고 한다. 1장을 쓴 기자와 2장을 쓴 기자가 다르다는 건가? 아니면 기자는 같은데 기술 관점이 다른 건가? 갑론을박이 있지만, 어쨌든 성경이 우리에게(성경이 기록됐던 당시에 살았던 사람들만 아니라 그 후 모든 세대의 사람들) 알리려고 하는 것은 천지와 인간은 어느 날 우연히 나타난 게 아니고 하나님이 창조하신 피조물이라는 것이다.

창세기의 창조 기사를 조금 더 들여다보자. 아담과 이브에 관한 이야기는 창세기 1-3장에 나온다. 1장과 2장은 하나님의 세상 창조를 다루고 있는데, 아담과 이브가 여기에 등장하는 것은 두말할 필요 없이 그들이 최초의 인간일 뿐 아니라 최초의 부부였기 때문이다. 3장은 인간의 타락을 다루고 있다. 이 때문에 3장은 전체적으로 우울한 분위기를 띠고 있지만, 그런 가운데서도 희망의 여명이 어둠 속에서 발산하고 있다.

인간이 타락했다는 것은 하나님과의 관계가 단절되고 영원히 절망 속에서 고통하고 신음하는 것을 뜻한다. 하지만 어둠이 깊으면 새벽이 밝아오듯 절망적인 인간에게 구원의 길이 열려 있다. 그것은 사랑이 많으신 하나님이 메시아를 인간 세상에 보내실 거라는 약속을 하셨기 때문이다. 이것을 창세기 관점에서 말하면, 잃어버린 낙원을 다시 회복하는 것이다. 이렇게 창세기 1-3장은 창조-타락-구원이라는 구원사의 굵직한 개념이 녹아들어 있고, 성경의 독자들은 이 세 가지 틀 안에서 창조 기사를 읽을 때 올바른 독법이 될 수 있다.

성경은 인간의 타락이 인류 최초의 부부인 아담과 이브가 살았던 에덴동산에서 시작되었다고 생각한다. 인간의 타락은 신의 명령에 대한 불순종의 결과였다. 그것은 두렵고 끔찍한 죽음의 고통이었다. 신의 명령에 순종하느냐 아니면 불순종하느냐 하는 시금석은 아주 단순하게도(혹은 아주 복잡하게도) 금단의 열매(그냥 '사과'라고 해두자)를 먹느냐 안 먹느냐였다. 하나님은 아담과 이브에게(특히 아담에게) 에덴동산에 있는 모든 과일은 얼마든 먹어도 좋지만, 동산 한가운데에 선악을 알게 하는 나무 열매만은 먹지 말도록 엄히 명하셨다. 만일 아담과 이브가 그 나무 열매를 먹는 날에는 정녕 죽을 것이라고 하셨다. 불행하게도 그 동산에 뱀이 있던 게 화근이었다. 아니, 인간 내면에 숨겨 있는 신적 성품으로부터 벗어나려는 반항적인 기질 혹은 성적 호기심이 화근이었다.

에덴—사랑과 신뢰, 파탄과 회복의 드라마

흔히 성경의 독자들이 놓치기 쉬운 개념이 있다. 그것은 한 쌍의 부부인 아담과 하와의 결혼생활 이야기다. 다시 말하면 지구상에 오로지 하나밖에 없는 커플인 아담과 하와가 엮어내는 부부 이야기다. 그들 부부의 생활 중심에 신(성경은 이 신을 '여호와 하나님'이라고 밝히고 있다)이 있다. 그래서 창조 기사는 아담과 하와 두 사람과 창조자이며 구원자인 하나님 셋이서 엮어내는 신비한 이야기다. 이렇게 구약성경의 맨 처음 석 장은 세 주인공이 엮어내는 사랑과 신뢰, 파탄과 회복의 드라마가 펼쳐져 있고, 창조-타락-구원의 드라마는 구약성경과 신약성경의 전편에 걸쳐서 분수처럼 솟아 오르고 있는 것이다. 그리하여 성경의 독자들은 성경을 펴든 순간 이 세상과 인간을 만드신 압도적인 하나님을 만나게 된다. 하나님은 구약성경의 맨 첫 번째 책인 창세기부터 세계와 인간을 향해 자신을 희미하게 드러내는 게 아니라 명확한 초상으로 드러내고 계시기 때문이다.

독자 여러분이 알다시피 아담은 인류 최초의 인간이다. 하나님이 자신의 형상과 모양대로 흙으로 만든 창조물이다. 히브리어로 '아담'(אדם)은 '사람'이란 뜻이다. 이 말은 남자와 여자를 총칭하는 일반명사다. '아담'은 또한 하나님께서 흙으로 빚어낸 인류 최초의 사람이다. 구약성경에서 아담이 일반명사로 쓰일 때는 능력과 자존을 지닌 인간을 뜻하지만, 최초의 인간인 아담을 가리킬 때는 그 운명이 저울에 달면 입김보다 가볍고 땅의 티끌과 같이 흙으로 돌아가야만 하는 허무하고 비참한 존재라는 의미를 지닌다.

성경을 믿지 않는 사람에게는 좀 어리둥절하겠지만, 이 세상에 출현한 아담은 처음부터 성년이었다. 하나님은 아담이 혼자 지내는 게 애처롭게 보였다. 더는 안 되겠다고 판단하셨는지(전능하신 하나님이 아담을 창조하셨을 때 왜 이걸 모르셨을까? 고개를 갸우뚱하게 하는 대목이다), 어느 날 아담을 잠들게 하고 그의 갈빗대를 하나 빼어내 여자를 창조하셨다. 아담에게 반려자가 생긴 것이다. 그 반려자가 바로 '하와'다.

하와는 히브리어로 '모든 살아있는 것들의 어미'란 뜻이다. 영어권에서는 이브(Eve)라고 부른다. 이 책에서는 문맥상 '하와'라는 이름을 쓰면 좋겠다는 곳에서는 '하와'를 쓰겠지만, 교회와 사회에서 통용하는 '이브'라는 이름을 주로 쓰려고 한다. 아무래도 하와보다는 이브라는 이름이 더 친근하고, 인문학적 서술로도 보다 부드럽고 용이하기 때문이다.

성경은 아담과 이브가 인류 최초의 사람이라고 말한다. 성경은 아담과 이브가 금단의 열매를 따 먹은 결과 인류에게 죄가 들어오고 고통이 시작되었다고 말하고 있다. 그들은 자신뿐 아니라 자신을 잇는 후손들을 포함한 인류의 운명을 비극으로 내몬 장본인들이다. 그들은 하나님이 약속한 축복의 삶을 거부하고 인간의 삶을 선택한 배반자다.

신약성경은 예수 그리스도의 미션을 명확하게 드러나기 위해 아담에게 불명예를 안겨주었다. 사도 바울은 아담을 첫 번째 아담으로, 예수 그리스도를 두 번째 아담으로 소개하고 있다. 두 번째 아담인 예수님은 실패한 첫 번째 아담과는 달리 죄와 사망을 이겨내 인류에게 구원의 소망을 주게 되었다고 주장한다.

아담이 어떻게 출현했는지에 대해서는 논란이 끊이질 않는다. 아담도 배꼽이 있었을까? 이런 질문을 던지고 끝장토론을 해서 결론을 얻어내려 한다면 어리석은 일이다. 아담과 이브가 역사 속에 실재한 인물인지 아닌지 밝혀내는 일은 굉장히 까다로운 일이기 때문이다. 현대인들의 뇌리에는 진화론이 무의식적으로 똬리를 틀고 있다. 그런데 과학주의가 거의 진리인 것처럼 되어버린 요즘 세상에도 진화론보다는 창조론을 신뢰하는 사람들이 있다. 지식인조차 말이다. 이런 (믿음 좋고 순진한) 분들에게 무한한 존경을 보낸다. 정말 아담과 하와는 신에 의해 창조되었을까? 그들은 최초의 인간이었을까? 그들이 출현한 때는 언제였을까? 그들은 지구의 어느 귀퉁이에서 살았을까?

에덴 이야기는 설화나 꾸며낸 신학적 이야기가 아니고 실제로 있었던 역사적 사건일까?

아담의 역사(history) 혹은 아담의 역사성(historicity)이 왜 중요하냐 하면, 기독교인들의 신앙과 세계관에 결정적인 영향을 미치기 때문이다. 만일 아담이 역사적 인물이 아니라면 기독교인의 전통적인 신앙관, 즉 창조에서부터 타락-구속으로 이어지는 성경의 스토리라인은 허물어질 우려가 있다.

이 책은 이런 복잡한 신학적 물음들에 관해 답하려고 쓴 게 아니다. 이 책은 순전히 아담과 이브라는 인류 최초의 부부 사이에 이런저런 있을 수 있는 일들(평범한 부부들의 사소한 일상처럼)에 관해 쓴 에세이다. 신학적 사색과 인문학적 상상력의 결합은 독서의 맛을 한층 더 자아내게 할 것이다.

물론 성경에는 아담과 이브의 부부생활이 소상하게 나와 있는 건 아니다. 하지만 그들이 어떻게 부부생활을 하였는지 탐색하는 건 꼭 상상력이 풍부한 작가가 아니더라도, 웬만큼 인문학적 소양이 있는 사람이라면 어느 정도 짐작할 수 있으리라 생각한다. 거기에 신학적 지식이 약간 있으면 금상첨화라 할 수 있겠다.

아담과 하와 이야기를 '죄와 벌'이라는 관점에 치중해 신학적으로 읽는다면 지나치게 종교적으로 싱거운 텍스트에 갇히게 될 것이다. 그 반대로 인간학 관점에 치중해 인문학적으로 읽는다면 지나치게 인본주의적이 되어 경박한 텍스트로 전락하게 될 것이다. 그렇다면, 우리는 이 이야기를 신학과 인문학을 균형 있고 조화롭게 융합해 읽을 필요가 있다. 그럴 때 이 간결한 텍스트에서 아주 많은 삶의 지혜와 진리를 얻을 수 있다.

아담과 하와가 신화적 인물이든 종교적 인물이든 역사적 인물이든, 많은 사람의 심상에는 그가 마치 우리 곁에 있었던 다정한 사람처럼 은연중 새겨져 있다. 에덴은 한 폭의 풍경화처럼 펼쳐지고, 에덴의 이야기는 동화처럼 친근하게 다가온다. 어떤 사람은 에덴의 이야기에서 인간의 타락과 원죄의 기원을 찾으려 하고, 또 어떤 사람은 인간 세상에서 흔히 벌어질 수 있는 보통 사람들의 보편적인 삶을 찾으려고 한다. 그러면서 우리는 에덴 이야기에서 인간은 무엇이고 신은 무엇인지를 사색하면서 삶이란 대체 무엇인지를 아프게 성찰해보는 것이다.

인류 최초의 부부인 아담과 하와! 그들은 어떻게 만났을까? 어떻게 성애를 알게 되었을까? 어떻게 에덴에서 쫓겨났을까? 어떻게 에덴 동쪽에서 살았을까? 그들 부부생활은 행복했을까, 불행했을까? 아담과 하와가 어떻게 부부생활을 하였고 험한 세상살이를 어떻게 이겨냈는지를 탐색해보는 것은 성경을 읽는 것과는 또 다른 차원의 색다른 은혜와 즐거움이 있을 것이다.

이브의 두 얼굴—현모양처인가, 팜므파탈인가?

아담에게 딴 여자가 있다고 말한다면 기독교인은 화를 낼지 모른다.

"뭐라고? 그게 무슨 말야? 미쳤군!"

한국의 기독교인들에게는 잘 알려지지 않아 그렇지, 서구인들에게는 이브에게 두 여성상이 존재해 왔다. 한 여성은 성경에 나오는 하와이고, 또 한 여성은 고대 유대 사회 일각에 전해져 내려오는 릴리스다. 릴리스는 아담의 첫 번째 아내이고, 하와는 아담의 두 번째 아내란다. 이처럼 아담에게 두 명의 여자가 있다고 전해져 오는 것은 아담과 하와의 창조 기사인 창세기 1장과 2장의 기록이 사뭇 다른 데서 연유된 것이지만, 그보다는 아담과 하와를 다루는 창세기의 내용이 고대 근동의 길가메시 서사시와 아트라하시스 신화와 유사한 데가 있기 때문이다.

전승에 따르면 하나님이 먼저 아담에게 붙여준 릴리스(아담처럼 흙으로 빚어 만든)는 감각적이고, 유혹적이고, 쾌락을 탐하고, 열정적인 데다, 독자적인 삶을 추구하는 여성이다. 기질이 그런 터라, 릴리스는 아담에게 복종하기를 거부하곤

했다. 아담이 잠자리에서 성욕이 발동해 릴리스를 누우라고
말하면 그녀는 눕기를 거부하고 아담에게 투덜댔다.

"내가 왜 당신 아래 누워야만 하죠?"

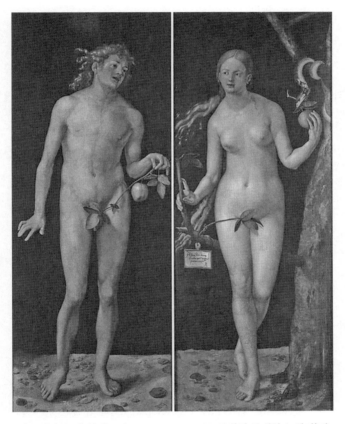

알브레히트 뒤러(Albrecht Dürer, 1471-1528, 독일의 르네상스 화가)의
<아담과 이브>(1507년 완성). 패널에 유채, 209cm×81cm. 이탈리아
베네치아 여행에서 돌아오자마자 그린 유화. 타락하기 전 아담과
이브의 완벽한 인체가 자연과 완전한 조화를 이룬 누드화. 스웨덴의
크리스티나 여왕으로부터 이 그림을 선물로 받은 스페인 국왕 펠리페
4세는 당혹스러운 나머지 일반인이 보지 못하도록 그림을 수장고에
숨겨놓았다고 한다. 음란 작품으로 폐기될 뻔한 이 작품은 100년 후
빛을 보게 되었다. 스페인 마드리드 프라도 미술관 소장.

이런 일이 잦으면 부부는 다투기 십상이다. 아닌 게 아니라, 어느 날 아담은 그런 아내에게 성질을 내버렸다. 그러자 릴리스는 보란 듯이 집을 뛰쳐나가 남자를 유혹하는 음탕녀로 살았다는 것이다.

서구인들의 마음속에 그런 릴리스는 마녀의 화신으로 각인되어 왔다. 흥미롭게도 괴테는 《파우스트》에서 릴리스를 등장시켰다. 파우스트 박사가 무도회장에서 현란하게 춤을 추고 있는 여자를 발견하고, 메피스토펠레스에게 "대체 저 여자는 누구요?"라고 묻는다. 메피스토펠레스는 이렇게 대답한다.

"릴리스라는 여자입니다. 아담의 첫 번째 부인이죠. 그녀의 아름다운 머리카락을 조심해야 할 것이오. 그녀가 입은 옷 또한 조심해야 하고요. 그녀가 저 옷으로 젊은 남자를 일단 유혹하기만 하면 절대로 놓아주는 기대일랑 하지 않는 게 좋다오."

파격적인 릴리스는 프랑스 소설가 베르나르 베르베르(Bernard Werber)의 SF소설 《파피용》에도 등장한다. 멸망하는 지구에서 극적으로 탈출한 14만 4천 명의 지구인들이 우주선을 타고 천이백 년 만에 목표 행성에 도달하는데, 마지막 남은 사람은 남자와 여자 둘뿐이었다. 하지만 두 사람은 섹스 포지션으로 다투다가 헤어진 얼마 후 여자는 뱀에 물려 죽고 만다. 하는 수 없이 남자 주인공은 우주선의 생명 복제 장치를 활용해 여자를 탄생시켜야 했는데, 남자는 자신의 갈빗대를 떼어내 여자를 탄생시키는 데 성공한다는 줄거리다.

20세기 후반 서구사회에 페미니즘이 유행하기 시작하면서 페미니스트들은 릴리스에게 음탕한 여자라는 탈을 벗기고 매력적인 여자로 바꿔놓기 시작했다. 릴리스는 남자의 종식을 벗어나 독립적이고 자발적으로 행동하는 적극적인 여성으로 탈바꿈했다. 바야흐로 '여성 상위시대'가 열리기 시작한 것이다.

릴리스가 집을 뛰쳐나간 뒤로 아담은 적적함을 달래지 못해 하나님께 새 여자를 달라고 졸랐다. 아담이 혼자 사는 것을 측은히 여기신 하나님은 아담을 잠들게 한 후 그의 갈빗대 하나를 취해 여자를 창조했는데, 그게 바로 이브다. 이브는 아담의 전처인 릴리스와는 달리 어머니 같고, 겸손하고, 수줍고, 진실하고, 남자에게 순종적인 여자였다. 창세기에서 금단의 열매를 따먹으면서 아담에게 함께 먹자고 권유한 사람이 이 여자 이브다. 아무튼 릴리스와 이브 얘기를 종합하자면, 릴리스는 나쁜 여자, 이브는 착한 여자라는 거다.

이렇게 릴리스는 개성이 강하고 독자적으로 행동하는 여성, 이브는 청순가련하고 순종적인 여성으로 그려져 있지만, 여하튼

두 여자의 공통점은 유혹에 취약하다는 점이다. 두 여자에게 늘 어른거리는 유혹은 성적인 것과 관련이 있다. 금단의 열매와 뱀은 은근히 성적 이미지를 발산하고 있다. 금단의 열매는 성에 대한 지식이 열리는 것과 유관하고, 에너지가 넘치고 꼿꼿이 머리를 쳐들고 있는 뱀은 그 형상이 마치 흥분한 남자의 반들반들하고 거만한 성기를 연상하게 한다.

한마디로 릴리스는 바람을 피우고 섹시하며 독자적으로 행동하는 현대 여성 타입을, 이브는 맨날 집에 처박혀 있으면서 아이를 기르고 바느질이나 하고 남편 뒷바라지하는 일에나 충실히 하는 여성 타입(전통적인 한국 여성상인 신사임당 같은)을 상징한다. 하지만 결국 남성들은 청순가련한 이브에게도 릴리스가 가지고 있는 섹시하고 일탈적인 색깔을 덧칠해 왔다. 어떤 면에서 이브는 섹시스타다. 그녀는 관능적인 매력으로 남자를 유혹해 파멸시키는 팜므파탈이다.

이브에게 남성을 유혹하는 부정적인 이미지가 덧씌워진 데는 기독교가 한몫 거들었다. 2,000년 기독교 역사는 이브의 부정적인 면을 부각하는 데에 열을 올렸다. 아담을 타락시킨 장본인이 이브라는 것이다. 특히 기독교 창시에 크게 공헌한 사도 바울은 아담과 이브를 곱게 보지 않았다. 바울은 태고의 정원에서 살았다고 하는 아담과 이브를 역사 속의 인물로 불러들였다. 바울은 아담과 이브가 신의 축복과 은총의 길을 저버리고 제멋대로 살려는 인간의 길을 선택해, 모든 인류로 하여금 원죄를 안고 태어나게 한 주범으로 보았다. 바울이 보기에 그들은 신에 반기를 들었던 사람들이다. 그들은 인류에게 죄와 사망을 가져다준 사람들이다. 그들은 인류에게 절망과 고통을 몰고 온 사람들이다.

영국의 화가이자 시인인 단테 가브리엘 로세티(1828-1882)의 작품 <레이디 릴리스>, 1866-1868년에 그의 내연녀를 모델 삼아 그린 유화. 애수에 젖은 여성의 관능미를 잘 그려냈다. 미국 델라웨어 미술관 소장.

바울이 아담과 이브를 이처럼 격하게 깎아내린 까닭은 그리스도의 사역과 부활을 부각하려 했기 때문이지만, 본래의 의도와는 상관없이 아담 부부에 대한 그의 부정적인 생각은 초기 기독교 이후 대대로 기독교인들에게 영향을 끼쳤다. 바울에게 영향을 받은 기독교인들은 원죄의 기원이 아담에게 있다며 부단히 아담을 몰아세웠다. 특히, 이브는 거의 마녀와 다름없었다. 중세 시대 사람들은 특별한 은사를 가진 여성들을 마녀라고 덮어씌우며 마녀사냥을 할 때면 뱀의 유혹에 빠져 남자를 타락시킨 이브를 연상했다.

자유민주주의가 보편적 가치로 인정받게 된 현대에도 이브는 일부 남성들에게 여성 혐오와 학대의 근거가 되었다. 오랜 세월 이브는 끊임없이 그렇게 악녀로 매도되어 왔다. 하지만 이브는 자기를 끌어내리려는 끈질긴 획책에도 불구하고 두 얼굴을 가진 여자로 살아남았다. 현대인들에게 그녀의 초상은 아름다움의 여신이자 팜므파탈과 같은 욕정의 화신이다.

아담과 이브의 신혼생활

아담과 이브는 아름다운 에덴동산에서 행복한 신혼의 삶을 살았을까? 그들은 성애를 어떻게 알았을까? 그들이 부부로서 성교를 하기 시작한 건 타락 전(에덴동산에서 살았을 때)이었을까, 아니면 타락하고 난 후부터(에덴에서 쫓겨나 에덴의 동쪽에서 살았을 때)였을까? 이런 질문은 상상력을 자극한다.

에덴은 아름답고 평화롭고 풍요로운 동산이었다. 사람이 살기에 더없이 좋은 지상낙원이었다. 그곳에 인간이란 오로지 아담 혼자뿐이었다. 아담의 하루 일과는 단순했지만 나름 바빴다. 온종일 동물들에게 이름을 지어주랴 숲을 가꾸랴 시간이 모자랄 판이었다. 아침에는 찬란하게 떠오르는 해를 바라보며 체조를 하였고, 해가 질 때는 저녁노을을 바라보며 명상에 잠기곤 했다.

하지만 아담은 얼마 안 가 따분함을 느끼기 시작했다. 어느 날부터 아담의 마음에 왠지 모를 허전함과 쓸쓸함이 찾아들었다. 자기처럼 머리는 하늘을 바라보고 두 발은 땅에 서서 걸어다니는 '인간'(man)이 동산에 없었기 때문이었다. 더욱이,

모든 짐승은 짝을 지어 즐겁게 교미를 하고 있는 게 아닌가? 그런 광경을 보면서 아담은 자신과 똑 닮은 단짝이 있다면 얼마나 좋을까 하는 바람이 마음속에 싹트기 시작했다.

어느 찬란한 봄날, 아담은 외로움을 달래보려고 동산 이곳저곳을 배회했다. 아담은 가는 곳마다 새들과 짐승들이 짝짓기를 하며 사랑을 나누는 것을 보고는 혼자인 자신의 처지를 애처롭게 탄식했다.

'아아, 천한 짐승들도 저렇게 기쁨을 노래하고 있는데, 하나님의 형상을 닮은 나만 외롭구나. 반려자 없이 혼자 사는 내가 무슨 참된 기쁨이 있단 말인가!'

하나님은 그런 아담의 기분을 알아차렸다. 측은한 생각이 드신 것이다. 하나님은 아담을 깊이 잠들게 하고는 그의 갈비뼈 하나를 뽑아 여자를 만드셨다.

이브의 탄생 과정은 아담과는 전혀 다르다. 이브와 아담은 '창조 재료'가 완전히 달랐다. 하나님이 아담을 창조하실 때 재료로 삼은 건 흙이다. 하나님의 형상과 모양대로 흙으로 빚은 다음 코에 생기를 불어넣어 만들어낸 것이다. 하지만 이브를 창조하실 때는 아담을 깊이 잠들게 한 후 그의 갈빗대 하나를 취해 거기에 살을 채워 만들어냈다. 이브를 창조하신 후 하나님께서도 스스로 감탄하셨을 것 같다. 그만큼 이브는 완벽한 여자였으리라. 최고의 미모와 최고의 덕성을 겸비한 여자였을 것이다.

놀랍게도 새로 탄생한 여자는 아담과 같이 하나님의 형상을 닮았지만 성(性)이 달랐다. 근육이 울퉁불퉁하고 어깨는 벌어져 있으며 얼굴에는 털이 나고 목에는 울대뼈가 툭 튀어나온 아담과는 달리, 여자는 머리가 작고 눈은 크며 피부는 하얗고 몸매는 야리야리하고 굴곡진 S라인이었다. 놀라운 것은, 아담의 성기는 양쪽 사타구니 사이로 털북숭이를 헤집고 무리하게 튀어나와 묵직하게 매달려 있는데, 여자의 성기는 불룩 솟아오른 불두덩에 꽃잎 모양으로 피어난 외음부가 체모로 보일 듯 말 듯 감싸져 있었다. 게다가 여자는 가슴골에 터질 듯이 풍만한 유방이 위태롭게 달려 있는 게 어찌나 아름다운지 창조주의 솜씨가 참으로 놀라웠다.

하나님께서도 자신이 만든 여자를 보신 후 믿기지 않다는 표정을 짓지 않았을까. 성경에는 이브의 용모에 대해서 이러니저러니 언급은 없지만, 그녀는 세상에서 가장 아름답고 매력적인 여자였다. 상상해보라! 아름다운 이브가 온종일 실오라기 하나 걸치지 않은 나체로 정원을 걸어 다니고 침대에 드러누워 있는 모습을! 아찔하지 않은가.

하나님은 여자를 아담에게로 이끌어 오셨다. 결혼식장에서 웨딩드레스를 입은 신부의 손목을 잡고 신랑에게 인계하는 아버지처럼 말이다. 늘씬한 키에 피부는 백옥같이 희고 깊고 빛나는 눈동자를 가진 여자가 황금빛 머릿결을 출렁거리며 천사같이 걸어와 아담 앞에 섰다.

마침내 하나밖에 없는 인류 최초의 남자와 여자가 만났다. 눈부시게 아름답고 황홀한 여자를 보는 순간 아담은 기절할 뻔했다. 한눈에 반해버린 것이다. 지금 자기 앞에 있는 사람이 여태까지 보아왔던 하찮은 동물들과는 전혀 다른 모습이었기 때문이었다. 처음 본 이 사람이 자기 같은 모습의 '사람'이라는 사실도 놀랍거니와, 게다가 아름답고 기품 있는 여자 아닌가! 아담은 여자가 자기와 성(性)이 다르다는 걸 대뜸 알아차렸다. 이전에 느끼지 못했던 강렬한 감각이 아담의 온몸을 휘감으면서 아담은 자기도 모르게 중얼거렸다.

'나와 같은 인간인데 어찌 이렇게 다를 수 있단 말인가.'

그런 아담의 귀에 어험, 하는 헛기침 소리가 들렸다. 하나님이 이제 결혼식을 올리자고 신호하신 것이다. 수줍은 아담은 머리를 긁으며 곧 정신을 가다듬었다. 그러고는 여자를 찬미하는 시를 만들어 헌사했다. 아담이 감동에 겨워 깊은 내면에서부터 끌어올려 내뱉은 시가 창세기 3장 23절에 나온다.

"이는 내 뼈 중의 뼈요 살 중의 살이라. 이것을 남자에게서 취하였은즉 여자라 부르리라 하니라"(창 2:23)

부부의 완전함을 단지 두 문장으로 이처럼 멋지게 표현하는 시는 동서고금을 불문하고 찾기 힘들 것이다. 사랑하는 여자를 아내로 맞이하는 기쁨과 생명을 다해 아내를 섬기겠다는 아담의 진심이 말 한마디 한마디에 꾹꾹 눌러 담겨 있다.

　부부는 결혼해서 잠자리를 같이해야 완전한 한 몸이 된다. 아담이 이브에게 "내 뼈 중의 뼈요 살 중의 살이라"고 한 건 이브를 처음 본 순간 내뱉은 탄성인지, 아니면 이브와 성관계를 한 후 내뱉은 탄성인지는 다소 모호하다. 어느 경우든 이브에 대한 아담의 감동과 하나님께 대한 감사가 뒤섞인 탄성과 고백이다.

　아담이 기쁨에 겨워 내뱉는 탄성에 아무리 고상한 의미 부여를 해본들 별 뾰족한 해답을 얻을 것 같지 않다. 남녀가 만나 성적으로 결합하는 결혼의 완성을 의미한다는 해석 말고 달리 무슨 해석을 할 수 있을까? 인류사회에 결혼이 어떻게 유래되었는지를 말해주는 창세기의 이 기사에서 우리는 아담과 이브가 인류 최초의 부부가 되었다는 것을 알 수 있다. 생판 한 번도 보지 못했던 남녀가 만나 혼인한 것이다! 혼인예식 장소는 에덴동산, 주례자는 창조주 하나님, 일시는 어셔(Ussher. 17세기 아일랜드의 대주교_편집자 주)의 천지 창조력 계산법으로 지금으로부터 6,022년 전 햇빛 찬란한 어느 봄날 오전 11시가 아닌가 싶다.

"두 사람이 벌거벗었으나 부끄러워하지 아니했다"는 창세기 2장 25절의 기사로 미루어 아담과 이브는 처음 만난 날 신방을 차린 게 분명하다. 이브의 등장으로 한갓진 에덴의 분위기는 확 달라졌다. 활기차고 행복이 넘치기 시작한 것이다. 역시 세상은 남자와 여자가 함께 있어야 사람 사는 맛이 나는 법이다.

동산에서 가장 아름답고 가장 평온한 정원에 신방이 차려지자 신비롭고 아름다운 에덴은 그 신비로움과 아름다움이 극치에 달했다. 짐승들은 자기 일인 양 폴짝폴짝 뛰며 기뻐했고, 새들은 지지배배 축복의 노래를 불렀다. 동산의 모든 것들은 아담과 이브를 위해 존재하는 것 같았다. 이러니 신방을 차린 두 사람은 얼마나 가슴이 뛰고 신바람이 났겠는가. 마음과 몸을 하나로 합한 이 인류 최초의 신랑 신부는 존재하는 모든 것들이 마냥 좋았고, 자기네가 세상의 중심에서 사랑을 나누고 있다는 사실에 신기할 뿐이었다. 둘은 서로 낯설어하거나 수줍어하지 않았다. 둘은 성적인 관계를 통해 갈수록 감정이 섬세해지면서 친밀하고 진실해질 수 있었다. 아담은 이브가 곁에 있어서 늘 유쾌하고 행복한 기분이었다. 그리고 하나님이 맡기신 에덴을 성실하게 가꾸고 관리할 수 있었다.

어떤 신학자들은 아담과 이브가 성교를 하기 시작한 건 그들이 금단의 열매를 따 먹고 타락한 후, 그러니까 낙원에서 추방된

후라고 한다. 이러한 해석은 에덴동산을 지나치게 종교적인 관점으로만 보는 데서 나온 억측이 아닐 수 없다. 창세기의 에덴 이야기는 아담과 이브가 에덴동산에서 생활할 때부터 성교를 했다는 것을 분명히 알려주고 있다. 그렇다면 그들은 어떻게 성교를 알게 되었을까? 그거야 물론 자연적인 본능으로 알았을 것이다.

성교는 육체적 쾌감도 쾌감이거니와 사랑하는 두 남녀가 육체적, 정서적으로 가장 밀접하게 결합할 수 있는 스킨십이다. 그것은 자연의 일부이며, 자연과 함께하는 것이며, 자연과 교감하는 것이다.

'벌거벗었다'는 건 성기가 노출되어 있다는 것을 의미한다. 아담과 이브가 서로의 성기를 바라보면서도 부끄러워하지 않았다는 건 성교를 하면서 성적 수치심을 느끼지 않았다는 걸 뜻한다. 그게 가능하였던 이유는 아담과 이브가 죄를 짓기 이전에는 두 사람의 마음이 마치 갓난아이처럼 순박하고 순수했기 때문이었을 것이다. 그리고 육체적으로 한 몸을 이루면서도 육체적인 정욕과 쾌락에 빠져들지 않고 순전한 사랑을 나눴을 것이다. 아담과 이브는 그렇게 에덴에서 성애에 눈을 떴고 성애를 나눴다. 아담과 이브 부부의 만족스러운 성생활은 에덴의 삶을 한층 더 행복하게 해주었고 존재의 이유에 대해 눈을 뜨게 해주었다.

부부란 몸과 마음이 하나가 되어 같은 목표를 추구하는 공동체다. 여자가 남자의 갈빗대에서 나왔다는 것은 서로 분리할 수 없는 반쪽을 의미할 뿐 아니라, 도덕적으로나 영적으로 동등하다는 것을 의미한다. 어거스틴은 아담의 갈빗대로 여자를 만드신 하나님의 창조 사역의 의미를 이렇게 말했다.

　　"하나님이 아담의 두개골로 하와를 창조하셨다면 여자의 지위가 지나치게 존귀하게 될 것이고, 다리뼈로 창조하셨다면 지나치게 천한 존재가 된다. 남자의 갈빗대로 여자를 창조하신 것은 남녀가 동등하다는 뜻이다."

　　부부관에 대해 비뚤어진 생각을 가진 남자는 어거스틴의 촌철살인과 같은 말을 귀담아들어야 하지 않겠나.

　　여자가 아담의 갈빗대에서 나왔다고 해서 여자가 남자보다 열등하고 남자에게 종속되어야 마땅하다고 주장하는 가부장적인 남성우위 부부관을 가진 한심한 남자들이 아직도 많다. 현대의 남성들이 까마득한 옛날에 살았던 아담의 부부관보다도 못하다니, 이게 대체 말이나 되나? 창세기의 창조 기사를 자세히 들여다보면, 이브를 인생의 반려자로 맞이한 아담은 얼마나 아내를 소중히 여기며 존중하고 사랑하였는지를 느끼게 된다.

아담과 이브의 탈선

행복을 싫어하는 사람이 있을까. 그런 사람은 없을 것이다. 사람은 누구나 행복을 추구하며 산다. 인류 최초의 사람인 아담과 이브가 지상낙원에서 행복하게 살았다면 좋았을 것이다. 하지만, 그랬더라면 에덴 이야기는 시시콜콜한 이야기가 되고 만다. 사람이 행복하게 산다는 것은 순탄하고 평화롭게 살았다는 거나 같다. 그런데 그런 삶은 별 이야깃거리가 없다(그렇다고 이야깃거리를 남기려고 일부러 행복을 차버리고 불행 속으로 자기를 밀어넣을 일은 아니지만).

에덴의 이야기가 인류사에서 사람들의 입에 끊임없이 화제로 오르내리는 까닭은 그것이 나약하고 허약한 나의 이야기, 우리의 이야기이기 때문이다. 누구나 건강한 삶을 허물어뜨리는 게 있다. 그것은 어느 날 한목에 불쑥 찾아오기도 하고, 오랫동안 숨어 있다가 화근을 일으키는 악마 같은 것이다. 아담과 이브에게 그것은 인간의 길을 가고자 하는 욕망이었고, 그 욕망의 불에 기름을 끼얹은 자가 뱀이었다.

신학적으로 뱀은 사탄을 상징하거나 사탄이 위장한 간교한 동물이라고 이해하면 된다. 뱀은 아담과 이브의 대화를 몰래 엿듣는 게 일과가 되다시피 했다. 그러면서 뱀은 두 사람의 행복한 결혼생활에 질투심이 나기 시작했다. 뱀은 특히 이브의 아름다움에 반했다. 뱀은 이렇게 아름다운 사람이 왜 자기보다 똑똑하지 못한 아담의 여자여야 하는지 자신의 처지를 한탄했다.

'어차피 차지하지 못할 여자라면 파멸시킬 방법밖에 없잖은가.'

간특한 뱀은 자기의 사명을 어떻게 성공적으로 완수할 것인지를 곱씹어보았다. 행복한 아담과 이브를 타락시키는 것! 천상에서 땅에 내려와 풀숲에서 살며 여태껏 칼을 갈아온 단 하나의 삶의 목적이었다. 뱀은 매일같이 중얼거렸다.

'지상에서 가장 아끼고 사랑하는 아담과 이브를 통쾌하게 타락시키는 것이야말로 그 잘난 신에게 가장 멋지게 복수하는 일 아니겠나.'

선악을 알게 하는 나무란 모든 사물의 비밀스러운 것들에 대해 지혜와 지식을 얻게 하는 나무다. 그것은 성에 대한 지식도 포함한다. 17세기 중반 영국의 청교도인 존 밀턴은 아담과 하와가 금단의 열매를 따 먹고 낙원의 삶을 상실했다는 이야기를 감동적인 서사시로 엮어 펴냈다. 《실낙원》이란 불후의 명저다. 밀턴은 이 책 첫머리 행에 인간의 타락과 죄의 기원이 신의 명령에 대한 불순종에서 비롯되었다고 밝히고, 그

불순종적인 행위는 인간이 절대로 넘겨보아서는 안 되는 신적 영역과 성적 일탈과 연루되어 있다고 보았다. 이 책은 이렇게 시작한다.

"인간이 태곳적에 하나님을 거역하고 죽음에 이른 금단의 열매를 맛봄으로써 죽음과 온갖 재앙이 세상에 들어왔고 에덴까지 잃게 되었다."

아담과 이브의 죄가 성적인 일탈과 직접적인 관계가 있다고 하는 단서는 창세기의 에덴 이야기에는 눈 씻고 찾아내려고 해도 없다. 하지만 유대교 문헌이나 교부들의 문헌에서는 아담-이브-뱀의 삼각관계에서 묘한 성적 긴장이 있다고 밝혀낸다.

이브는 어느 날 혼자서 동산 중앙에 갔다. 혼자서 동산 중앙에 간 게 탈이었다. 신선한 이슬을 머금은 선악과가 아침 이슬에 반짝였다. 이브가 나무에 올라탄 뱀에게 호감을 갖게 된 건 요 며칠 전부터였다. 뱀은 동산의 짐승들 가운데서 유일하게 사람과 말이 통했다. 뱀은 지혜가 사람을 능가했다. 그리고 인사성이 밝고 예의 바르고 친절했다.

이브는 여느 동물과는 비교도 안 되는 신기한 존재가 동산에 있다는 게 믿기지 않아 자기 눈을 의심했다. 이브는 그런 뱀에게 점차 친밀감을 느끼기 시작했다. 어떤 때는 아담에게 핑계를 대고 혼자서 뱀을 만나러 왔다. 이브는 말을 잘하고 온갖 것들에 지식이 많은 뱀과 이런저런 말을 주고받는 게 싫지만은 않았다. 뱀이 이브를 만날 때면 고개를 살짝 숙이며 인사부터 했다. 그러고는 그녀의 아름다운 미모와 빼어난 덕성에 대해 찬사를 늘어놓았다. 이 아첨성 발언을 뱀은 한 번도 거른 적이 없었다. 게다가 뱀은 드문드문 추파마저 던졌다. 그럴 때면 이브는 얼굴색이 홍조를 띠며 뱀과 야릇한 웃음을 교환하곤 했다.

누군가와 함께 지낸다는 것은 그에게 영향을 받는다는 것과 같다. 더욱이 뱀은 인간을 유혹하는 치명적인 사탄 아닌가? 날이 갈수록 뱀은 이브의 마음을 빼앗았다. 이브는 꿈에서도 뱀을 보았다. 멋진 남자로 변신한 뱀과 뜻 모를 달콤한 대화를 나누다가 깜짝 놀라 잠에서 깨어난 적도 있었다.

장미와 라일락 향기가 동산을 가득 메우고 햇살이 나른한 어느 오후였다. 그날도 이브는 혼자서 뱀을 만나러 동산 중앙에 왔다. 뱀은 바로 이때다 싶어 이브를 유혹했다.
"아름다운 나의 여신이여. 하나님이 이 열매를 먹으면 죽는다고 하였소?"
뱀은 하나님에 대한 적개심으로 파르르 몸을 떨었다. 뱀은 로마의 집정관이 군중 앞에서 위풍당당하게 우뚝 서서 연설할 때처럼 거의 설 듯이 몸을 치켜들고 말했다.
"이 열매를 따서 먹으면 죽는다는 게 말이나 되오? 그건 새빨간 거짓말이오. 나를 보시오. 이 열매를 먹은 나는 인간처럼 말하고 세상의 온갖 비밀을 알게 되고 지혜가 하늘에 닿지 않소?

두려워하지 마시오. 그대가 이 열매를 먹으면 그 즉시 신성을 갖게 되어 신과 같이 되고 지혜를 얻을 뿐만 아니라 영원한 생명을 얻게 될 것이오.

나를 보시오. 매일 이 열매를 따 먹었어도 이렇게 멀쩡히 살아있지 않소? 혹 그대가 죽게 되더라도 죽은 후 놀랍게도 다시 살아나 전혀 다른 삶을 살게 될 것이오. 하지만 절대로 그런 일은 없을 것이오.

내 말을 믿으시오. 하나님도 죽음을 두려워하지 않고 열매를 따 먹은 그대의 용기를 가상히 여겨 오히려 칭찬을 하고 큰 상을 내려 줄 것이오. 오, 아름다운 나의 여신이여! 나는 기뻐서 눈물이 날 지경이라오. 그대가 신이 된다니!

어서 손을 뻗어 나무에 달린 저 광휘로운 과일을 따서 입에 넣어 쾌락의 날개를 달고 그대의 남편과 함께 광명의 세계를 향해 힘차게 날아오르시오.”

금지된 것은 더 매력적으로 느껴지는 법이다. 이브의 마음 깊은 곳에서는 금단의 열매에 억제할 수 없는 호기심이 있었다. 뱀의 간교한 말재주는 이브의 마음을 들쑤셔놓았다. 하지만 이브는 금단의 열매를 먹으면 정녕 죽게 될 거라는 하나님의 말씀이 마음 한편에서 윙윙거려 이러지도 못하고 저러지도 못하고 망설이다 이렇게 말했다.

"나와 내 남편이 멋지고 황홀한 삶을 살게 하려고 애를 쓰는 그대가 고맙기도 하지요. 그런데 미안하지만 내게 시간을 좀 주세요. 내 남편의 의견도 들어야죠. 당신도 알겠지만 내 남편은 사리가 밝고 매우 이성적인 사람이라오. 더욱이 그는 하나님의 말씀을 소중히 여기는 사람이지요."

그렇게 말을 마친 후 이브는 그 자리를 서둘러 떴다. 보금자리로 돌아오면서 이브의 마음속은 의심의 안개로 가득 찼다.

'하나님은 왜 선과 악을 알게 하는 나무 열매를 따 먹지 말라고 하셨을까? 무슨 비밀이 그 안에 숨어 있을까? 그 열매를 먹으면 나와 내 남편이 하나님같이 된다는 건가? 그래, 좋다. 하나님처럼 되지 않아도. 그걸 먹으면 지혜가 활짝 열린다고 하지 않았나? 지혜를 얻으면 죽음이 온다고? 고통이 찾아든다고? 죽음이란 대체 무엇인가? 고통이란 대체 무엇인가?'

이브는 선악과를 먹고 난 후 벌어질 일들에 대해 골똘히 생각했다. 그러면서 언덕길을 돌면서 그녀는 중얼거렸다.

'그래, 이것이 내 운명이라면 가지 않은 길을 가보자. 그곳은 인간성으로 가득 찬 자유와 환희의 신세계일 거야. 아아, 신의 간섭을 받지 않는 이상향이여!'

저녁노을이 숲속의 빈터를 붉게 물들이는 해거름이 될 때까지 이브가 돌아오지 않자, 아담은 보금자리 저만치 걸어 나와 동산 중앙 쪽을 연신 바라보며 서성이고 있었다. 요사이 부쩍 가사를 소홀히 한 채 동산 중앙으로 발길이 잦는 아내가 마음에 걸려 신경이 쓰이던 참이었다.

'별일이야 있을려고?'

아담은 소심한 자신을 나무라며 쓴웃음을 짓고는 작은 언덕을 우회하는 에움길을 바라보았다. 저쪽에 이브의 모습이 보였다. 이브는, 자기를 밖에서 기다리는 남편이 고맙기도 하고 늦게 온 게 미안하기도 해서,

"어머나? 미안해요. 오래 기다렸어요? 어쩌다 보니 오늘은 좀 늦었네요⋯⋯."라고 말했다.

아담은 아내에게 뱀을 가까이하지 말라는 경고의 말이 목구멍까지 차올랐지만 꾹 눌렀다. 며칠이 지나면 괜찮아지겠거니 하며 묻지 않기로 했다.

이브는 그날 동산 중앙에서 벌어진 뱀과의 일을 일단 아담에게는 비밀로 했다. 자칫 잘못 꺼내다간 남편에게 거절당함은 물론 뱀과 다시 만나지 못할까 봐 염려되어서였다. 하지만 남편의 마음을 떠보아야 하겠기에 에둘러 물었다.

"내 사랑 아담, 당신은 어떤 경우에도 나와 운명을 함께 하겠어요?"

아담이 너털웃음을 지으며 대답했다.

"그걸 말이라고 하시오? 그대 없이 내가 어찌 살아있는 사람이라고 할 수 있겠소? 나는 천 번이고 만 번이고 당신과 함께할 것이오."

그 말을 들은 이브는 남편이 얼마나 고마웠던지 눈가가 촉촉해졌다.

"죽더라도?"

"죽음? 죽음이 뭔지 잘 모르겠지만, 그게 인생의 파멸을 의미하는 것쯤은 희미하게나마 느끼고 있다오. 우리가 잘못된 선택을 할지언정 결코 죽지 않아요. 그러니 쓸데없는 걱정은 하지 마시오."

"하나님께서 동산 중앙의 선악을 알게 하는 나무 열매를 먹으면 죽는다고 하셨잖아요?"

이브에 입에서 그 말이 떨어지는 순간 아담은 심장이 얼어붙는 것 같았다. 언젠가 아내가 이런 당돌한 질문을 하리라고 예상은 하고 있었지만, 막상 부딪치고 보니 정신이 아뜩하였다.

"아, 그건 그렇지요……. 하지만 그런 일은 벌어져서는 절대로 아니 될 거요. 그런데도 이것만은 당신에게 분명히 다짐해두리다. 당신은 내 뼈 중의 뼈요 살 중의 살이라는 것을. 어떤 경우에도 나는 당신과 운명을 함께할 거라오."

봄날의 환희와 기쁨의 손길이 동산 여기저기를 어루만지던 어느 날 오후였다. 버드나무 가지가 바람에 산들산들 흔들리던 그날, 이브는 다른 사람이 된 것처럼 평소의 이지적이고 순결한 눈빛이 변했다. 아침부터 그녀는 동산 중앙으로 가고 싶어 안달이 났다. 그녀 안에 꿈틀대던 욕망이 설레발을 치며 걷잡을 수 없이 분출했다. 그녀는 바로 지금이 탈선의 적기임을 본능적으로 느꼈다.

'내 기어이 오늘이야말로 뱀의 유혹에 나를 굴복시키리라.'

그녀는 남편의 손목을 잡고 지혜를 알게 하는 동산 중앙으로 갔다. 그날 에덴의 기운은 여느 때의 에덴과 다르게 불온했다. 그래서일까. 마침내 그녀는 하나님이 뛰어넘지 말라던 경계를 뛰어넘고 말았다. 지식을 알게 하는 나무의 열매 근처에는 얼씬도 하지 말라던 경계선……. 인간과 신의 경계를 확실히 구분하게 하는 그 경계는 하나님과 인간이 본질적으로 다른 존재라는 것을 구분하는 선이었다.

이브는 나무에 열린 사과들을 바라보았다. 그날따라 더욱 사과들은 먹음직도 하고 보암직도 하고 지혜롭게 할 만큼 탐스러웠다. 격렬한 욕망이 폭풍같이 휘몰아치면서 이브의 전신을 흔들어놓았다.

금단의 열매는 더 높이 올라가려는 미친 욕망에 눈이 먼 이브에게 어서 빨리 손으로 나를 만져 맛을 보라고 손짓하는 것 같았다. 이브는 현기증이 났다. 그녀는 손을 뻗어 나무에 달린 사과들 가운데 제일 먹음직도 하고 보암직도 하고 지혜롭게 할 만큼 탐스러운 사과 한 개를 땄다. 달콤하고 매혹적인 향기가 이브의 코를 간질였다. 열매를 땄으므로 어차피 사태는 돌이킬 수 없게 되었다.

'금단의 열매를 먹고 설령 신이 안 되더라도 좋다. 앞으로 벌어질 끔찍한 결과는 전적으로 나 자신이 떠안기로 그간 얼마나 많이 결심했던가.'

이브는 눈을 질끈 감고 사과를 한입 베어 물었다. 그러자 다디단 과즙이 목구멍을 타고 넘어갔다. 그 즉시 달콤한 쾌감이 신경을 타고 그녀의 뇌에 전달되었다. 그러자 그녀 안에 숨겨져 있던 지혜의 샘들이 터지면서 순식간에 온몸에 희열이 번지기 시작했다. 삶과 죽음, 순간과 영원, 이승과 저승, 사랑과 증오, 고통과 환희 같은 상념의 조각들이 밤하늘의 별들처럼 반짝이며 그녀의 뇌리 속에 들어오는 순간이었다.

이브는 손등으로 입술에 묻은 사과즙을 훔쳤다. 그러고는 발뒤꿈치를 들어 올려 나무에서 사과 한 개를 또 땄다. 가슴에 사과를 품은 이브는 아담에게 고개를 돌렸다. 아담은 욕망과 욕정으로 가득한 이브의 눈빛을 보고는 등골이 섬뜩해지면서 다리를 후들거렸다. 하지만 아담은 이성적인 사람이었기에 곧 평정을 되찾았다. 이브가 아담을 보며 야릇한 미소를 지었다. 아담은 아내와 함께 미지의 세계에서 경험하게 될 야릇한 호기심에 전류가 흐르듯 몸을 떨었다. 이브가 말은 하지 않았지만 자기를 보며 '오, 나의 사랑, 나의 배필, 나의 반신이여! 나와 함께 새로운 세계를 경험해요. 그 길은 인간의 길, 자유의 길이라오.'라고 말하는 것 같았다. 정녕 파멸할지라도 아담은 아내와 운명을 같이하기로 마음먹었다. 아내가 불행을 선택하면 자기도 불행을 선택하고, 아내가 불구덩이에 뛰어들면 자기도 불구덩이에 뛰어들겠다는…….

　아담이 아내를 바라보며 고개를 끄덕였다. 이브는 자기를 신뢰해주는 남편이 그렇게 고마울 수가 없었다. 이브는 사과를 아담의 손에 쥐어주고 자기처럼 과감하게 베어 물라고 눈짓을 했다. 그 순간 아담의 마음속에 자비로우신 하나님이 설마 나를 저버릴까 하는 일말의 안도감이 와닿았다. 아담은 망설이는 기색도 없이 아내가 준 사과를 덥석 받아먹었다. 그 열매를 먹으면 어떤 결과를 맞이할지는 안중에도 없다는 듯이 말이다.

　인간과 신의 경계를 구분 짓는 견고한 빗장은 그렇게 허무하게 열려버렸다. 아담과 이브가 금단의 열매를 먹은 것은 영원불멸의 삶을 포기하고 유한한 삶을 스스로 선택하는 것이었다. 그것은 또한 에덴에서의 안락하고 행복한 삶을 포기하고 에덴 밖에서의 고통스럽고 불행한 삶을 스스로 선택하는 것이었다.

루벤스(Peter Paul Rubens, 1577-1640, 17세기 북유럽 바로크 미술을
대표하는 벨기에 화가)의 <인간의 타락>, 1628-1629 작품(티티안 원작),
스페인 마드리드 프라도 미술관 소장.

왜 그들은 불완전한 삶을 선택했을까? 불완전한 삶이
그렇게도 좋았다는 걸까? 그 선택이 참된 자유의 길이라고
믿었을까? 그 선택이 인생의 온갖 의혹의 매듭을 풀어줄 거라고
여겼을까?

아무리 생각해봐도 이 지점에서 아담의 후예인 우리는 당혹스럽다. 아무튼 그 선택은 그들에게도 고통스러운 결과를 가져다주었지만, 하나님에게도 고통스러운 결과를 가져다주었다. 하나님은 아담과 이브를(인간으로 대표되는) 낙원에서 추방해야만 했고, 다시는 더럽혀지지 않을 낙원을 새로이 설계해야만 했다. 허물 많은 인간이 자기와 함께 영원히 살 수 있는 완벽한 구원의 장치를 마련해야만 했다. 훗날 하나님 자신이 그리스도로 이 땅에 오시어 죄 사함과 구원의 길을 열어주고, 그를 믿는 자들이 영원한 나라에서 살게 될 것이라는 신기하고 원대한 구원의 계획 말이다.

아담과 이브의 에덴 동쪽에서의 부부생활

에덴의 이야기가 해피엔딩으로 끝날 것 같지 않은 분위기는 이 이야기의 서막에서부터 감지된다. 뱀, 생명나무 열매, 선악과나무 열매, '정녕 죽으리라'는 하나님의 엄포 명령은 왠지 모를 불안감을 일으키는 장치들이다. 하나님은 아담과 이브가 하나님의 보호 아래 풍요롭고 안전하고 행복하게 살기를 바라셨다.

하지만 그런 하나님의 바람은 수포로 돌아갔다. 우려했던 일이 현실로 벌어진 것이다. 아담과 하와가 곁길로 갔기 때문이다. 세상을 향한 그들의 강한 본능은 하나님을 거부하게 했다. 그들은 신과 함께 사는 신의 길을 버리고 인간의 길을 택했다. 그런 점에서 에덴의 이야기는 신과 인간의 공존이 실패로 끝난 이야기다.

그렇다면 에덴의 실패는 누구의 실패인가? 아담의 실패인가, 아담과 이브의 실패인가, 그것도 아니면 아담과 이브로 대표되는 인간과 그 인간을 창조하신 하나님의 실패인가? 에덴의 이야기는 신과 인간의 공동 실패일 수도 있다. 그렇다면 인류는 이 쓰디쓴 실패의 이야기에서 무엇을 배울 수 있는 것인가? 에덴의 이야기에서 뭔가 교훈을 얻으려면 이런 질문을 던져야 한다. 아담과 이브는 왜 선과 악을 알게 하는 지식 나무의 열매를 따 먹었을까?(금단의 열매가 지식 나무의 열매를 가리키는 건 확실하지만, 생명나무의 열매까지를 포함하는지는 분명하지 않다). 왜 그들은 자연과 우주에 대한 지혜와 지식을 한꺼번에 얻으려 했을까? 왜 그들은 영안이 열려 이 세계의 경계를 넘어 신의 영역을 넘보려고 했을까? 왜 그들은 생명나무의 열매보다는 지식 나무의 열매에 호기심이 발동했을까? 그들은 지식 나무의 열매를 먹은 후에는 생명나무의 열매에도 손을 댔을까?(성경에는 이상하게도 지식 나무에만 초점이 맞추어져 있지, 생명나무는 이야기 끝 무렵에 뜬금없이 나타난다).

아담과 이브가 하나님의 명령을 어기고 금단의 열매를 따 먹은 행위는 끔찍한 범죄였다. 범죄는 대가가 뒤따른다. 금단의 열매를 먹은 그들은 신이 되기는커녕 욕망으로 가득 찬 인간이 되고 말았다. 하나님이 창조하였을 때 가졌던 신의 영광의 광채는 사라지고 주체할 수 없는 감정과 음욕, 분노와 불신, 증오와 상실 등 비참한 인간으로 변질된 것이다.

하나님은 아담과 이브에게 형벌을 내리고, 뱀과 땅에게는 저주를 내리셨다. 뱀은 다리를 잃고 일생을 배로 기어다니며 흙을 파먹고 사는 저주스러운 존재로 전락하게 되었다. 이브에게는 출산의 고통과 남편에게 복종하는 벌이 내려졌다. 아담에게는 얼굴에 땀을 흘려야 먹고살 수 있도록 벌이 선고되었다.

그런데 조금 후에 말하겠지만, 아담과 이브에게 내려진 형벌이 과연 형벌인지 의문이 든다. 역설적으로, 어떤 면에서 이런 벌은 오히려 인간에게 복이 되기 때문일 터다. 다만, 한 가지 분명한 형벌은 "너는 흙이니 흙으로 돌아갈 것이다"라는 죽음의 형벌이다. 흙으로 온 아담은 다시금 흙으로 돌아가야만 했다. 그것은 모든 인류에게 부과된 끔찍한 형벌이 되고 만 것이다. 어떤 미사여구를 동원하더라도 죽음을 축복이라고 할 수는 없을 것이다. 그것은 분명히 인간이 경험해야만 하는 가장 비참하고 가혹한 형벌이다. 선악을 알게 하는 나무 열매를 먹을 경우에는 "정녕 죽으리라"라고 하신 죽음의 형벌은 인간의 육체적 죽음과 하나님과의 관계가 끊어지는 영적 죽음을 아우르는 무시무시한 선고다.

이와 함께 아담과 하와에게 즉각적으로 내려진 조치는 낙원에서 쫓겨나는 벌이었다. 밀턴은 낙원에서 추방당하는 아담과 이브의 심정을 이렇게 묘사했다.

"아담은 이 소식(하나님이 천사장 미가엘에게 죄지은 아담과 이브를 에덴에서 가차 없이 쫓아내도록 내린 명령_편집자 주)에 충격받아 오관을 막아버리는 비통함에 사로잡혀 떨며 서 있다. 하와는 나타나진 않았지만 전부 다 듣고 소리 내어 슬퍼하니, 당장 그 숨어 있던 곳이 드러난다. '아, 뜻밖의 타격이여, 죽음보다 가혹하도다! 낙원이여, 나는 너를 떠나야만 하는가, 이 행복한 길과 그늘과 신들이 살기에 어울리는 거처를?"

아담과 이브는 금지된 열매를 따 먹고는 눈이 밝아졌다. 그들은 하루아침에 세상이 변하게 되는 걸 알게 되었다. 우선 그들은 자기들이 발가벗고 있다는 사실에 혼란을 느꼈다. 그들은 벗은 것을 수치스럽게 여겨 무화과나무 잎으로 부랴부랴 부끄러운 부분부터 가렸다. 이건 무슨 뜻일까? 눈이 밝아져 악한 세계의 쾌락을 알게 된 아담과 하와가 티 없는 순진함을 잃어버리게 되었다는 뜻일 거다. 하나님은 아담과 이브를 죽이는 대신 그들을 에덴에서 쫓아냈다. 하나님은 동물을 죽여 아담과 이브에게 가죽옷을 입혔다. 이 장면에서 우리는 죄를 지은 인간에 대한 하나님의 보호와 자비를 확인해본다.

에덴에서 쫓겨난 아담과 이브는 에덴의 동쪽에서 살아야 했다. 에덴의 삶이 신과 인간의 불안한 동거였다면, 에덴 동쪽의 삶은 인간 스스로 삶을 개척하고 보전해야만 하는 인간끼리의 처절한 동거였다. 아담과 이브는 에덴에서 살 때는 안락하고 평화로운 삶을 누릴 수 있었다. 하지만 지금부터는 신의 직접적인 보호가 없는 곳에서 살아야 한다. 아담은 가족의 생계를 책임지는 가장으로서 땀을 흘려 일하지 않으면 안 되고, 사나운 맹수들로부터 자신과 배우자 그리고 가족들의 생명을 지켜야 한다. 이브는 출산의 고통을 겪으며 아이를 낳아야 하고, 남편에게 끽소리도 못하고 순종하며 살아야 한다.

그런데 이런 삶을 반드시 불행한 삶이라고 할 수 있을까? 나는 동의할 수 없다. 비록 힘들고 고생스럽지만 이런 삶에도 행복한 나날들이 있는 것이다. 아담과 이브는 그들이 금세 죽을 것 같았지만 기적같이 살아있음에 날마다 감사가 넘쳤을 것이고, 에덴에서처럼 하나님과 가까이 지내지는 않지만, 보이지 않는 하나님이 늘 그들 가까이에 계시면서 자기들을 보호하신다는 강한 확신이 있었을 것이다. 에덴에서 살았을 때는 세상을 이해할 수 없었다면, 에덴 동쪽에서 살 때는 세상을 이해하게 될 것이다.

희망이란 절망의 끝자락에서 오는 것이다. 마치 어둠이 절정에 있을 때 빛이 환하게 빛나는 것처럼 말이다. 아담과 이브는 에덴에서 쫓겨날 때 희망을 발견했을 것이다. 그들의 마음속엔 넓고 재미있고 신나는 모험으로 가득 찬, 지금까지 전혀 경험해보지 않은 미지의 세계에 대한 도전과 기대감으로 부풀어 올랐을 것이다. 그들은 거기에서도 에덴의 하나님이 자기들과 함께하실 거라는 믿음이 있었을 것이다.

독자들은 믿기 힘들겠지만, 그들은 에덴에서 쫓겨날 때 운 게 아니라 웃었을지도 모를 일이다. 그들은 새로운 세상에서 새로운 경험을 하게 될 거라는 희망을 안고 손을 꼬옥 붙잡고 에덴을 떠났다. 이제 새로운 문명은 시작되었다. 아담은 노동의 기쁨을 알기 시작했고, 이브는 가사를 돌보고 남편을 섬기며 아이를 낳았다. 이것은 뜻밖의 반전이다. 왜 반전이냐 하면, 어떤 면에서 에덴보다는 에덴의 동쪽이 진정한 낙원이 아닐까 하는…….

이 지점에서 우리는 이브를 곰곰 생각해볼 필요가 있다. 이브는 뱀의 유혹에 넘어가 하나님의 명령을 어기고 금지된 열매를 따먹은 후 남편에게도 권유한 사람이다. 이브의 그런 행위는 명백히 범죄이지만, 역설적으로 그것은 인류에게 새로운 시대를 열게 해 주었다. 이브가 선악과를 따먹은 건 지식과 지혜에 대한 강한 호기심 때문이었을 것이다. 그 결과는 엉뚱하게도 안락한 에덴이라는 제한적인 공간을 벗어나, 그 너머 무한히 경험하게 될 위험과 모험으로 가득한 신비의 세상을 만나는 것이었다.

이브는 죽음을 두려워하지 않았다. 죽음에 정면으로 도전한 것이다. 그녀는 죽음을 회피하지 않고 그것을 현실의 삶으로 용해하며 진지하게 받아들여 죽음과 삶의 경계를 무너뜨렸다. 그녀 스스로 유한한 삶을 선택함으로써 비로소 복 받은 인간, 완전한 인간이 되고자 했다. 그런 점에서 인류는 이브에게 고마워해야 하고 빚을 진 셈이다. 이브야말로 변화를 갈구하고 새로운 삶을 갈구한 진정한 선구자였기 때문이다. 과연 이브는 자기 이름처럼 생명을 탄생하는 모든 산 자의 어머니였다!

에덴 동쪽의 생활 조건은 에덴과는 비교가 안 될 정도로 열악했다. 하지만 이브는 나이가 들어가면서 더욱 기품 있고 우아해졌다. 하나님이 깎아 만든 미모는 여전했고, 사물을 보는 안목도 깊어졌다. 그렇게 한참이나 세월이 흐른 어느 해, 이브는 자기 자궁에서 잉태한 아이들을 낳았다. 자신을 창조한 하나님과 전혀 다른 방식으로 아이를 '창조'한 것이다. 아담이 그녀의 자궁에서 나오는 아이를 볼 때 얼마나 놀라고 감탄했을까. 그녀는 생명의 여신이었다. 그녀의 자궁은 모든 인류의 생명의 근원이었다. 그녀는 인류의 어머니로서 모든 태의 본향이 되었다. 언젠가 아담은 아기를 낳은 그녀의 태를 보며 경이로움에 가득 찬 표정으로 아내를 칭송했다.

"아아, 복 있는 자여. 그대는 인류의 어머니요."

이브가 하나님의 형상을 빼닮은 사람을 낳는다는 건 참으로 놀라운 일이었다. 그것은 해산의 고통이 뒤따르기는 했어도 그 고통을 수십 배 뛰어넘는 기쁨이 있었다. 그리고 그것은 "생육하고 번성하여 땅에 충만하라"는 하나님의 약속을 그대로 향유하는 것이었다. 그러기에 무릇 여자가 아들과 딸을 낳는 것은 신적 행위와도 같은 것이다. 그것은 생명을 창조하는 하나님의 잔영이 인간을 통해 깊이 스며든 놀랍고도 신비한 것이다.

성경은 아담이 130세에 자기의 형상과 같은 아들을 낳아 이름을 셋이라 불렀다고 전한다. 에덴 동쪽 땅에서의 거친 삶은 에덴의 평온한 삶과는 너무나 다른 것이었다. 힘들면 인간은 함께 사는 사람에게 잔소리를 내뱉고 비난을 퍼붓는 법이다. 아담은 선악과를 따먹은 일을 끄집어내 이브의 마음을 상하게 하거나 네가 잘했니, 내가 잘했니 다투지 않았다. 이따금 이브가 그 일로 괴로워하면 아내의 지난 허물을 감싸주고 위로해주었다.

성숙한 아담 곁에는 늘 성숙한 이브가 있었다. 이브는 현숙한 여자였다. 그녀가 아담에게 대들거나 비난했다는 기록은 성경 어디에서도 찾을 수 없다. 이브는 아담에게 순종하고 아담의 마음을 편하게 해주는 인생의 반려자였다. 그녀가 그렇게 우아하고 은혜로운 삶을 살게 된 건 아내의 허물을 눈감아주며

끝까지 보듬고 사랑한 아담 덕분이었다. 이브는 아담에 대한 무한한 신뢰와 하나님의 자상한 배려의 손길에 감사하며 살았다.

이브는 말과 행동이 그윽하고 성숙했을 것이다. 그녀는 현숙한 아내로서 가사를 돌보았고 자녀들을 낳아 길렀으며 남편을 내조했을 것이다.

그녀는 셋을 낳고 나서 하나님을 이전보다 더욱 사랑하고 신뢰했던 것으로 보인다. 무엇보다 자기 곁에 늘 믿음직스러운 남편이 있지 않은가! 그녀는 자신을 처음 만났을 때 아담이 했던 말과 표정을 가슴에 지니고 평생을 살았을 게 틀림없다. 아담의 화들짝 놀란 눈빛과 만족감으로 충만한 환한 얼굴빛과 기쁨에 겨운 우렁찬 중저음의 목소리를. 그러면서 그녀는 신체적으로, 정서적으로, 영적으로 고결하고 향기로운 자태를 지니려고 노력했다. 자기 발을 사슴처럼 고상하고 높은 곳으로 다녔으며, 하나님을 사랑하고 공경했을 것이다.

아담은 그런 아내에게 진심으로 고마워했고 자신의 목숨보다 더 아끼고 사랑했음은 물론이다. 아담이 이브를 하늘처럼 받들고 살아야 하는 건 당연하다. 이브가 없었더라면 그는 평생을 따분하게 독신으로 살아야만 했을 것이고, 외로움을 못 이긴 나머지 동물들을 상대로 흉측한 성교를 했을는지도 모를 일이니까.

아담은 늘 자기 곁에 아름답고 매력적이고 헌신적인 아내가 있었으므로 행복한 삶을 살 수 있었다. 그리하여 척박하기 그지없고 저주스러운 에덴의 동쪽은 행복이 넘치는 땅이 될 수 있었던 거다.

성경은 아담과 이브의 부부생활을 자세히 소개하고 있지는 않지만, 성경을 읽는 우리는 창세기의 이 에덴 이야기에서 아담과 이브가 모든 부부의 모델이 될 만한 매우 아름답고 훌륭한 부부생활을 했으리라 어렵지 않게 추측할 수 있다. 아담은 셋째 아들인 셋을 낳은 후 800년을 더 살았다고 한다. 아담은 천수를 누리고 930년을 살았다.

이브는 몇 세에 죽었는지 성경에는 나와 있지 않다. 아마도 남편인 아담과 비슷한 나이까지 살았거나 조금 먼저 죽었을 것이다. 만일 아담이 30세에 에덴동산에서 추방되었다면 그는 에덴 동쪽에서 900년이란 아주 긴 세월을 살았을 것이다.

그렇다면 아담과 이브의 결혼생활은 무려 900년이나 된다. 이 길고 긴 세월을 아담과 이브는 이혼을 하지 않고 행복하게 살았다(큰아들 가인이 둘째 아들 아벨을 죽인 불행한 일을 빼놓고는). 이 어찌 대단한 부부라고 하지 않을 수 있겠는가.

아담과 이브 커플은 툭 하면 다투고 헤어지는 현대 부부들에게 롤모델이 되기에 충분하다. 농담을 하기 좋아하는 여성들은 이브가 남편인 아담보다 조금 일찍 세상을 떠나서 속 썩이는 남편과 함께 여생을 보내지 않아서 복받은 여자라고 한다. 하긴 요즘 철없는 남편들이 부지기수로 널려 있다 하니 무슨 말인들 못하랴.

♥ 나눔

1. 당신의 실제 삶에서 아담과 이브는 어떤 존재입니까?

2. 아담이 이브를 처음 본 순간 "이는 내 뼈 중의 뼈요 살 중의 살이로다."라고 말했습니다. 이게 무슨 뜻인지 서로 나눠보십시오.

3. 유대교 문헌과 기독교 일각에서는 이브에 대해 이중적인 두 얼굴이 있다고 여겨오고 있습니다. 개성이 강하고 독자적으로 행동하고 바람을 피우는 '릴리스'와 청순가련하고 순종적인 '이브'입니다. 당신은 어떤 이브가 좋습니까?

4. 하나님은 아담과 하와를 창조하실 때 동등하게 만드셨습니다. 여기서 '동등'이란 무엇일까요? 그리고 당신은 남자와 여자가 동등(평등)하다고 생각하십니까?

5. 아담과 이브는 금단의 열매를 따 먹고 낙원에서 추방당하고 형벌을 받았습니다. 이에 대해 왜 하나님이 이렇게 까다롭고 복잡하게 일을 처리하느냐고 투덜대는 사람들도 있습니다. 당신은 어떻게 생각하십니까?

6. 남편인 당신은 아내가 주는 금단의 열매를 받아먹겠습니까?

7. 당신 부부는 허물이 많은데도 하나님의 은혜로 평탄하게 살고 있다고 생각하시는지요?

02

삼손과 그의 여자들

__ 사랑, 욕망, 집착, 복수가 뒤섞인 이야기

이스라엘의 구원자 삼손

신화에 나오는 신들 가운데 초인적인 괴력을 가진 신이 누군지 말해보라고 한다면, 알 만한 사람은 헤라클레스를 얼른 떠올릴 것이다. 헤라클레스는 상상을 초월하는 힘을 가진 신이었다. 그는 사람들에게 해를 입히는 사자를 맨손으로 목을 졸라 죽이는가 하면, 불끈 들어 올린 바위산으로 엄청나게 큰 반인반사(半人半蛇)의 독사 히드라를 짓눌러 퇴치했을 만큼 힘이 장사였다. 불굴의 기상과 강한 힘으로 뛰어난 전투력을 발휘한 헤라클레스는 영웅 중 영웅이었다. 헤라클레스는 외모 또한 준수하였기에 사람들에게 인기가 많았다.

하지만 모든 영웅마다 약점이 있듯이 헤라클레스 또한 약점이 있었다. 과격하고 조급한 성격 말이다. 과격하고 조급한 성격은 이성을 잃기 쉽다. 이성을 잃는다는 건 실수를 한다는 말과 같다. 헤라클레스가 그러했다.

성경에서도 헤라클레스 같은 사람이 있다. 바로 '삼손'이란 사람이다. 삼손(Samson)은 구약성경에 나오는 인물로 이스라엘의 사사시대 때 마지막 사사(판관)로 활약했던 인물이다. 고대 이스라엘 역사에서 사사시대란 주전 1300년경부터 1050년경을 말한다. 삼손이 죽고 나서 얼마쯤 후에 사무엘이 등장하고, 그로부터 수십 년 후 왕정이 세워져 사울이 초대 왕에 올랐다. 이로써 이스라엘은 사사시대가 끝나고 왕정 시대로 들어갔다.

성경은 삼손이 사사로서 활동한 기간을 20년이라고 전한다. 삼손이 활동하였을 때는 후기 청동기시대가 끝나고 전기 철기시대가 막 시작되려는 주전 1100년 무렵이 아닌가 싶다. 이때 이스라엘은 강력한 왕이 나라를 통치하는 전제군주제가 아니었다. 이스라엘은 타민족의 침략이 있을 때 사사를 세워 지파들의 연합으로 외적을 무찔러야만 했다.

삼손이 사사로 활동하던 때인 이스라엘은 청동기를 사용했고, 해양 민족인 블레셋(팔레스타인)은 철기를 사용했다. 그러기에 이스라엘은 블레셋에 군사력에서 월등히 밀렸고, 문화와 경제 수준도 비교가 안 될 만큼 블레셋에 뒤떨어졌다. 군사력과 경제력에서 블레셋에 크게 밀린 이스라엘은 블레셋의 압제에 시달려야 했다. 아이러니하게도 일부 이스라엘 사람들은 블레셋에게 고통을 받으면서도 자기네 문화보다 우수한 블레셋 문화를 동경했다. 삼손의 탄생과 활동은 바로 이러한 시대적 상황을 배경으로 한다.

삼손의 출생은 보통사람들과는 다르다. 그를 낳은 어머니는 신앙심이 좋은 여인이었다. 삼손의 아버지는 단 지파 사람으로 고향이 소라라는 곳이다. 삼손의 아버지 이름은 마노아다. 하지만 삼손을 낳은 어머니는 성경에 이름이 나오지 않는다. 사무엘이 어머니 한나의 기도로 늦둥이로 태어난 것처럼, 삼손 또한 그러했다. 마노아의 아내는 나이가 늦도록 아이를 얻지 못하자 하나님께 간절히 기도해서 임신해 삼손을 낳았다.

이처럼, 삼손의 출생 배경은 보통 아기들과 달리 비상한 데가 있다. 여호와의 사자는 마노아의 아내에게 수태고지를 하면서 특별한 말을 해주었다. 아기를 낳으면 나실인으로 하나님께 바치라고 명령하면서, 그 아기가 블레셋 사람의 손에서 이스라엘을 구원하는 일을 하게 될 거라고 했다. 마노아의 아내는 출산할 기한이 차게 되자 아들을 낳았고, 그의 이름을 '삼손'이라 하였다.

성경은 "그 아이가 자라매 여호와께서 그에게 복을 주셨다"고 말한다. 삼손은 하나님께 바쳐진 나실인이었으므로 세 가지 의무를 지켜야 했다. 곧, 술을 마시지 않아야 하고, 부정한 것을 먹거나 가까이해서는 안 되며, 머리가 길더라도 절대로 깎지 말아야 했다.

흥미로운 사실은, 삼손이 태어난 배경, 그의 이름, 그의 사명 그리고 그의 성장 과정은 예수님과 닮은 데가 많다는 점이다. 예수님이 태어나셨을 때 나라를 잃은 이스라엘이 로마제국으로부터 압제를 받은 것처럼, 삼손이 태어났을 때는 이스라엘이 블레셋에게 압제를 받았다. 천사 가브리엘이 나사렛의 시골 처녀 마리에게 나타나 "보라 네가 잉태하여 아들을 낳으리니 그 이름을 예수라 하라"고 한 것 같이, 삼손의 어머니는 아들을 낳아 그의 이름을 삼손이라 하였다.

예수님이 자기 백성을 그들의 죄에서 구원할 사명이 주어졌듯이, 삼손은 블레셋 사람의 손에서 이스라엘을 구원할 사명이 주어졌다. 예수는 자라며 심령이 강하여지며 이스라엘에게 나타나는 날까지 빈 들에서 지냈고(누가복음 1:80), 지혜와 키가 자라 가며 하나님과 사람에게 더욱 사랑을 받았다(누가복음 2:52).

예수님이 그랬던 것처럼, 삼손은 자라면서 하나님께서 그에게 복을 주셨다(사사기 13:25). 예수님에게 하나님의 무한한 은혜가 있었던 것과 같이, 삼손에게도 하나님의 크신 은혜의 손길이 있었던 것이다.

삼손의 탄생, 사역, 사랑하는 사람한테서 당한 배반과 치욕 그리고 죽음(후에 자세히 언급하겠지만)은 이처럼 예수님과 닮은 점이 많았기에, 유대교와 기독교는 그를 성자의 반열에 올려놓으며 추앙한다. 그런데 이것은 삼손을 긍정적으로 보아 그렇지, 삼손의 못된 행실을 보면 그에게 무슨 사명자라거나 예수님의 예표자라거나 하는 찬사를 늘어놓기에는 영 입맛이 개운치 않은 게 사실이다. 좀 심한 표현으로 말하면, 그는 삶의 목적과 사명을 잊고 제멋대로 행동하는 '개망나니'였다. 그의 삶의 목적은 오로지 여자들과 사랑놀음이었다고 해도 과언이 아니다.

하지만 성경은 그런 삼손의 삶과 활동을 있는 그대로 기록했다. 그것은 필시 신앙적, 신학적으로 깊은 뜻이 숨겨져 있기 때문에 그럴 것이다. '삼손'이란 이름은 '작은 태양'이란 뜻을 지니고 있다. 이름에서 풍기는 것처럼, 삼손은 어두운 세상에 빛을 발하는 태양과 같이 블레셋의 압제로 고통받으며 살던 이스라엘 백성에게 빛을 비추고 구원해야 할 사명자였다.

삼손은 소라에서 태어났다. 소라는 단 지파에 속한 지역인데, 예루살렘에서 서쪽으로 24킬로미터 떨어진 해발 300미터 산 위에 있는 곳이다. 여호수아가 단 지파에게 분배한 땅은 블레셋과 접경을 이루고 있었는데, 이렇다 할 성읍이 없었던 단 지파로서는 소라는 중요한 마을이었던 것으로 보인다.

소라 남쪽에는 블레셋의 5대 성읍 중 하나인 가드가 위치해 있고, 서쪽으로는 지중해 연안에서 내륙으로 14킬로미터 떨어진 곳에 에그론이 위치해 있었다. 그리고 그 남쪽으로 지중해 연안을 따라 블레셋의 중요한 성읍인 아스돗, 아스글론, 가사가 자리 잡고 있었다. 삼손은 이렇게 블레셋 사람들과 얼굴을 맞대고 살 만큼 가까운 곳에 살았기 때문에, 툭하면 블레셋과 싸움을 해야 하는 환경에서 자라고 성장했다.

예술의 소재가 되어 온 삼손과 들릴라 이야기

삼손은 힘이 장사였고 용맹하기로는 호랑이보다 더했다. 얼마나 힘이 세고 용맹하였던지 삼국지에 나오는 관우, 장비, 조자룡 셋이 한꺼번에 달려들어도 삼손 한 명을 당해내지 못할 만큼 삼손은 천하제일이었다. 삼손의 힘의 근원은 머리털에서 나왔다. 그것은 사명을 잘 감당하도록 하나님이 주신 것이다.

하지만 여자를 좋아했던 삼손은 블레셋 여자로 보이는 들릴라와 사랑에 빠져버렸고, 마침내 들릴라의 유혹에 넘어가 비밀을 발설했다. 그 결과는 비참했다. 그는 두 눈이 뽑혀 수치를 당한 후, 블레셋 신전을 허물어뜨려 거기에 있던 수많은 사람들과 함께 장렬한 죽음을 맞았다.

삼손(Samson)은 영어로는 '샘슨'이라고 발음한다. 여행용 가방 쌤소나이트(Samsonite)는 성경의 인물 삼손에서 딴 이름이다. 강하고 끈질긴 투혼을 불살랐던 삼손처럼 튼튼한 가방을 표방한 쌤소나이트는 1939년 선보인 이래 세계적인 브랜드로 성장해 왔다.

한편, 삼손의 마음을 빼앗았던 들릴라(Delilah)는 히브리어 발음을 그대로 옮긴 것인데, 영어식 발음으로는 '딜라일라'라고 한다. 우리 한국인에게는 '데릴라'로 알려져 있다.

데릴라라는 이름이 한국인들에게 크게 알려지게 된 건 세실 B. 드밀이 감독하고 파라마운트 픽처스가 개봉한 <삼손과 데릴라> 덕분이었다. 이 영화는 미국에서 1950년 개봉해 흥행에 성공했으며, 아카데미 후보작 중에서 최우수 예술 감독상과 최우수 의상 디자인상을 받았다. 빅터 마투어가 삼손 역을, 헤디 라마르가 데릴라 역을 연기했다.

오스트리아 출신 미국 배우 헤디 라마르(1914-2000)는 마릴린 먼로가 그랬던 것처럼 영화 팬들에게 섹스 심벌이었다. 그녀는 인류의 기술 발전에 이바지한 공로로 미국 발명가 명예의 전당과 할리우드 명예의 거리에 동시에 이름을 올린 최초의 인물이기도 하다. <삼손과 데릴라>는 우리나라에서는 1955년에 개봉했다. 이 영화는 1964년과 1974년에도 재개봉해 영화 팬들의 관심을 모았다.

성경의 이야기를 소재로 한 영화가 이처럼 공전의 흥행을 기록한 까닭은 사랑, 욕망, 집착, 복수 같은 사람들의 보편적인 관심사가 녹아 있기 때문이다. 성스러움과 세속, 사랑과 배반, 폭력과 광기는 삼손의 복잡한 성격과 어우러져 관객의 눈길을 스크린에서 한순간도 벗어나지 않게 만든다. 특히 삼손과 들릴라 이야기는 삼손의 인생에서 압권이다. 이루어질 수 없는 사랑과 배반 그리고 신을 향한 열정과 소명의 회복 등 매력적인 소재는 수많은 문학인과 예술인에게 영감을 주었다. 그리하여 삼손과 들릴라 이야기는 고대로부터 현대에 이르기까지 시, 소설, 희곡 등 문학작품과 연극, 영화, TV 드라마, 오페라, 조각 등 예술작품에 계속해서 등장했다.

수많은 화가들의 손을 거쳐 삼손과 들릴라는 다양한 캐릭터로 선보였다. 그중 루벤스(17세기 바로크를 대표하는 독일 출신 벨기에 화가_편집자 주)의 작품들도 훌륭하지만, 빛의 화가 렘브란트(바로크 시대의 네덜란드 화가_편집자 주)의 그림들은 여타 그림들 가운데 가장 뛰어난다. 삼손과 들릴라의 이야기는 수많은 오페라로도 만들어졌다. 그중 프랑스가 낳은 음악 천재 카미유 생상스(1835-1921)가 만든 3막의 그랜드 오페라인 <삼손과 데릴라>(Samson et Dalila)는 오늘날까지 각광을 받으며 공연되는 작품이다.

많은 문학 작품들 가운데서 밀턴의 《투사 삼손》(Samson Agonistes, 1671)은 뛰어난 작품이다. 밀턴은 구약성경 사사기에 나오는 삼손의 일대기를 그리스 비극 형식을 끌어와 극시로 만들었다. 밀턴은 삼손의 인간적 측면을 조명해 정신적으로 방황하고 고뇌하는 모습을 잘 그려냈다.

밀턴이 그려낸 삼손은 신의 뜻을 저버림으로써 형벌과 수치를 당하고 회개하며 용서를 바라는 수동적인 인간이 아니라, 타락한 본성을 있는 그대로 인정하고 고통에 정면으로 맞서는 인간이다.

숭고와 세속을 오가면서 비극적인 운명을 맞는 삼손의 이야기는 밀턴 자신이 처한 영국의 정치적 현실과 운명을 반영한다. 밀턴이 이 책을 썼을 때 영국의 정치 상황은 혼란했다. 크롬웰이 이끈 공화 진영의 분열로 청교도 혁명이 실패로 끝나고, 1660년 찰스 2세가 잉글랜드의 왕으로 오르면서 다시 왕정으로 돌아갔다.

밀턴은 《투사 삼손》에 공화정의 실패와 왕정복고에 대한 자신의 정치적 환멸감을 투사하고, 공화정의 부활을 소망하는 마음을 담아내려 했다. 밀턴은 또한 실명이 된 자기 모습을 두 눈이 뽑혀 앞을 보지 못하고 오로지 어둠만이 깔려 절망으로 가득 찬 삼손의 모습에 투영하려고 했다. 밀턴은 과로와 과도한 독서로 44세 때인 1652년 실명했으므로, 《투사 삼손》은 그로부터 19년 후에 완성된 작품이다.

삼손의 첫 번째 여자―딤나의 여자

삼손은 태어나면서부터 나실인으로 자랐고, 죽을 때까지 나실인으로서 성결하게 살아야만 했었다. 또한 그는 이스라엘 민족을 블레셋에게서 해방할 사명을 갖고 있었다. 그런 위대한 임무를 수행하라고 하나님은 그에게 특별한 능력을 주셨던 것이다. 그의 힘은 머리카락에서 나왔다.

하지만 삼손은 하나님이 주신 그런 힘을 엉뚱한 데 쓰길 좋아했다. 그런 데다 그는 정욕에 못 이겨 여색을 밝혔다. 그가 상대하는 여자들이 이스라엘 여자들이었다면 그나마 눈감아줄 만도 하련만, 별나게도 그는 블레셋 여자들을 좋아했다. 그 당시 블레셋은 지중해 연안에 자리한 나라여서 이스라엘보다 문화가 훨씬 발달했던 것으로 보인다. 그에 따라 블레셋 여자들은 이스라엘 여자들과 비교가 안 될 만큼 세련되고 우아했다.

자유분방하고 이국적인 정취가 물씬 풍기는 블레셋 문화에 빠져들었던 삼손이 블레셋 여자들을 유달리 좋아했을 거란 상상은 충분히 가능하다.

삼손은 20년 동안 사사로 활동했다. 그의 사사 활동은 여자

없이는 설명이 안 된다. 삼손이 있는 곳에는 반드시 여자가 있었다. 삼손에게는 세 명의 여자들이 있었다. 삼손이 맨 첫 번째로 맞이한 아내는 딤나에 사는 블레셋 여자였다. 삼손은 술과 여자 그리고 향락이 있는 블레셋 도시들을 자주 찾았던 것 같다. 삼손은 어느 날 딤나에 놀러갔다가 아름답고 매력적인 여자를 보고는 홀딱 반해버렸다.

렘브란트의 <삼손의 결혼 잔치>, 1638년 작품, 오일에 캔버스, 126cm× 175cm, 독일 드레스덴 미술관 소장.

집에 돌아온 삼손은 부모에게 그 여자를 아내로 맞고 싶다며 혼인하게 해달라고 졸랐다. 삼손의 부모는 이방 여자에게 절대로 장가들 수 없다며 반대했지만, 막무가내로 고집하는 아들의 뜻을 꺾을 수 없었다. 하는 수 없이 삼손의 부모는 딤나에 내려가 삼손이 아내로 맞이하고 싶다는 여자를 보고서야 그 결혼을 허락했다.

며칠 후 결혼식이 있었다. 삼손은 풍속대로 아버지와 함께 딤나에 내려가서 잔치를 했다. 그런데 이 잔치는 당장 엄청난 불행을 가져왔을 뿐 아니라, 장기적으로는 이스라엘과 블레셋 민족을 불구대천의 원수가 되게 한 발단이 되게 했다. 그 원인은 블레셋 사람들에게도 있었지만, 그보다는 삼손에게 더 있었다. 삼손이 쓸데없는 수수께끼를 내었기 때문이다. 삼손은 잔치에 온 블레셋 손님 30명에게 수수께끼를 내고는, 수수께끼를 푼다면 베옷 삼십 벌과 겉옷 삼십 벌을 선물로 주겠다고 허풍을 떨었다. "먹는 자에게서 먹는 것이 나오고, 강한 것에서 단 것이 나왔다. 그게 뭐냐?"라는 문제였다.

얼마 전, 삼손은 딤나의 포도원에서 사자를 만나 찢어 죽인 일이 있었다. 며칠 후 죽은 사자를 보게 되었는데, 그 사자의 몸에 벌 떼와 꿀이 있는 것을 발견하고는 그 꿀을 떠서 먹은 후, 부모에게도 드려서 먹게 한 적이 있었다. 삼손이 포도원에 있었다는 것은 술을 마셨다는 것이고, 죽은 사자의 꿀을 마셨다는 것은 부정한 시체에 가까이 있었다는 말이 된다. 이것은 나실인에게 금기시하는 것들을 어긴 것이다.

수수께끼를 풀지 못한 블레셋 사람들은 삼손의 아내에게 와서 수수께끼 답을 발설하라고 윽박질렀다. 블레셋 사람들은 겁탈까지 했다. 그러고는 이 신혼부부가 사는 집과 삼손의 장인 집을 불살라 모두 죽이겠다고 협박했다. 겁에 질린 삼손의 아내는 삼손에게 흐느껴 울면서 수수께끼 답을 알려달라고 애걸했다. 삼손은 잔치가 끝나는 일곱째 날에 그 답은 '사자'라고 알려줬다. 삼손의 아내는 블레셋 사람들에게 수수께끼 답을 얼른 알려줬다. 삼손이 내기에 진 건 물어보나 마나다. 내기에 진 삼손은 불같이 화가 났다. 그는 블레셋 사람 30명을 쳐 죽이고 노략질한 돈으로 수수께끼를 푼 자들에게 약속대로 옷을 준 후, 소라 땅에 있는 아버지의 집으로 올라갔다.

얼마 후, 삼손이 염소 새끼를 가지고 딤나의 아내를 찾아갔다. 하지만 삼손의 아내는 이미 혼인 잔치에 왔던 블레셋 사람에게 시집을 간 뒤였다. 옛 장인은 미안한 듯 아름다운 딸(삼손에게 처제가 되는)을 주겠다며 삼손을 달랬다. 세실 B. 드밀이 감독한 영화 <삼손과 데릴라>에서는 삼손의 아내를 데려간 블레셋 사람을 블레셋의 왕자로, 삼손의 아름다운 처제를 데릴라로 소개한다.

자신의 아내가 블레셋 사람에게 시집을 갔다는 장인의 말을 들은 삼손은 분노가 머리끝까지 차올랐다. 그는 여우 300마리를 잡아, 꼬리와 꼬리를 매고 두 꼬리 사이에 홰를 단 다음 홰에 불을 붙였다. 놀란 여우들은 블레셋 사람들의 곡식밭을 휘젓고 다녔다. 그 바람에 베지 않은 곡식과 곡식 단과 포도원과 올리브 나무들이 몽땅 불타게 되었다. 블레셋 사람들은 큰 피해를 입힌 장본인이 삼손이라는 사실을 단박에 알았다. 화가 난 블레셋 사람들은 삼손의 전 부인과 장인을 불태워 죽였다.

삼손은 자신의 아내와 장인을 죽인 블레셋 사람들에게 원수를 갚겠다며 이를 갈았다. 그는 눈에 보이는 블레셋 사람마다 쳐서 죽인 후, 에담 바위틈에 몸을 숨겼다. 피의 보복이 두려운 이스라엘 사람들은 삼손을 설득해 그를 두 개의 새 밧줄로 결박하여 라맛레히에 주둔해 있던 블레셋 군인들에게 인계하려 했다. 그 순간 여호와의 영이 갑자기 삼손에게 임했다. 그러자 삼손을 묶었던 팔 위의 밧줄이 불탄 삼과 같이 손에서 떨어졌다. 그와 동시에 삼손의 눈에 땅바닥에 있던 나귀의 새 턱뼈가 들어왔다. 삼손은 재빨리 그 나귀 턱뼈를 집어 들어 그것으로 블레셋 군인 천 명을 때려눕혔다. 이 사건을 계기로 삼손은 사사로 추대되었다.

이상과 같이 이스라엘의 어그러진 영웅 삼손은 젊어서부터 부모와 하나님의 기대를 저버리고 나실인답지 않게 살며 딴 길로 갔다. 그는 성격이 급하고 폭력적이었다. 그리고 여자를 좋아했다. 하지만 하나님께서는 그런 결점이 많은 삼손을 들어 쓰셨다. 삼손이 포도원에서 사나운 사자를 만났을 때, 수수께끼 문제 사건으로 블레셋 사람 30명을 쳐 죽였을 때, 삼손의 두 팔을 묶은 튼튼한 밧줄이 불탄 삼과 같이 떨어져 나갔을 때 '여호와의 영'이 갑자기 삼손에 임했다는 성경의 기록에서, 하나님께서는 그의 백성을 위해 흠 많은 사람일지언정 기꺼이 사용하신다는 것을 우리는 깨닫게 된다.

삼손의 두 번째 여자—가사의 기생

이스라엘의 사사로 추대된 삼손은 사사의 품격에 맞는 삶을 살아야 마땅했다. 하지만 여자를 밝혔던 삼손은 정욕을 참지 못해 가사의 기생집에 가서 기생과 잠자리를 함께했다. 성경은 그 기생의 이름을 언급하지 않고 '한 기생'이라고 말한다. 성경을 읽는 독자들은 이 대목에서 거룩한 성경(Holy Bible)이 마치 무슨 남녀관계나 다루는 주간지 같은 착각에 빠져든다.

'가사'란 오늘날 '가자 지구'(Gaza Strip) 안에 있는 고대의 성읍을 말한다. 가자 지구는 팔레스타인 영토의 주요 지역으로, 지중해 해안을 따라 남북으로 40km가량 뻗어 있고 남쪽으로는 이집트, 북쪽과 동쪽으로는 이스라엘과 접해 있다. 이스라엘에 맞서는 팔레스타인 무장 투쟁인 하마스의 본거지가 있던 곳인데, 2023년 10월 7일 발발한 이스라엘과 하마스 간의 전쟁으로 현재는 이스라엘의 점령하에 거의 폐허가 되다시피 했다.

사사시대 당시 가사는 경제와 문화가 꽤 발달해 있던 성읍이었던 것으로 보인다. 물자가 많고 사람들의 왕래가 많은 곳에는 기생들도 몰려들게 마련이다. 우리나라로 말하면,

고려조와 조선조 때 평양과 개성에 유명한 기생들이 많았던 것처럼 말이다.

삼손은 사사가 되고서도 블레셋의 화려한 도시들을 기웃거렸고, 젊고 매력적인 여자를 보면 사족을 못 썼다. 몇 년 전 블레셋 여자와 결혼했다가 얼마나 못 볼 일을 경험한 삼손이었던가. 삼손은 언제 그런 일이 있었냐는 듯 또다시 블레셋 여자들에게 마음을 빼앗겼다.

어느 날 삼손은 가사의 화려한 뒷골목을 전전하다가 문득 아름답고 풍만한 블레셋 여자를 발견했다. 그날 밤 이스라엘의 사사 삼손은 홍등가에서 그 여자와 몸을 섞었다.

가사 사람들에게 삼손이 왔다는 소식이 왁자하게 퍼졌다. 블레셋 사람들은 원수를 갚을 절호의 기회가 왔다고 기뻐했다. 그들은 신속히 사람들을 모아 성문에 매복해 있으면서 밤을 지새웠다.

이윽고 새벽이 되었다. 삼손은 용케도 블레셋 사람들이 자신을 죽이려는 정보를 입수했다. 천하장사 삼손은 성 문짝들과 두 문설주와 문빗장을 빼어 그것들을 모두 어깨에 메고 헤브론 앞산 꼭대기까지 갔다. 성 문짝들을 빼어내 어깨에 메고 갔다는 것은 블레셋의 자존심과 운명이 삼손이라는 한 영웅에게 붙여졌다는 것을 상징한다.

많은 매복한 군인들을 혼자 힘으로 상대하는 것은 결코 쉬운 일은 아니다. 더욱이 성문의 무거운 문짝들과 문설주와 문빗장을 어깨에 메고 군인들을 상대한다는 건 보통 사람으로서는 불가능한 일이다. 그런데도 삼손은 떡 주무르듯 행동했다. 여기서 우리는 하나님이 자신의 구원 목적을 이루기 위한 방편으로 윤리적으로 타락한 한 인간일지언정 기꺼이 들어 쓰신다는 걸 확인할 수 있다.

삼손의 세 번째 여자—소렉 골짜기의 들릴라

삼손의 여성 편력은 그칠 줄을 몰랐다. 그는 여자 문제로 두 번이나 목숨을 잃을 뻔했다. 그런데도 또 여자 문제로 위험에 빠지게 되었다. 위험에 빠진다는 건 파멸을 의미한다. 이번에는 끔찍한 죽음에 이르는 파멸이었다. 삼손 자신도 죽고, 들릴라도 죽고(그녀의 죽음은 다소 모호하지만), 3천 명이 죽는 파멸…….성경은 그 파멸이 하나님의 뜻이었다고 말하는 것 같지만, 아무튼 파멸은 파멸이다.

삼손이 이번에 사랑하게 된 여자는 '들릴라'라는 이름을 가진 여자였다. 우리에게 잘 알려진 바로 그 '데릴라'다. 들릴라가 블레셋 여자인지 아니면 이스라엘 여자인지는 성경에는 분명한 언급이 없지만, 삼손 이야기를 다루는 전체 문맥(사사기 13-16장)으로 미루어 볼 때 거의 틀림없이 그녀는 블레셋 여자로 보인다. 그녀가 태어난 곳, 혹은 성년이 되어 살던 곳은 소렉 골짜기였다고 성경은 전한다.

소렉 골짜기는 아얄론에서 가사까지 펼쳐진 바위 고원을 가로질러 있는 세 개의 골짜기 가운데 하나를 가리킨다. 삼손이 최초로 하나님의 영에 감동되었다는 소라와 에스다올은 그 골짜기의 북쪽에 있었다. 삼손의 첫 번째 아내가 살았던 딤나는 골짜기의 입구 근방인 남서쪽에 있었다. 소렉 골짜기는 남쪽 맨 아래에 있었다.

지중해 연안 욥바에서 예루살렘으로 가는 통로로 이용된 소렉 골짜기는 예루살렘에서 남서쪽으로 약 21km 떨어진 곳에 위치해 있다. 소렉 골짜기 바로 남쪽에는 벧세메스가 있다. 블레셋과 접경 지역에 있는 벧세메스는 유다와 블레셋이 대치하는 곳으로, 유다는 전통적으로 이곳을 요새화해 전초기지로 사용하였다.

블레셋 사람들은 삼손으로 인해 골머리를 앓고 있었다. 삼손이 나타나기 전에는 이스라엘을 자기들 마음대로 주무를 수 있었지만, 삼손이 사사가 된 후로는 마음대로 할 수 없게 되었다. 블레셋 사람들은 미인계를 쓰기로 했다. 미인계(美人計)는 병법 삼십육계 중 제31계이다.

역사적으로(혹은 소설 등 허구적으로) 미인계에 등장하는 여성은 빼어난 용모, 교묘한 화술, 주도면밀한 상황 판단력을 갖춰야 했다. 춘추전국시대의 서시(西施), 《삼국지연의》에서 왕윤의 수양딸로 등장해 동탁과 여포 사이를 이간질하는 초선(貂蟬), 제1차 세계대전 때 독일군 첩자로 활동한 네덜란드 출신의 무용가인 마타 하리 등이 미인계에 동원된 여성들이었다.

'들릴라'라는 이름은 '매달리다', '약하게 하다'라는 뜻을 지닌다. 들릴라는 진정한 팜프파탈이었다. 들릴라는 삼손의 큰 힘이 어디에서 나오는지 매일같이 졸라댔고, 마침내 그 비밀을 알아냈다. 비밀을 알아낸 들릴라는 삼손의 머리카락을 잘랐고, 삼손에게서 힘을 떠나게 했다. 그런 점에서 그녀의 이름은 삼손의 불길한 미래를 암시해준다.

블레셋의 방백들은 소렉 골짜기에 사는 들릴라가 삼손을 붙잡기 위한 적임자로 판단했다. 그들은 들릴라에게 삼손을 꾀어서 그의 힘의 근원을 알아낸다면 은 천백 개씩을 주겠다고 약속했다. 블레셋의 방백은 다섯 명이었으므로 만일 들릴라가 성공하기만 하면 은 오천오백 개를 보수로 받게 된다. 요즘 같으면 대형 아파트 한 채를 사고도 남는 어마어마하게 큰돈이다.

들릴라는 반색했다. 한몫 잡아, 보란 듯이 살 수 있다는 생각에 벌써 마음이 설렜다. 그녀의 마음 한편에 짜릿한 모험심이 번갯불같이 지나갔다. 영웅호걸인 삼손의 마음을 사로잡아 굴복시킨다면 화류계에서 자신의 주가는 몰라보게 올라갈 것이라고 생각했다. 그녀는 야릇한 미소를 지으며 속으로 중얼거렸다.

'말로만 들어왔던 삼손. 힘은 장사이고, 용맹은 사자 같고, 용모는 준수한 호걸이라던데, 그런 대단한 남자의 마음을 사로잡아 굴복시키는 통쾌함……. 내 반드시 삼손의 마음을 휘어잡으리.'

들릴라는 머뭇거리지 않고 블레셋 방백들의 제안을 흔쾌히 받아들였다. 들릴라는 곧바로 행동에 들어갔다. 이리저리 수소문해 삼손에게 접근하는 데 성공했다. 삼손은 매력적인 들릴라를 보고 첫눈에 반했다. 그는 들릴라를 보는 순간 황홀해서 정신이 아득해 자기도 모르게 중얼거렸다.

'아아, 하늘에서 내려온 선녀 같구나.'

성경은 들릴라의 외모에 대해 이렇다 저렇다 언급하지 않고 있지만, 정황으로 봐서 그녀는 굉장한 미녀였던게 분명하다. 만일 들릴라가 삼손의 첫 번째 아내의 여동생이라면 그녀는 아름다운 여자였을 것이다(성경에 그렇게 나온다).

미인에 대한 사자성어가 수십 개가 넘는 걸 보더라도 자고로 사람들은 미인에 대한 관심이 많다는 걸 보여준다. 이를테면, 명모호치(明眸皓齒, 맑은 눈동자와 흰 이), 화용월태(花容月態, 아름다운 여인의 얼굴과 맵시), 단순호치(丹脣皓齒, 붉은 입술과 하얀 치아), 설부화용(雪膚花容, 눈처럼 흰 살갗과 꽃처럼 고운 얼굴), 폐월수화(閉月羞花, 달도 숨고 꽃도 부끄러워한다는 뜻으로, 여인의 얼굴과 맵시가 매우 아름다움), 침어낙안(沈魚落雁, 미인을 보고 물 위에서 놀던 물고기가 부끄러워서 물속 깊이 숨고, 하늘 높이 날던 기러기가 부끄러워서 땅으로 떨어졌다는 뜻으로, 아름다운 여인의 용모를 일컬음) 등 사자성어는 미인을 찬양하고 드높이는 말들이다.

오죽하면 이 세상 어디에 내놔도 손색이 없을 정도로 뛰어나게 아름다운 미인을 일컬어 절세가인(絶世佳人)이라 하고, 너무나 아름다워 임금이 혹한 나머지 나라가 기울어져도 모를 만큼 뛰어난 미인을 일컬어 경국지색(傾國之色)이라 하였겠는가.

그런가 하면 '뇌쇄'(惱殺)라는 말도 있다. 여자의 아름다움이 남자를 매혹하여 밤낮으로 애가 타게 한다는 뜻이다. 그런 극치의 아름다운 여자에게 매혹되어 애가 타고 몹시 괴로워하는 것을 '뇌쇄되었다'고 한다.

내 생각엔, 아마도 삼손이 육감적인 들릴라를 처음 본 순간부터 첫눈에 반해 그날부터 뇌쇄되었지 않나 싶다. 그만큼 들릴라는 남자의 마음을 일거에 빼앗을 만큼 눈부시게 아름다운 여자였던 것 같다.

물 위에서 놀던 물고기가 부끄러워 물속 깊이 숨고, 하늘 높이 날던 기러기가 부끄러워 땅으로 떨어질 만큼 시선을 사로잡는 뛰어난 미인이 남자의 가슴에 머리를 박고 흐느껴 울면서 뭔가를 들어달라고 요구한다면, 그 여자를 사랑하는 남자라면 천하의 반을 선뜻 내주지 않고서는 못 배긴다. 그래서 영웅호걸일수록 미인에게 마음이 약하다고 하지 않나?

성경은 삼손의 그런 '뇌쇄적'인 마음 상태를 잘도 묘사했다. 이렇게 말이다.

"들릴라가 날마다 그 말로 삼손을 재촉하여 조르니 삼손의 마음이 번뇌하여 죽을 지경이라"(삿 16:16)

삼손은 들릴라를 만난 지 며칠도 되지 않아 그녀의 매력에 푹 빠졌다. 들릴라가 빼어나게 아름다웠을 뿐만 아니라, 교양과 예절을 갖추었기 때문이었다.

밤하늘의 별들이 앞다퉈 반짝이던 밤이었다. 미의 여신 아프로디테처럼 아름답고 고혹적인 들릴라는 삼손의 큰 힘이 어디에서 나오는가를 조심스럽게 물었다.

"내 사랑, 삼손. 당신의 그 큰 힘이 어디서 생기죠? 어떻게 하면 당신을 내 사랑의 포로로 결박해 내게 굴복시킬 수 있는 거죠?"

삼손은 머뭇거리다 말했다.

"마르지 않은 일곱 개의 새 활줄로 나를 묶으면 내가 약해져서 평범한 사람들과 같이 될 거요."

그 말을 들은 들릴라가 기쁨에 겨워 말했다.

"아아, 내 사랑. 당신은 나를 사랑하고 있는 게 틀림없어요. 당신 눈동자 속에는 늘 진실이 담겨 있지요."

들릴라는 블레셋 군인들에게 그 사실을 알려줬고, 그들은 일곱 개의 새 활줄을 가져와 들릴라에게 주었다.

들릴라는 취해 있는 삼손을 그 새 활줄로 묶은 후, 방 안에 매복해 있던 블레셋 군인에게 신호를 보냈다.

그러자 날랜 군인이 삼손에게 달려들었다. 하지만 삼손은 튼튼한 줄을 불탄 삼실처럼 너무나 쉽게 끊어버렸다.

들릴라는 결박이 실패로 돌아간 것을 알고는 투정을 했다.

"내 사랑, 삼손. 왜 날 희롱했어요? 난 당신을 진심으로 사랑하는데, 당신은 그렇지 않나 보죠? 실망이에요. 날 희롱하다니요! 아아, 당신은 날 사랑하지 않는 게 틀림없어요. 당신이 나를 진심으로 사랑하다면 우리 사이엔 비밀이 없어야 한다고요. 당신의 힘이 어디에서 나오는지 난 알고 싶어요."

들릴라는 그렇게 말하고는 삼손의 눈을 애처롭게 바라보았다.

삼손은 들릴라를 사랑했다. 들릴라를 만나고 나서 그는 자신이 비로소 존재하기 시작한다고 생각했다. 하지만 자신의 힘이 머리에서 나온다는 진실을 발설할 수 없었다. 만일 그걸 발설한다면 부모와 그의 조국 이스라엘을 배반하는 것이고, 나아가 그 힘을 주신 하나님을 배반하게 되는 것이다. 그것을 잘 알기에 삼손은 진실을 숨길 수밖에 없었다.

삼손은 거짓말을 하지 않으면 안 되는 자신을 미워하며 또다시 거짓말을 했다.

"나의 영원한 사랑 들릴라. 쓰지 않은 새 밧줄들로 날 결박하면 꼼짝없이 나는 힘이 약해져서 다른 평범한 사람들과 같이 될 거요. 이 비밀은 그대만 아시오."

그 말을 들은 들릴라는 삼손이 잠든 틈을 이용해 새 밧줄들을 가져다가 삼손을 결박한 다음 소리쳤다.

"삼손, 블레셋 사람들이 당신을 잡으러 와요!"

그 말이 떨어짐과 동시에 방 안에 매복해 있던 블레셋 사람들이 들이닥쳤다.

깜짝 놀란 삼손은 팔에 꽁꽁 묶어놓은 줄들을 실을 끊은 것같이 너무나 간단히 끊어버렸다.

들릴라는 초조해졌다. 그녀는 비밀을 아는 것을 두 번이나 실패하게 되자, 더욱 노골적으로 삼손에게 비밀을 이야기해 달라고 졸라대기 시작했다.

삼손은 이제 사랑하는 연인에게 비밀을 밝힐 수 없는 자신의 처지를 안타까워했다.

"아아, 나는 무슨 운명이기에 태어나면서부터 나실인이었던가. 나는 무슨 운명이기에 이스라엘의 사사로 살아야 한다는 말인가. 슬프다, 내 운명아. 하지만 어찌하랴? 아무리 들릴라를 사랑하기로서니 내 힘의 근원이 머리카락에서 나온다고 밝힐 수는 없잖은가. 들릴라. 미안하오."

삼손은 들릴라의 촉촉한 눈을 보면서 도저히 거짓말을 할 용기가 나지 않았다. 들릴라가 불행해하는 모습을 더는 보고 싶지 않아 엉겁결에 삼손은 또다시 거짓말을 했다.
"내 머리카락 일곱 가닥을 베틀의 날실에 섞어 짜면 그대 뜻대로 될 거요."

삼손이 내뱉은 이 말은 삼손의 힘의 근원이 머리카락 일곱 가닥에서 나오는 진실에 상당히 근접하는 것이었다.

들릴라는 이제야말로 삼손이 진실을 말한다고 믿었다. 그녀는 얼굴에 화색이 돌며 금방이라도 눈물이 터질 것 같았다. 벌써 두 번이나 블레셋 사람들한테 잘못된 정보를 알려줘 핀잔을 받았을 뿐 아니라, 일이 지체되면 자기도 가만두지 않겠다는 협박을 받았기 때문이었다.
"내 사랑, 삼손, 고마워요. 당신은 날 사랑하고 있는 게 틀림없어요. 내 사랑도 변치 않으리다."

그날 밤 삼손은 들릴라가 자기를 사랑하고 있다는 말에 기분이 좋아 술을 들이켜고는 곯아떨어졌다. 삼손이 잠이 든 것을 확인한 들릴라는 바디로 삼손의 머리털을 단단히 짰다. 그러고는 블레셋 사람들이 숨어 있던 곳을 향해 손짓을 했다.

전에 그랬던 것처럼 날랜 블레셋 사람들이 들이닥쳤다. 화들짝 놀란 삼손은 잠에서 깨어나 베틀의 바디와 날실을 다 빼버렸다.

삼손을 결박하는 일이 세 번이나 실패한 들릴라는 마음이 급해졌다.

블레셋에서는 들릴라가 변심을 하지 않았나 수군거리는 것 같았다. 실제로 들릴라와 친한 사람 몇몇이 들릴라에게 신변을 조심하라는 귀띔을 해주었다. 블레셋 방백들은 들릴라의 사정을 봐줄 만큼 너그럽지 못하다는 말도 덧붙였다.

들릴라는 마음이 혼란해졌다. 자신이 삼손을 사랑하지 않나 하는 혼란스러운 마음에 돈이고 뭐고 다 귀찮아졌다. 들릴라는 허공을 바라보며 중얼거렸다.

'이 지점에서 포기하는 게 낫지 않을까? 이럴 바에야 차라리 삼손에게 사실대로 말해, 안전한 곳으로 가서 그와 함께 살면 내 미래는 어떻게 될까?'

그러다가 그녀는 정신이 번쩍 들었다. 그녀는 가슴을 쓸어내리며 자신에게 속삭였다.

'내가 왜 이럴까. 왜 이러지? 들릴라야, 정신 차려. 너는 돈을 받고 일을 하는 스파이야. 임무에 충실해야 해. 너는

프로지 않니?'

들릴라는 날마다 달콤한 목소리로 삼손을 볶아댔다. 향긋한
히아신스 꽃 냄새가 실바람을 타고 날아와 코를 간질이는 어느
봄날 밤이었다. 삼손은 수척한 들릴라를 널따란 품에 안으며
말했다.

"들릴라, 괜찮아요? 나 때문에 얼마나 속이 상해 있소?
미안하외다. 나는 당신에게 모든 것을 주었고, 모든 것을
말했소. 하지만 딱 한 가지, 내 힘의 근원에 대해서는 말 못할
사정이 있다오. 공과 사는 구별해야 하지 않겠소? 그대가
너그러이 이해해 주시오."

들릴라는 어깨를 들썩이며 눈에는 눈물이 고였다. 그녀의
아름다운 눈망울에 눈물이 맺힐 때면 그녀는 요염하기보다는
차라리 청순가련한 선녀와 같았다.

"내 사랑, 삼손. 당신이 나에게 모든 것을 준 것처럼 나 또한
내 모든 것을 당신에게 주었지요. 아아, 당신 같은 남자가
내 연인이라니요! 당신은 마음이 따뜻하고, 다정하고,
친절하지요. 또 관대하답니다. 오, 내 사랑, 내 남자 삼손.
하지만 나는 서운한 게 있어요. 나는 당신의 힘이 어디에서
나오는지 정말 알고 싶어요. 내게 진실을 알려주는 게
그렇게 두렵나요?"

그녀는 울음 섞인 목소리로 삼손에게 말했다. 삼손은 들릴라가 그렇게 처연할 수 없었다.

"오, 나의 벗, 나의 샘 들릴라. 내가 그렇게 밉나요? 그게 뭐라고 나와 그대 사이를 갈라놓나요?

하지만 천만 가지 부탁은 다 들어주어도 이것 하나만은 안 된다오. 그대는…아아!…그대는 어찌 내 마음을 이다지도 몰라준단 말이오? 내 마음을 왜 이렇게 혼란스럽게 하는 거요?"

"그렇게 말하면 내 마음이 상해요. 내 마음을 몰라주는 쪽은 외려 당신이지요. 나와 당신이 진정으로 사랑한다면 비밀이 없어야 해요. 당신은 왜 그 벽을 뛰어넘지 못하죠? 그 비밀을 내가 블레셋 사람들에게 알려줄까 봐서요?

당신이 설령 블레셋 사람들에게 잡혀간다고 해도 겁내지 말아요. 내가 버젓이 있는 한, 누구든 당신을 함부로 하지 못할 거예요. 언제까지 이스라엘과 블레셋이 피를 흘리며 살아야 하나요? 이젠 블레셋과 원한 관계를 정리하고 두 민족이 평화롭게 지내야 하지 않겠어요? 그러려면 당신의 희생이 필요하다고 생각해요."

"들릴라……아니 돼요. 그것만은! 블레셋이 나를 가만두지 않을 거요."

"천만에! 나를 믿으세요. 당신은 영웅답지 않게 의심도 많구려. 블레셋 방백들이 내게 약속했어요. '삼손을 데려오기만 하면 좋게 협상 하겠다'고요. 그러니 당신의 힘의 근원을 내게 알려줘요. 그것만이 우리가 살길입니다."

삼손은 마음이 흔들렸다.
"생각할 시간을 좀 주시오."

들릴라는 눈물을 글썽이며 삼손에게 말했다.
"날 사랑한다면서요? 날 사랑한다면서 어찌 세 번이나 감쪽같이 나를 속일 수가 있죠? 또다시 날 희롱하지 말아요. 아아, 내 사랑, 난 믿기지 않아요. 당신이 나를 희롱하다니요! 내 사랑, 삼손. 날 언제까지 울리려고 이렇듯 매정한가요? 나를 사랑한다는 그 약속들은 다 어디로 갔나요? 당신의 멋진 목소리로 비밀을 말해봐요. 사랑한다는 말과 함께요."

들릴라는 흑흑거리며 슬피 울었다. 삼손이 그런 관능적인 들릴라를 보며 마음이 번뇌하여 죽을 지경이 되었다. 그는 들릴라를 큰 품에 안으며 말했다. 그럴수록 들릴라는 어깨를 들썩였다.
"울지 마시오, 들릴라. 그대가 울면 내 마음이 약해진다오. 그대는 짙은 안개와 어둠 속에서 한 치 앞도 보지 못하는 내 눈을 뜨게 해주었소. 그대 생각이 옳은 것 같소. 그대의 사랑스러운 음성에 내 마음이 열리고 이제야 사리판단을 올바로 하게 될 것 같소. 그대를 속인 걸 용서하시오. 이제 내 비밀을 말하리다."

들릴라는 진심을 드러내려는 삼손을 바라보며 말했다.
"삼손, 내 생명 다할 때까지 당신을 사랑할게요. 영원히 당신 곁에 있을게요. 아무도 우리 행복을 가로막지 않는 곳으로 함께 가서 즐겁게 살아요. 그곳이 크레테 섬이든 키프로스 섬이든 외딴섬이든. 아아, 나는 지금 가슴이 뛰고 있답니다. 미래는 우리 것이고, 행운의 여신은 우리에게 미소를 짓고 있어요. 어서 빨리 그 비밀을 말해보세요."

들릴라의 말이 미처 끝나기도 전, 삼손의 굵직한 저음의 목소리가 들릴라의 귀에 나직하게 들려왔다. 삼손은 눈을 지그시 감고 말하고 있었다.
"내 머리는 삭도를 대지 않은 상태로 그대로 있소. 태어나면서부터 여태 단 한 번도 삭도를 대지 않은 머리요. 그대가 알다시피 나는 나실인이었으니까. 만일 내 머리털이 밀리면 내 힘이 떠나고, 그 즉시 나는 약해져서 다른 평범한 사람들과 같이 될 거요."

들릴라는 삼손이 방금 말한 대답은 지금까지 했던 대답들과는 분명 다르다고 확신했다. 그녀의 얼굴에 기쁜 미소가 빠르게 번졌다. 그녀는 주먹손으로 자신의 자그만 머리통을 쥐어박으며 입속말로 웅얼거렸다.

'아아, 이런 단순한 비밀도 모르고 애를 태웠구나. 비밀이란 참 묘한 거로구나!'

그날 밤, 삼손은 마음이 홀가분하다는 듯 포도주를 이드거니 마시고 잠이 들었다. 삼손이 몹시 취해 곯아떨어진 걸 확인한 들릴라는 블레셋 방백들에게 삼손이 드디어 진심을 말해주었다고 전하면서, 이번만 딱 한 번 더 자기를 믿어달라고 호소했다. 방백들이 보니 이번에는 들릴라의 말이 사실임에 틀림없었다. 방백들은 들릴라에게 주겠다고 약속한 은을 챙겨서 소렉 골짜기의 들릴라의 집으로 달려갔다.

들릴라는 삼손을 자기 무릎을 베고 자게 한 후, 재빨리 삼손의 머리카락 일곱 가닥을 가위로 잘라버렸다. 머리가 잘리는 삼손은 괴로운 듯 얼굴을 찡그리며 신음을 하는가 싶더니 순식간에 그의 힘이 없어지고 말았다. 들릴라가 삼손이 힘이 남아 있는지 없는지를 시험하려고 삼손의 귀에 대고 소리쳤다.

"삼손, 큰일났어요! 블레셋 군인들이 들이닥쳐요!"

삼손이 잠에서 깨어 블레셋 군인들을 무찌르려고 몸을 떨쳤다. 하지만 어찌된 영문인지 전처럼 팔다리를 쓸 수 없었다. 삼손은 하나님의 영이 자기를 떠난 줄 깨닫지 못하고 있었다. 그만큼 삼손의 영은 죽어 있었다.

삼손은 초인 같은 괴력이 사라지게 되었다. 블레셋 군인들은 붙잡은 삼손의 두 눈을 그 자리에서 빼고 가사에 끌고 가서 놋줄을 매고 옥에서 맷돌을 돌리게 했다.

게르치노(Guercino, 이탈리아의 바로크 화가)의 <삼손과 데릴라>, 1654년 작품, 캔버스에 오일, 76cm×223cm, 프랑스 스트라스부르의 Musée des Beaux-Arts에 전시되어 있음.

막대한 은을 손에 넣게 된 들릴라는 비참한 삼손을 보고는 자기 눈을 의심했다. 그녀는 돈도 탐이 나고 영웅인 삼손에 대한 호기심도 있어서 블레셋 방백들의 부탁을 받고 스파이 노릇을 하였지만, 일이 이렇게까지 될 줄은 예상하지 못했다. 먼 훗날 가룟 유다가 은 삼십 개를 받고 스승을 적에게 팔아넘긴 뒤 후회한 것처럼, 들릴라도 후회가 막심했다. 하지만 자기 힘으로는 사태를 돌이킬 수 없었다. 그녀는 비탄에 빠졌고, 그저 발을 동동 굴릴 수밖에 없었다.

그때 삼손의 잘려나간 머리카락은 어느새 꽤 자라 있었다. 예전처럼 허리까지 내려올 만큼 길고 윤기 있는 머리는 아니었지만, 어깨 바로 위까지 내려온 제법 긴 머리였다. 머리카락이 다시 커지면서 삼손은 자기 인생을 망치게 한 것들이 무엇인지 뒤돌아보았다. 그러면서 삼손은 자기가 누구인지, 자기의 사명이 무엇인지, 자기가 믿는 신이 자기를 향한 뜻이 무엇인지를 성찰했다. 그럴 때면 그는 눈물을 흘리며 회개를 하였고, 하나님께 용서를 구했다.

삼손은 또 자기를 팔아넘긴 들릴라에게 연민하는 마음이 생겼다. 삼손 자신도 그런 자신을 이해할 수 없었다. 들릴라가 밉기는커녕 오히려 고마웠다. 그녀가 아니었다면 어쩌면 죽을 때까지 자기의 사명을 발견하지 못할 뿐 아니라, 한때 잊고 살았던 하나님을 다시는 못 찾았을지도 모를 일이었기 때문이다.

덴마크 화가 카를 블로흐(Carl Bloch 1834-1890)의 <삼손과 블레셋인들>(samson and the philistines), 246×184cm, 캔버스에 유화, 1863년, 덴마크 국립미술관 소장.

들릴라 또한 삼손에 대해 미안한 마음으로 잠을 이루지 못했다. 삼손에게 마음을 주지 않으려고 힘겹게 내면의 싸움을 해왔지만, 그럴수록 그녀의 마음은 온통 삼손에게 가 있었다. 그녀는 옥을 지키고 있던 사람들을 은으로 환심을 사서 옥에 있는 삼손을 만나볼 수 있었다. 그때마다 그녀는 삼손이 먹을 음식을 옥에 넣어주는가 하면, 땀과 먼지에 찌든 옷을 빨아 넣어주기도 했다.

그렇게 가을이 지나고 겨울이 지나 봄이 되었다. 그동안 삼손의 머리는 몰라보게 자라 있었다. 실명한 삼손은 앞을 전혀 볼 수 없었다. 눈을 떠나 감으나 적막한 어둠만이 깔려 있었다. 불과 1년 전만 해도 앞을 볼 수 있을 때는 그는 영안이 닫혀 하나님을 볼 수도 없고 하나님의 뜻을 알 수도 없었다. 하지만 지금은 앞을 볼 수 없어도, 하나님을 보기 시작했고 하나님의 뜻을 분별할 수 있게 되었다.

그는 옥에 갇히게 되면서 처음 며칠 동안은 아름다운 들릴라를 단 한 번만 보아도 소원이 없을 것 같았다. 하지만 지금은 들릴라의 모습을 보지 않아도 좋았다. 마음으로 그녀를 느끼고 있기 때문이었다. 마음속에 들릴라가 불쑥 들어올 때면, 그는 들릴라의 안전과 행복을 위해 기도했다. 눈이 뽑혀 수치를 당했을 때 그는 들릴라를 원망하기도 했었다. 하지만 그녀를 용서한 지는 오래되었다.

어느 화창한 날이었다. 들릴라는 여느 때처럼 삼손에게 주려고 먹을 것과 입을 옷가지를 들고 삼손을 옥으로 찾았다. 삼손의 머리카락은 그때 어깨 바로 아래까지 자라 있었다. 들릴라는 예쁜 얼굴이 몰라보게 야위었고 창백해 보였다. 짙은 눈동자도 흔들려 보였다. 하지만 들릴라는 들릴라였다. 수단이 좋은 들릴라는 옥의 관리들을 구워삶은 모양이었다. 요사이 부쩍 그녀는 자기 집 드나들 듯 옥고를 치르는 삼손을 찾았다. 삼손은 그런 들릴라가 고마웠다. 삼손이 기회를 잡아 들릴라에게 귀띔해 주었다.

"들릴라, 축제일에 내가 일을 저지를 것이오. 그대는 내가 단 위 기둥에 서 있을 때 신전에 있지 말고 문 쪽에 있다가 재빨리 빠져나가시오."

"네? 일이라니요? 대체 무슨 일을 하겠다는 거죠?"

들릴라는 그 말을 듣고 가슴이 미어지는 듯했지만, 슬픔을 억눌러야만 했다. 그녀는 삼손에게 묻지는 않았지만, 특유의 본능으로 삼손이 큰일을 낼 것 같은 예감을 하고 있었다. 들릴라는 죽음을 각오하는 삼손을 만류할 생각도, 필요도 느끼지 못했다. 이 또한 신의 뜻이려니 여기며 고개를 끄덕였다. 그런 들릴라의 눈에 눈물이 고였다.

블레셋 방백들은 삼손을 붙잡은 것을 기념하고 그들의 신인 다곤에게 감사하려고 가사의 신전에서 축제를 하기로 했다. 마침내 축제일이 되었다. 신전에는 발 디딜 틈조차 없이 많은 사람들이 몰려들었다.

다곤은 메소포타미아 일대에서 섬겨진 반인반어(半人半魚) 형상의 우상신이다. 그날 축제에 참가한 블레셋 사람들은 어린아이까지 삼천 명이나 되었다. 그들은 술을 먹고 춤을 추며 다곤에게 제사를 올렸다. 블레셋 방백들은 참석자들의 즐거움이 최고조에 달했을 때 삼손을 불러내어 곰처럼 재주를 부리게 하려고 두 기둥 사이에 세웠다. 앞을 보지 못하는 삼손의 손을 한 소년이 붙잡아 주었다.

삼손이 이상한 행동을 하기 시작하는 것을 맨 처음 알아차린 사람은 들릴라였다. 키득거리는 소리와 환호하는 소리가 신전을 떠나갈 듯 요란하게 들렸을 때, 삼손은 양손으로 다곤 신전의 튼튼한 두 기둥을 붙잡아 몸을 의지하고 있었다.

삼손은 예전보다는 야위었다고는 하나, 그의 울퉁불퉁한 알통은 여전히 눈에 띌 만큼 씰룩거리고, 허벅지와 다리의 근육은 터질 듯 우람했다. 짙은 눈썹 아래 깊고 큰 눈은 슬퍼 보였지만, 눈빛은 유난히 강경했다.

삼손은 왼쪽 다리를 살짝 앞에 내밀고 오른쪽 다리는 뒤쪽에 놓고, 두 팔을 반쯤 벌렸다. 그런 다음 손바닥을 기둥의 면에 대고 신전을 떠받치는 거대한 두 기둥을 안쪽에서 바깥쪽으로 밀려는 자세를 취했다.

삼손은 하늘을 우러러 기도했다. 앞을 보지 못하는 그였지만,

고개를 들면 하늘 쪽이라는 사실을 그는 알고 있었다. 그가 믿는, 어릴 때부터 그의 마음속에 있어 왔던, 그에게 괴력을 부여하신 여호와 하나님이 계신 하늘 말이다.

"주 여호와여! 저를 생각하옵소서. 하나님이시여, 제가 간절히 구합니다. 이번 한 번만 더 저를 강하게 하시어 제 두 눈을 뺀 저 블레셋 사람들에게 원수를 갚도록 하게 해 주소서."

삼손의 기도는 골리앗과의 대결을 앞둔 다윗의 기도와는 비교가 안 되게 치졸하지만, 진심이 배어 있기에 믿음의 기도라고 할 수 있다. 신전 지붕 위와 단 아래에 있던 수많은 블레셋 사람들은 삼손의 괴상한 행동을 보고, "어어? 저건 뭐지?" 하면서 술렁이기 시작했고, 이쪽저쪽에서 고함이 터져 나왔다. 신전 문 사방에 있던 군인들이 잽싸게 단으로 달려갔다. 그들이 단에 다다르기도 전, 지붕에서는 흙먼지가 일며 파편들이 떨어지기 시작했고 벽은 소리를 내며 금이 가기 시작했다.

삼손은 마지막 힘을 써서 두 기둥을 넘어뜨렸다. 그러자 웅장한 신전은 쿠르릉, 요란한 소리를 내며 무너져 내렸다. 축제에 참석한 사람들은 탈출할 곳을 찾지 못하고 서로 짓밟거나 몸을 껴안고 무거운 돌에 압사당하고 말았다. 파괴의 잔해들이 죽은 자들과 뒤섞여 바닥에 널브러져 있었고,

피투성이가 된 잔해들의 틈바구니에서는 부상당한 자들의 신음 소리로 아비규환을 이뤘다. 그 광경은 어찌나 처참했던지 마치 지옥과도 같았다.

성경은 그 자리에서 죽은 사람의 수가 삼천 명이었다고 전한다. 그 수는 삼손이 살았을 때 죽인 사람들의 수보다 많았다. 단지 5분도 안 되는 시간에 그 자리에 있던 블레셋의 방백들도 죽고, 백성들도 죽고, 군인들도 죽고, 삼손의 손을 붙들어준 소년도 죽고, 그리고⋯⋯천하장사 삼손도 헤라클레스가 그랬던 것처럼 장렬하게 죽었다. 그가 한때 사랑하는 여인 들릴라도 죽었다. 모든 사람들이 비참하게 죽은 것이다. 아니, 너무나 허무하게 죽은 것이다. 삼손이 기둥을 밀면서 저쪽 출입문에 서 있던 들릴라에 고함을 쳤다.

"들릴라! 뭐 해? 어서 피하지 않고?"

삼손의 목소리는 군중 소리에 묻혀 잘 들을 수 없었지만, 들릴라는 삼손이 무슨 말을 하고 있는지 알고 있었다. 하지만 그녀는 삼손과 함께 운명을 함께하기로 해둔 터였다. 그녀는 삼손을 향해 손을 흔들어 보이고 살짝 미소를 지었다. 그러고는 두 손을 모은 채 눈을 감고 기도했다.

"삼손의 하나님, 저를 용서해주시고 당신의 나라에서 삼손과 영원히 함께 살게 해주세요."

들릴라는 삼손이 없는 삶은 무의미하다고 느꼈을까? 아니면 죽음으로 자신의 잘못을 속죄하려고 했을까? 그게 무엇이든 행복하게 살고 싶은 들릴라의 꿈은 환상으로 끝나고 말았다.

성(性)으로 남자를 유혹해 파멸에 이르게 한 들릴라의 행위는 명백히 잘못된 것이다. 하지만 역동적이고 치열한 삶을 산 들릴라에게서 우리는 독립적이고 능동적인 여성을 발견하게 된다. 본능에 충실하고 욕정과 갈망을 거침없이 표현하려는 들릴라의 DNA는 능력과 아름다움을 추구하려는 현대 여성에게 제대로 발현되고 있다는 점에서, 우리는 들릴라의 부정적인 면만 보려 하지 말고 긍정적인 면을 탐색할 필요가 있다.

삼손과 들릴라의 위험한 러브라인은 이렇게 비극으로 끝난다. 하지만 삼손의 영웅적 행위는 역사 속에 길이 남아 전해지고 있다. 유대교와 기독교에서는 삼손이 죽기 전 마지막으로 보여주었던 용기 있고 감동적인 행동에 계속해서 의미를 부여해 왔고, 그럴수록 삼손은 영웅 대접을 받았다. 이 신화와 같은 이야기는 자기희생의 행위가 절대적으로 자유롭게 전개된다.

예나 지금이나 영웅이 자신을 희생하며 사명을 감당하는 것은 문화적으로나 정치적으로 갈등이 있는 곳에서는 하나의 감동적인 서사로 존재해 왔다. 그것은 영웅들의 상투적 방식이다. 영웅이 그런 식으로 장엄하게 혹은 비극적으로 죽음을 맞이할 때 사람들은 열광하며 그를 칭송한다. 특히 종교적인 열정으로 봉사하는 영웅적인 자기 희생은 더욱 인상적이다. 항공기 납치와 동시다발적으로 이루어진 자살테러로 뉴욕시의 세계무역센터 건물을 붕괴시킨 '9·11 사태'가 그러했다.

요즘에도 이슬람권의 테러리스트들이 신의 뜻이라며 자살 공격을 감행한다. 그들은 그러한 자살 폭탄 행위로 인한 죽음을 숭고한 죽음이라면서 내세에서 복을 천 배로 받을 것이라며 그런 몹쓸 짓을 감행한다. 그들은 스스로를 정의롭다고 여기고 있으며, 그러므로 자신이 신의 심판을 대행한다고 확신하기에 자신을 명예로운 순교자로 여긴다.

삼손이 수천 명의 고귀한 목숨을 빼앗은 행위는 그것이 아무리 종교적인 목적이라 하더라도 결코 정당화될 수는 없는 노릇이다. 그것은 수많은 무고한 생명들을 해친 이기적이고, 파괴적이고 그리고 비인간적인 행위이기 때문이다.

그런데도 우리가 삼손의 행위를 눈감아 주는 까닭은 그의 사역이 전능하신 하나님의 구원 계획을 이루기 위한 것이라고 일정 부분 인정하기 때문이다. 천사가 삼손의 어머니에게 수태고지를 하면서 아이의 운명이 '블레셋 사람의 손으로부터 이스라엘을 구원하는 운명을 타고 태어난 사명자'라고 예언한 것처럼, 삼손은 하나님의 신묘막측한 구원계획에 한 시대의 중요한 인물로 요긴하게 사용되었던 사람이다.

앞에서도 말했듯, 삼손은 위대하였지만 그의 치명적인 약점은 '여자'였다. 문제는, 여자가 나쁜 게 아니라 시도 때도 없이 여자들에게 빠지는 것이다. 그 반대로, 여자가 남자들에게 시도 때도 빠지는 것도 문제다. 요즘에는 우리 주변에 이런 어이없는 일들을 많이 보게 된다. 눈먼 큐피드의 금빛 화살은 무책임하게 아무에게나 사랑의 화살을 날린다. 그 화살을 맞는 날엔 사랑에 눈이 멀고 만다. 눈이 멀게 되면 욕망하고, 집착하고, 증오하고, 배반하고 그리고 복수심에 불타는 것이다.

삼손은 그의 어머니가 나이 들어 낳았기 때문에 애지중지 키운 귀한 아들로 자랐을 것이다. 그는 나실인이었으므로 세상과 구별해 산답시고 세상 물정 모르고 자랐을 게 분명하다. 게다가 그는 일찍 어머니를 여읜 것 같다. 삼손의 이러한 성장 배경은 그를 정서적으로 장애가 있게 만들 수 있다. 이를테면, 사랑에 목말라하거나 여성에게 모성애를 느끼거나 하는 그런 장애 말이다. 또 이렇게 자란 사람은 폭력적인 성향을 가지기 쉽다.

사실 곰곰 따지고 들자면, 들릴라는 삼손에게 거짓말은 하지 않았다. 들릴라의 나쁜 점은 성(sexuality)을 이용해 삼손을 홀려 힘의 비밀을 알아낸 것이다. 반면, 삼손은 어쨌거나 들릴라에게 세 번이나 거짓말을 했다. 들릴라는 거짓말을 한 삼손이 자기를

속인 데 대해 매번 화가 나 있었다. 거짓말한 그 자체를 나쁘게
보았다.

　그렇다고 우리는 들릴라를 곱게 눈감아줄 수는 없다. 들릴라는
삼손의 의식 속에 있는 자학적 성욕을 발견하고 이용했던
여자다. 기독교는 들릴라를 음탕하고 사악한 여자로 규정하고
그녀를 비난해 왔다. 하지만 이것은 온당하지 않다. 들릴라의
미색과 언변에 속아 넘어간 삼손이 비난받아야 마땅하기
때문이다.

예수를 믿는 여자를 만나 사랑에 빠져라

영국 웨일스의 가수 톰 존스(Tom Jones)는 성경에 나오는 삼손과 들릴라의 이야기를 소재로 한 <딜라일라>를 불러 크게 히트했다. 1967년 12월에 나온 이 노래는 전 세계 팝송팬들을 열광시켰다. 이 노래 가사의 큰 줄거리는 오페라 <카르멘>의 내용과 유사한 데가 있다. <카르멘>에서는 자유롭고 열정적인 집시 카르멘을 사랑한 돈 호세가 경기가 열리고 있는 투우장에서 변심한 카르멘을 죽이고 자신도 자결한다.

나는 고교 1학년 때 톰 존스의 <딜라일라>를 처음 들었다. 교정 느티나무 아래서 파란 하늘을 바라보고 있던 나는 심장이 얼어붙는 것 같아 얼음 조각처럼 그 자리에 서있어야 했다.

장래 직업이 디스크자키가 꿈이었던 내 동급생은 방송실에서 점심시간 때마다 이 팝송을 틀어주었다. 그럴 때면 나는 톰 존스의 폭발적인 가창력과 경쾌한 리듬에 맞춰 엉덩이를 들썩거렸다. 가사의 내용이 뭔지도 모르고 그랬던 것이다.

대학생이 되어 가사가 좀 귀에 들리게 되면서 엉덩이를 들썩거리는 기분은 싹 가시게 되었다. 낭만과는 전혀 거리가 먼 노래라는 걸 알았기 때문이다.

이 노래는 처음부터 끝까지 음산하다. 그래서 그런지, 뒤로 가면서 왠지 모를 비극적인 사건이 터질 것 같은 느낌을 준다.

하루의 바쁜 일과가 끝나고 해는 져서 으스름이 깔리더니, 이윽고 어두운 밤이 되었다. 한 남자가 여자친구를 만나려고 집을 찾아가는데, 창문에 비친 남자의 그림자를 발견한다. 그것은 여자친구가 어떤 남자와 섹스를 같이 하는 불온한 장면을 연상하게 한다.

남자는 자신의 사랑하는 연인을 품은 그 남자가 연인의 집을 떠날 때까지 밖에서 서성거린다. 새벽녘까지 길 건너편에서 기다리던 남자는 그 남자가 떠나는 것을 확인하고는 연인의 집에 들어선다. 여자친구가 잘못했다고 빌면 용서해주고 싶은 마음을 갖고서……. 여자친구는 멋쩍은 듯, 아니면 '내가 이런 여자인 줄 이제 알겠냐'는 듯 그저 야릇한 미소를 머금고 있다. 남자는 여자를 칼로 찌른다.

"날 용서해주오, 딜라일라, 난 더 이상 견딜 수 없다오."라고 목이 터져라 부르는 톰 존스의 <딜라일라> 끝 소절에서, 우리는 사랑하는 연인에게 배반을 당해 복수에 불타는 남자의 절규를 엿본다.

1968년 서울대학교 음대 성악과에 재학하던 조영남은

톰 존스의 이 노래를 번안곡으로 불러 가요계에 혜성같이 등장했다. 조영남은 "날 용서해주오, 딜라일라, 난 더 이상 견딜 수 없다오"라는 가사를 "애타는 이 마음 달랠 길 없어 복수에 불타는 마음만 가득 찼네"로 번안해 불렀다. 그는 갑자기 상처를 안겨주고 떠난 자신의 첫사랑을 떠올리면서 이 노랫말을 지었다고 한다.

그러니, 크리스천 남자들이여! 간곡히 호소하건대, 예수를 믿는 여자를 만나 사랑에 빠지기를 바란다. 크리스천이라면 불신 여성에게 첫눈에 반해 자신을 파멸하지 않도록 영적으로 긴장하며 살아야 하지 않겠는가? 그러려면 자신의 의지도 중요하지만, 그것만으론 어림도 없다. 주님이 함께하셔야 가능하다. 날마다 성령님의 인도를 받으며 나를 향하신 하나님의 뜻이 무엇인지를 구해야 한다. 이 책을 읽는 크리스천 여러분이 이성 문제로 넘어질까 봐, 노파심에서 여기에 에베소서 말씀을 기록한다.

"너희가 어떻게 행할지 자세히 주의하여 지혜 없는 자 같이 하지 말고 오직 지혜 있는 자 같이 하여 세월을 아끼라 때가 악하니라 그러므로 어리석은 자가 되지 말고 오직 주의 뜻이 무엇인지 이해하라"(에베소서 5:15-16).

♥ 나눔

1. 삼손은 세 명의 여자를 알았습니다. 삼손은 왜 여자를 밝혔다고 생각하십니까?

2. 영웅은 흔히 여색을 밝힌다는 말이 있습니다. 이것은 지위가 높고 성공한 사람은 이성 문제에 실수가 있다는 말로 들립니다. 이에 대해 서로의 생각을 나눠보십시오.

3. 삼손의 딤나 여자와의 결혼은 비극으로 끝났습니다. 이것은 삼손과 딤나 여자 두 사람 모두 잘못이 있었습니다. 무슨 잘못이 있었습니까? 당신 같으면 이 상황들을 어떻게 대처했을까요?

4. 남자들은 왜 미녀라면 사족을 못 쓸까요?

5. 삼손은 그의 어머니가 임신했을 때부터 하나님께 드리기로 서원한 나실인입니다. 크리스천이라면 누구나 하나님께 서원한 것들이 있을 것입니다. 당신은 그 서원을 실천하고 있는지요?

6. 삼손은 들릴라를 진심으로 사랑했습니다. 그렇다면 들릴라도 과연 삼손을 사랑했을까요?

7. 삼손은 잘린 머리가 다시 자라 잃었던 사명을 다시 일깨웠습니다. 혹 당신에게도 삼손과 같은 경험이 있었는지요?

03

룻과 보아스

__크리스천 연애의 진수

크리스천 커플에게 왜 룻기인가?

인간사에서 가장 많은 질문은 '사랑은 무엇인가?'란 질문이 아닌가 싶다. 이 질문은 '산다는 건 무엇인가?'라는 철학적인 질문보다 사람들의 피부에 훨씬 와닿는 직접적이고 실제적인 물음이다. 하지만 정작 '사랑이 무엇인가?'에 대해 '이거요'라고 얼른 대답하기란 쉽지 않다. 논문으로 쓰면 자신 있게 결론을 내릴까? 그런 사람 있으면 나와보라.

사랑이 무엇인지에 대해서는 고래로 천만 가지 견해들이 쏟아져 나왔다. 에리히 프롬의 《사랑의 기술》을 들먹일 필요도 없이 한국 유행가 가사 하나를 소개하면, 사랑은 '눈물의 씨앗'이란다. 가황 나훈아가 부른 <사랑은 눈물의 씨앗>(1969)에 나오는 가사이면서 이 노래의 제목이다. 사랑을 눈물의 씨앗이라고 한 이유는 그것이 눈물 바람의 근원이 된다 해서 그럴 거다. 독자 여러분 중에 아는 사람은 알겠지만, 22살 때 이 노래를 불렀던 나훈아 자신도 여태껏 살아오면서 이놈의 사랑 때문에 눈물깨나 흘렸다.

이 노래 첫 부분을 지면에 실어본다.

사랑이 무어냐고 물으신다면

눈물의 씨앗이라고 말하겠어요

먼 훗날 당신이 나를 버리지 않겠지요

서로가 헤어지면 모두가 괴로워서

울 테니까요

거참, 쉬운 것 같으면서도 어려운 게 사랑이다. 사랑은 무엇일까? 나는 사랑을 이렇게 정의하고 싶다.

사랑은 힘이고 행동이다.

사랑은 또 용기이고 생명력이다.

그것은 감정과 실천에서 나오는 어떤 것이다.

연애, 부부생활, 관계(relationship)는 사랑의 구체적 표현이다. 사랑이 힘들고 벅찬 까닭은 그게 경제적 안정과 관련이 깊기 때문이다. '사랑이 밥 먹여주냐?'는 말이 있다. 사랑에 빠져 욱하고 결혼해 봤던 선배 어른들이 눈에 콩깍지가 씌어 사랑에 빠진 청춘들에게 '정신 차려라'는 조로 곧잘 던지는 말이다.

이 말인즉슨 '사랑은 현실'이라는 거다. 사랑도 좋지만, 경제적인 뒷받침이 따르지 않는 사랑은 말짱 '도로아미타불'이 되고 만다는 거다. 가수 조항조의 <사랑이 밥이더냐>(2015)는 사랑과 현실의 관계를 제대로 나타내준다. 이 노래는 곡과 함께 가사가 울림을 준다. 이런 가사다.

사랑이 밥이더냐 사랑이 돈이더냐

살 만큼 살았지만 아직도 알 수 없는

그것이 사랑이더라

조금은 알 것 같은 그 사랑도 우리의 인생도

모르고 사는 것이 차라리 속 편하지

사랑은 움직이니까

이 가사의 요체는 '밥을 먹여줄 수 있어야 사랑'이라는 거다. 정말 그럴까? '사랑'과 '밥'은 한통속일까?

'사랑한다면 그걸로 다 되는 거지 뭐가 더 필요해? 그런 사랑은 순수하지 못해!'

이렇게 말할 수 있을까? 나는 그렇게 생각하지 않는다. 사랑한다면 밥도 먹여줘야 한다!

이 사실을 보여주는 모델이 뜻밖에 성경에 나온다. 룻기에 나오는 주인공인 보아스다. 믿음직한 보아스는 룻을 사랑하였고, 룻을 평생 안심하고 살도록 밥을 먹여준 사람이다. 한마디로 한 여자를 사랑하였고 책임져 줬다는 말이다. 룻기에서 누군가를 사랑한다는 것은 믿는 자에게 복을 베푸시는 하나님의 은혜(헤세드) 안에서 천국을 소망하며 함께하는 삶이다. 룻기는 하나님의 헤세드를 룻과 보아스의 사랑의 연대를 통해 우리에게 생동감 있게 보여준다. 남녀 간 연애 스토리를 이렇게 솔직하게 다루는 성경은 얼마나 솔직하고 매력적인가. 지금부터는 룻기를 통해 사랑은 과연 무엇인지 알아보자.

룻기는 히브리 성경인 타나크의 성문서(케투빔)인 다섯 개의 메길로트('두루마리'라는 뜻_편집자 주) 가운데 맨 첫 번째 책이다. 타나크에서 룻기는 시편-욥기-잠언 순서로 배열되는 같은 성문서 그룹인 에메트('진리'라는 뜻_편집자 주)에 이어 배치되어 있고, 그다음 순으로 케투빔인 룻기-아가-전도서-애가-에스더가 나온다. 개신교 성경에서 룻기는 사사기와 사무엘서 사이에 끼여있는 역사서다. 룻기는 유대인들의 축일인 칠칠절(오순절, 맥추절)에 추수를 마친 것을 하나님께 감사하며 낭독하는 두루마리다.

룻기는 에스더서와 함께 연약한 여성이 주인공으로 등장하는 책이다. 룻기와 에스더서는 모두 여성의 이름을 땄다. 주로 가부장적 문화가 지배하는 시대가 배경인 성경에서 여자 이름이 제목으로 등장하는 경우란 매우 드문 일이다. 그만큼 룻과 에스더는 하나님의 구속사에서 빼놓을 수 없는 여성들이다.

두 책은 아주 잘 쓴 어떤 단편소설보다 스토리라인이 압권이다. 두 책 모두 하나님께서 언약 백성인 이스라엘 민족을 구원한 사건을 다루었다. 모압 출신 과부 룻은 무작정 시어머니를 따라 시어머니의 고국인 이스라엘에 이주해 베들레헴의 유력인사와 결혼해, 시대의 아픔과 풍파를 이겨내고 몰락해 가는 한 가정을 구해냈다. 반면, 이스라엘 출신 에스더는 머나먼 이국땅 바벨론에 잡혀간 포로민의 딸 신분인데도, 놀랍게도 당대 최고의 제국인 페르시아의 왕과 결혼해 절체절명의 위기에 빠진 자기 민족을 구출해냈다. 하나님께서는 이방 여인인 룻을 사용해 인류를 죄로부터 구원하실 예수 그리스도의 계보로 삼으셨고, 유다인인 에스더를 사용해 이방인의 압제와 대학살의 위기에서 언약 백성을 구해내셨던 것이다.

룻기는 불과 4개 장으로 구성된 책으로, 성경에서 가장 짧은 책 가운데 하나다. 룻기의 저자는 전통적으로 사무엘이라고 알려져 있지만, 이 견해는 확실하지 않다. 룻기의 저자가 사무엘이라는 견해는 "사무엘이 그의 책과 사사기와 룻기를 썼다"고 하는 유대교의 바벨론 탈무드에 영향받은 것이다.

어떤 학자들은 룻기의 저작연대를 다윗과 솔로몬 시대일 거라고 본다. 만일 사무엘이 룻기를 썼다면, 그 시기는 다윗이 이스라엘을 통치하기 전인 주전 11세기 무렵이었을 것이다. 하지만 현대 학자들은 룻기의 저작연대를 바벨론 포로기 이후인 주전 5세기경으로 추정한다. 주전 5세기경이라면 에스라서와 느헤미야서의 저술 시기와 동시대이거나, 아니면 그 직후였을 것이다.

롯기 4장 6절에는 이스라엘의 낯선 관습(아마도 롯기 저자가 살았던 시대에는 사라졌을 것이다)이 소개된다. 계대결혼을 거부당한 과부가 장로들 앞에서 그 결혼을 거부한 남자의 신을 벗긴 후, 그 사람의 얼굴에 침을 뱉으며 모멸감을 주는 신명기 25장 9절의 관습이다. 이 관습은 '옛적'이라는 말로 소개된다. 이 말은 롯기의 저작연대를 가늠할 수 있는 거의 유일한 단어다.

하지만 이 단어가 정확히 어느 시점을 의미하는지는 여전히 불명확하다. 저자가 어느 시대에 속해 있는 사람이냐에 따라 다윗 이전 시대, 다윗과 솔로몬 시대, 바벨론 포로 시대로 견해가 맞서 있다. 한편, '다윗'이라는 이름은 성경에서 롯기에 처음으로 등장한다. 학자들에 따르면, 느닷없이 튀어나오는 이 다윗의 족보(롯 4:18-22)는 포로기 이후 제사장들에 의해 첨가되었다고 한다.

롯기는 가난하고 불우한 한 이방 여인의 역경 이야기와 하나님의 보이지 않는 섭리하심으로 찾아드는 안전과 행복한 이야기 말고도, 그 여인이 뜻밖에 예수님의 직계 혈통이 된다는 흥미진진한 내용을 사실감 있게 묘사한다. 이 때문에 기독교는 하나님의 헤세드가 인간 삶의 현장에서 구체적이고 치밀하게 구현되어 있고, 예수님의 조상인 다윗의 증조(3대조) 할머니와 할아버지의 이야기를 생생하게 들려주고 있다고 해서 롯기를 매우 귀하게 여겨 왔다.

룻기는 또한 기독교 복음과 크리스천의 실생활 적용 면에서도 대단히 귀중한 책이다. 룻기는 기독교 선교, 하나님의 은혜와 자비, 가부장적 문화에서의 힘없는 여성의 필사적인 생존 몸부림, 가난한 이웃에 대한 공동체의 보살핌, 가족 및 고부 간 연대 의식, 농촌의 평화로운 삶, 이상적인 연애, 크리스천의 부부생활, 다문화 등에 관해 현대인에게 유익한 통찰력을 제공해준다.

룻기는 이같이 성경에서 둘도 없는 스토리라인을 가지고 시대를 관통해 독자들을 매혹해 왔다. 랍비 문학에서 룻기는 중요한 책으로 자리매김했다. 이스라엘의 랍비들은 룻기가 지닌 종교적이고 문학적인 탁월성을 놓치지 않았다.

룻기는 또 단테, 버니언, 밀턴, 키츠, 괴테 등 세계적인 문학가들에게 끊임없이 영감을 주면서 문학에 향취를 불어넣었다. 문학가들은 자신의 책을 저술할 때 룻을 끌어와, 그녀를 가장 아름답고 덕스러운 여자로 소개하는 데 망설임이 없었다.

독일의 문호 괴테는 룻기를 "모든 서사시와 목가적 문학에서 우리에게 전해진 가장 아름다운 단편소설 중 하나"라고 하면서, "작은 분량의 가장 아름다운 완벽한 작품"(the loveliest complete work on a small scale)이라고 평했다. 독일의 문학 비평가요 시인인

알렉산더 쉬뢰더는 "세상의 어떤 시인도 이보다 더 아름다운 단편소설을 쓰지 않았다"라며 룻기의 문학성을 극찬했다. 문학가들의 이러한 평은 룻기가 세계문학의 보석이라는 사실을 방증한다.

이렇게 룻기는 이스라엘 백성이 하나님의 언약 백성으로서 거룩한 삶을 살지 못하고 이방문화와 죄악에 물들어 극도로 타락했던 사사시대에 한 가정의 이야기를 통해 하나님의 한없는 사랑과 섭리를 보여주는 책이다. 룻기는 경건하고 희생적인 사랑의 아름다움과 결실을 고도의 문학적인 기법을 써서 이야기식으로 전개하고 있다. 그러기에 룻기를 읽는 독자는 마치 마치 한 편의 TV 드라마나 영화를 대하는 것과 같이 진한 감동을 맛보게 된다.

한 여인의 헌신적인 삶과 하나님의 뜻을 이루어 드리기 위한 순종심과, 기적같이 나타나 이 여인의 현실을 더없이 최상의 것으로 바꾸어준 한 신실한 남자의 친절과 사랑을 통해, 우리는 우리를 위해 기꺼이 십자가를 지신 예수님의 고귀한 모습을 발견한다.

모험을 택한 글로벌 이주노동자 룻

룻기를 읽는 독자는 룻기가 옛날 이스라엘의 시골 정경을 마치 한 폭의 풍경화에 담아 놓은 것과 같은 감상에 빠진다.

룻기의 독자는 흉년의 살스러운 농촌의 생활상, 추수하는 광경, 타작 후 축제, 미망인을 통해 기업을 잇게 하는 고엘 제도, 결혼 풍습 등 고대 이스라엘의 풍속과 시골 생활의 아기자기한 광경들을 엿보는 즐거움을 만끽할 수 있다.

룻기는 착한 사람들이 꾸미는 착한 이야기인 데다, 그 배경이 인정 많고 한가한 농촌이므로 목가적(idyllic)이고, 스토리라인이 연애–결혼–출산이므로 낭만적(romantic)이다.

착한 사람들이 이기고, 성공하고, 복을 받는 이야기는 그 자체로 흐뭇하다. 하지만 룻기의 디테일을 찬찬히 뜯어본다면 결코 마음이 편하지만은 않다. 왜냐하면 룻기는 우여곡절 끝에 국제결혼에 성공한 한 외국인 여성 노동자의 눈물겨운 생존 투쟁기이기 때문이다. 건성으로 룻기를 읽으면 룻이 쭉쭉빵빵 잘 나가다 보니까 그녀가 불우한 외국인 이주노동자라는 사실을 깜빡 놓칠 수 있다.

룻은 요즘 우리네 한국인들이 멸시하는 조선족이나 베트남 신부 같은 이주노동자였다. 이런 상상을 해보자. 베트남 여성이 자기 나라에서 한국의 포스코 과장과 결혼을 했는데, 아이도 없이 남편이 죽자 늙은 시어머니를 따라 한국에 왔다. 그녀와 시어머니는 라면 한 개 사 먹을 돈이 없어 굶주린 배를 움켜쥐고 잠을 드는 날이 많았다. 그런 그녀에게도 행운이 찾아들었다. 간장을 제조하는 어느 회사에 노동자로 취업을 한 것이다. 그녀는 성실히 일하던 중 그 회사의 노총각 사장과 눈이 맞아 재혼을 해서 아들을 낳았는데, 그 아들의 아들, 그러니까 증손자가 대한민국의 대통령이 되었다. 그 베트남 여성이 만일 그때까지 살아 있다면 얼마나 기뻐하겠는가. 룻기는 이런 기적 같은 이야기다.

기적 같은 이야기가 대개 그렇듯, 룻기도 시작 부분은 희망이라고는 눈곱만큼도 찾아볼 수 없을 만큼 절망의 극치였다. 종종 인생 역전을 꿈꾸는 사람들에게 용기를 주는 '희망이 없을 때 유일한 희망은 희망을 갖는 것이다'라는 말도 룻의 가족들에게는 사치스러운 말이었다. 뿌리가 뽑혀 잎사귀가 말라비틀어진 나무처럼 룻의 가족은 죽은 목숨이나 다름없었다. 룻은 이스라엘 사람들이 적대시하는 모압 여성이었다. 인간사에서 흔히 그렇듯, 그녀의 불행은 행복을 찾으려다 시작되었다. 모압에 이주해 온 이스라엘 남자와 결혼한 게 화근이었다.

룻기의 배경은 이스라엘의 사사시대다. 사사시대는 주전 14세기부터 11세기까지 약 350년 동안 계속된 시기이다. 시대구분법으로는 후기 청동기시대가 끝나고 전기 철기시대로 접어드는 시기이다. 사사 시대는 이스라엘 역사 가운데서 가장 어둡고 고통스러운 암흑기였다. 룻기는 그 시대에 한 가정을 통해 하나님의 은혜의 손길이 어떻게 나타났는지 알려준다.

룻기는 "사사들이 이스라엘을 다스리던 때 그 땅에 흉년이 들었다"라는 말로 시작한다. 이 한 문장으로 우리는 룻기의 시대 상황이 매우 안타깝고 참혹하다는 걸 느낄 수 있다.

예나 지금이나 흉년은 사람들에게 크나큰 고통을 안겨준다. 북한만 하더라도 흉년으로 인해 세 번이나 '고난의 행군'이 있었다. 가장 참혹한 고난은 1990년대 중후반에 있었다. 흉년으로 인해 북한은 식량 배급량을 줄일 수밖에 없었고, 그로 인해 결핵과 영양실조로 죽은 주민이 무려 3백만 명에 이르렀다고 한다. 이 얼마나 비참한 일인가!

흉년은 그만큼 인간의 삶에 커다란 고통을 안겨주는 몹쓸 자연재해다.

사사들이 통치하던 때 이스라엘 전역은 수년 동안 계속된 기근으로 땅이 쩍쩍 갈라지고 물 한 방울도 아껴 먹어야 할 판국이었다. 유다 베들레헴에도 어김없이 기근은 찾아왔다.

엘리멜렉과 나오미 부부는 자그만 밭을 일구어, 그 밭에서 수확한 농작물로 생계를 이어가는 농민이었다. 소농민이었지만 그런대로 풍족하게 삶을 꾸려간 그들에게는 두 아들이 있었다. 하지만 계속되는 흉년에 견디다 못해 그 가족은 모압 땅으로 이주했다. 그곳은 기근이 없었기 때문이었다.

하지만 이 가련한 가족에게 모압은 축복의 땅이 아니었다. 애면글면 살려고 기를 썼지만, 이 가족에게 찾아든 잇단 불행은 한 가정을 파괴하고 해체하고도 남을 만큼 끔찍하고 참혹한 것이었다. 이 가족은 원인 모를 계속되는 상실의 아픔을 겪었다.

가족의 가장인 엘리멜렉이 영문도 모르게 죽더니, 아버지를 따라 큰아들인 말론과 둘째 아들인 기룐이 죽은 것이다. 문제는 두 아들이 장가를 든 후 아이가 없이 죽었다는 데 있다. 이 모든 불행은 나오미 가족이 모압에 이주해와서 10년 동안에 일어난 일이다. 고대 사회에서 남편과 아들이 없다는 것은 미망인의 소득, 지위, 부양의 상실을 의미했다.

짧다면 짧고 길다면 긴 그 10년의 세월 동안 나오미가 겪은 고난은 이루 말할 수 없을 정도로 컸다. 남편과 두 아들은 저세상으로 떠났고, 이민생활에서 벌어놓은 돈도 식량도 금세 바닥이 났다. 오로지 남은 거라곤 이제 갓 시집온 두 며느리였다. 첫째 며느리 이름은 오르바, 둘째 며느리는 룻이었다(확실하지는 않지만). 모든 삶의 터전과 가족관계가 송두리째 뿌리 뽑힌 나오미에게 두 며느리는 희망이 되기보다는 오히려 짐이었다.

베들레헴에서 이웃 나라인 모압에 이주해 왔을 때는 그나마 남편과 두 아들이 있었고, 노동을 하며 겨우 먹고살아갈 만큼의 건강은 남아 있었다. 하지만 지금은 남편을 먼저 떠나보내고, 애지중지 키워 결혼까지 하게 한 두 아들도 눈앞에서 참척을 보게 되었다.

베들레헴의 자그만 밭(밭이라고 해봤자 손바닥만 한 구릉지대의 척박한 밭)은 가까운 친지에게 맡겨놓고 모압으로 이주한 터라, 이제는 선뜻 '내 밭'이라고 주장할 수도 없게 되었다. 두 며느리는 말도 잘 통하지 않고 같은 신을 섬기지도 않는 모압 여성들이어서 어쩐지 서름서름했다. 나오미는 그렇게 '텅 빔'(emptiness) 상태였다.

나오미는 자기가 왜 이런 혹독한 고난을 겪어야 하는지 혼란스러워했다. 이런 이해할 수 없는 고난이 고향을 등지고 타국으로 이주해서 그런 것인지, 자신도 알 수 없는 무슨 죄가 있어서 그런 것인지, 아니면 하나님이 어떤 새로운 길을 열어주시려고 그런 것인지 도무지 알 수 없었다. 그럴수록 그녀는 자기 안에 있는 자그만 믿음마저 혹 불면 자취도 없이 어디론가 날아가버리고, 이젠 정말이지 자기 인생에 그 어떤 것도 남아 있지 않을 것 같은 막막한 불안과 공허감으로 잠을 이루지 못했다. 그럴 때면 나오미는 이불을 뒤집어쓰고는 끄응, 신음소리를 내며 중얼거리는 것이었다.

'아아, 모압으로 오는 게 아니었어. 이건 잘못된 결정이었어.
오, 하나님, 저를 살려주십시오. 제 두 며느리는 이제
어떡하면 좋아요?'

날이면 날마다 나오미는 자신의 신세타령을 하며 허덕허덕했다. 그러던 어느 날이었다. 나오미는 어떤 소식을 들었다. '여호와께서 자기 백성을 돌보시어 그들에게 양식을 주셨다'는 풍문이었다.

나오미는 이 풍문을 예사롭지 않게 여겼다. 그녀는 이 말을 들을 때 귀를 쫑긋이 세웠고, 마음속에 한줄기 희망의 빛이 비쳐왔다. 나오미는 그 말 한마디에 크게 위로를 받았고 삶에 의욕이 생겨났다.

'그렇다! 고향으로 돌아가자. 이건 하나님께서 나를
살리시려는 사인이야.'

나오미는 두 며느리를 축복하고 친정으로 돌아가 다시 재혼해 잘 살아달라고 부탁했다. 두 며느리는 그 말을 듣고 소리높이 울며, "어머니, 그런 말씀 하지 마세요. 우리는 어머니와 함께 어머니의 백성에게로 돌아가겠습니다."라고 말했다.

그런 며느리들을 보며 나오미는 눈시울을 붉히며 말했다.

"아니 될 말이다. 그게 무슨 소리냐? 내가 아이를 또 낳을 것 같으냐? 내 나이가 지금 몇인 줄 잊은 모양이지?

나는 늙어서 더는 남편을 두지 못한다는 것을 왜 모르느냐? 내가 설령 오늘 밤 남편을 두어 아들들을 낳는다 치자. 그들이 어느 세월에 자라 너희가 남편으로 맞이할까? 있을 수 없는 일이다!

아아, 이리 말하니 하나님의 손이 나를 치셨다는 아픔이 뼛속 깊이 스며드네. 내 딸들아, 너희들이 불쌍해 나는 마음이 찢어진다."

나오미의 말은 진심이었다. 두 며느리가 자기를 따라 베들레헴에 오면 그들은 외국인으로 멸시를 당할 것이고, 젊은 여자이기 때문에 안전에 취약할 것이다. 더욱이 종교도 다르지 않은가? 언어 소통이 안 돼 불편이 클 것이고, 문화적으로도 융화하기에 힘들어할 것은 불을 보듯 뻔하다. 그런 점에서 나오미가 두 며느리의 동행을 한사코 만류하는 건 지극히 합리적이었다.

시어머니의 말에 두 며느리는 다시 소리높이 울었다. 오르바는 "어머니, 부디 몸 건강히 안녕히 계세요. 저는 이제 어머니 곁을 떠납니다."라고 말하고는 나오미의 뺨에 입을 맞추었다. 오르바는 고국인 모압에 남기로 했지만, 그의 미래는 순탄하지만은 않을 것이다. 그녀는 자기 삶이 가시밭길을 걸을 거라고 느꼈을 것이다. 유다 남자와 결혼한 그녀를 어느 모압 남자인들 좋아할까.

하지만 룻은 모압에 남기로 한 동서와 전혀 다른 길을 가겠다고 나섰다. 룻은 시어머니의 애끓는 하소연을 완강하게 거부하고 시어머니와 운명을 함께하겠다고 말한다. 죽으나 사나 시어머니를 따르겠다는 룻의 갸륵한 일편단심을 보라.

"내게 어머니를 떠나며 어머니를 따르지 말고 돌아가라 강권하지 마세요, 어머니. 어머니가 가시는 곳에 나도 가고 어머니가 머무시는 곳에서 저도 머물 거예요. 어머니의 백성이 제 백성이 되고 어머니의 하나님이 제 하나님이 되실 것입니다. 그러니 어머니께서 돌아가시는 곳에서 저도 죽어 거기 묻힐 것입니다. 만일 제가 죽는 일 외에 어머니를 떠나면 여호와께서 제게 벌을 내리시고 더 내리시길 원해요."

아아, 룻의 말을 듣는 우리는 감동이 되어 콧등이 찡하다. 룻은 죽음이 시어머니와 자기를 갈라놓기 전까지는 시어머니와 함께 살겠다고 떼쓰고 있다. 이런 효부가 세상에 또 있을까. 룻은 장래가 창창한 젊은 여자다. 그때 룻은 아마도 갓 스무 살 넘은 나이였을 것이다. 행실이 고운 룻은 자기 나라에서 얼마든지 재혼해서 아들딸도 낳고 행복하게 살 수 있을 것이다.

룻과 나오미. 남편을 잃고 과부가 된 룻이 시어머니를 따라 시어머니의 조국인 이스라엘에 가서 함께 살겠다고 애원하는 룻기 1장의 장면이 애처롭기만 하다. 그림은 룻과 함께 고향인 베들레헴으로 떠나는 나오미.

그런데도 룻은 자기 삶을 포기하고 늙은 시어머니를 봉양하며 살겠노라고 다짐하고 있다. 늙은 시어머니가 홀로 떠나는 것을 안타까워하는 나머지, 아니 시어머니를 자기 목숨처럼 아끼고 돌보아야겠다는 룻의 호소는 어찌나 심금을 울리는지 하늘에 대고 하는 맹세 같다. 시어머니와 며느리의 관계는 며느리 되는 자가 남편을 잃게 되면 어떤 의미에서는 남이나 진배없는 관계라 해도 과언이 아니다. 그래서 영어에서는 고부관계를

법적 구속력으로 한정하는 의미의 'mother-in-law'라고 하는 게 아닐까?

게다가 룻은 이교도 종교를 버리고 시어머니의 종교를 갖겠다고 선언하고 있다. 이건 요즘에나 얼마간 가능한 일이지 고대 사회에서는 결코 쉬운 일이 아니었다. 우리는 여기서 룻의 시어머니에 대한 깊은 사랑과 헌신의 마음이 하나님에 대한 믿음으로 발전하고 있는 것을 발견하게 된다.

룻의 개종은 이웃과의 사랑과 헌신으로 묶인 연대의 표시이면서, 동시에 이스라엘 하나님에 대해 내면으로부터 흘러나오는 사랑과 믿음으로 묶인 연대의 표시인 것이다.

룻은 여자였지만, 남자가 지녀야 하는 우정과 의리가 있었다. 룻이 지닌 그런 우정과 의리는 헌신과 사랑에 기반한 것이기에 더욱 값지고 빛난다.

나오미는 며느리 룻이 요지부동임을 알고 더는 말리지 않았다. 나오미와 룻은 모압 땅을 떠나 베들레헴으로 향했다. 모압 땅에서 베들레헴까지는 도보로 5-6일은 족히 걸리는 거리였다.

룻은 모험심과 호기심이 많은 여성인지라 베들레헴에서의 새로운 삶에 대한 기대로 마음이 설렜다. 하지만 나오미는 마음에 근심이 있었다. 고향 사람들이 '폭망한'('폭삭 망한'의 속어_편집자 주) 자기를 보고 뭐라 수군댈지 벌써부터 두려웠다.

아닌 게 아니라, 나오미가 베들레헴에 모습을 드러냈을 때 고향 사람들은 너도나도 떠들며 지껄였다.

"어이구, 이게 누구요? 나오미 맞아요?"

"나오미는 나오민데, 완전 거지가 되어 돌아왔네."

"모압에 갈 때는 남편도 두 아들도 재산도 있었건만 모두 없어지고 웬 낯선 여자만 데리고 돌아왔네. 꽉 찬 나오미가 이젠 텅 비었군. 망해도 이리 망할 수가!"

나오미의 귀에 이런 빈정거린 말들이 죄다 들려왔다. 제아무리 성숙한 사람이더라도 이런 멸시의 말들을 들으면 신경이 곤두서게 마련이다. 나오미도 그러했다. 나오미는 다시 한번 자신의 처량한 신세를 한탄하며 하나님을 원망하는 말투로 동네 사람들에게 내뱉었다. 그 말속에는 은근히 하나님을 원망하는 마음이 깃들어 있었다.

"내가 풍족하게 나갔지만 여호와께서 비어 돌아오게 하셨지요. 여러분, 나를 나오미라 부르지 말고 마라라 불러줘도 괜찮습니다. 전능자가 나를 징벌하시어 심히 괴롭게 하셨으니까요."

'나오미'는 '기쁨'이라는 뜻인데, '마라'는 정반대로 '괴로움'이라는 뜻이다. 나오미가 말하는 '전능자'란 인생의 생사화복을 주관하시는 하나님을 가리킨다. 나오미는 모압으로 이주했을 때 꽉 찬 '풍족함'(fullness)이 고향에 돌아온 지금은 텅 빈 '공허함'(emptiness)의 처지인 것을 솔직히 시인하고, 이 모든 징벌이 하나님으로부터 말미암은 거라고 고백한다.

　마음 깊은 곳에서 괴어오르는 슬픔을 억누르고 이 말을 할 때 나오미의 심정은 얼마나 쓰렸을까? 자기가 믿는 여호와 하나님이 자기 가족에게 복을 주시기는커녕 화를 주시다니! 나오미는 이해할 수 없는 고난에 몸을 떨면서도 하나님의 주권을 겸손히 인정하고 있다. 하지만 나오미의 이 고통스러운 고백에는 며느리 룻과 새로 시작하는 베들레헴의 생활은 복된 삶이 될 거라는 소망이 담겨 있다.

하나님의 헤세드 안에서 누리는 사랑과 보호

룻기 2장의 시작과 분위기는 룻기 1장의 그것과 사뭇 다르다. 룻기 1장이 절망으로 시작한다면, 2장은 희망으로 시작한다. 한 문장밖에 안 되는 이 말은 1장의 우울함이 언제 그랬냐는 듯 희망이 움찔거린다. 이렇게 말이다.

"나오미의 남편 엘리멜렉의 친족으로 유력한 자가 있으니
  그의 이름은 보아스더라"

이 한 구절은 실로 의미심장한 정보들을 전달한다. 먼저 나오미의 남편 엘리멜렉의 친족이 베들레헴에 살고 있었다는 것이고, 그 친족은 시시콜콜한 사람이 아니라 인격이 있고 재산이 많은 명망가였다는 것이며, 그 사람의 이름은 보아스였다는 것이다.

사실 룻기에서 희망의 조짐이 보이기 시작하는 성경 구절은 1장이 끝나는 22절이다. "나오미가 모압에서 며느리 룻과 함께 돌아왔는데, 그들이 보리 추수 시작할 때에 베들레헴에 이르렀더라"라는 구절이다.

베들레헴에서 보리 추수가 시작되었다는 건 룻과 나오미에게 먹을 양식이 생겼다는 소리다. 이제 두 사람은 굶주림에서 벗어나게 되었고, 추수 밭에서 남녀 간에 뭔가 섬씽이 일어날 것 같다! 왠지 급격한 전환이 일어날 것 같은 활력과 희망의 느낌은 룻의 강렬한 캐릭터에 의해 긍정적으로 팽창하고 있다. 강인하고, 현명하고, 민감하고, 적극적인 룻의 캐릭터 말이다. 게다가 룻은 믿음과 결단력이 있다. 이제부터 룻기를 읽는 독자들은 평온하고 안정된 마음으로 이 책의 나머지 글들을 읽어나가도 된다.

룻기의 저자는 보리를 매개로 이야기를 펼쳐간다. 우직하고 강인한 보리 말이다. 보리의 이미지는 룻의 이미지와 흡사하다. 룻기에는 흥미롭게도 사라, 라헬, 에스더처럼 룻은 아리따웠다거나 아름다웠다는 말은 단 한 번도 없다. 룻은 농촌 출신 여성답게 햇볕에 그을린 가무잡잡한 얼굴 피부에 팔뚝이 굵고 엉덩이가 큰 건강한 여자였을 것이다.

얼굴만 예쁘다고 꼭 미인은 아니다. 외려 룻 같은 여성이 어떤 사내들에게는 더 매력적일 수도 있다. 잘생긴 가수 남진도 이걸 알았는지 '얼굴만 예쁘다고 여자냐. 한 번만 마음 주면 변치 않는 여자가 정말 여자지'라고 노래를 불렀다. 1967년에 발표한 <마음이 고와야지>라는 노래 가사다.

룻기의 독자들은 그 매력적인 룻이 추수하는 보리밭에 나가면 보아스의 눈을 사로잡을 거라고 충분히 예상할 수 있다.

베들레헴은 보리 추수가 한창이었다. 보아스도 일꾼들을 사서 넓은 보리밭을 추수하기 시작했다.

룻은 보리밭에 가서 이삭을 주워오라는 시어머니의 말을 듣고 종종걸음으로 밭에 나갔다.

율법에 따르면, 이스라엘 사람들은 과일이나 곡식을 거두어들일 때는 가난한 사람들이 이삭을 줍도록 얼마쯤은 남겨놓아야 했다. 룻이 밭에 나가 보리를 베는 일꾼들의 뒤를 밟으며 이삭을 줍기 시작했다. 그녀는 이삭을 줍는 게 신기하기도 하고 기쁘기도 했다. 모압에서는 볼 수 없는 풍경이었기 때문이다.

그런데 룻이 이삭을 줍는 밭은 '우연히' 시아버지의 친족인 보아스에게 속한 밭이었다. 이 '우연히'라는 표현이 재미있다. 말이 '우연히'이지 실은 '섭리'다. 섭리란 세상만사가 아무런 목적 없이 제멋대로 굴러가는 게 아니라, 신의 정교하고 의지적인 활동으로 작동하는 은혜의 산물이다. "우리가 알거니와 하나님을 사랑하는 자 곧 그의 뜻대로 부르심을 입은 자들에게는 모든 것이 합력하여 선을 이루느니라"라고 하는 로마서 8장 28절 말씀은 하나님의 신묘막측한 섭리를 잘 설명하는 성경 구절이다.

'마침' 보아스가 추수 현장에 나타났다. 이것도 우연한 일이지만, 사실인즉슨 방금 전 말한 대로 하나님의 치밀한 섭리였다. 보아스가 일하는 사람들에게 인사말을 했다.

"여호와께서 너희와 함께하시기를 원하노라"

이 말 한마디에 보아스의 친절하고 넉넉한 성품이 녹아있다. 얼마나 은혜롭고 하나님을 신뢰하는 인사말인가!

보아스가 인사말을 마치자마자 그의 시선에 열심히 이삭을 줍는 소녀가 들어왔다. 보아스가 룻을 '소녀'라고 지칭한 것을 보면 룻의 나이가 많아야 20살쯤 되는 것 같고, 보아스는 40대 초반을 훌쩍 넘은 중년이었던 것으로 보인다. 룻보다 거의 한 세대 차이가 나는 보아스의 나이다. 보아스는 그런 룻을 '내 딸'이라고 부르며 특별한 관심을 보였다. 아마도 룻이 자기를 소개하지 않았을지라도 그녀가 나오미의 며느리이며 자기와 집안 간이라는 걸 눈치챘을 것이다. 보아스는 그 순간 자신이 혹시 기업 무를 자들 중 한 사람으로서 생활이 어려운 두 과부 나오미와 룻을 어떤 식으로든 돌볼 책임이 있지 않나 하고 직감적으로 느꼈는지도 모른다.

보아스는 외국 이주민인 룻에게 다른 밭에서 이삭을 줍지 말고 자기 밭에서만 줍도록 했다. 밭에서는 종종 성추행이나 성폭행이 있었던 듯, 보아스는 일꾼들더러 외부인(아웃사이더)인 룻에게 추파를 던지거나 집적거리지 말도록 단속해놓은 한편, 목이 마르거든 길어온 물을 언제든 먹어도 좋다고 룻에게 일러주었다.

룻은 자기 같은 미천한 자에게 지체 높은 어른이 호의를 베푼데 대해 몸 둘 바를 몰라 당황스럽기조차 했다. 하물며 룻은 이방 여인 아닌가? 그녀는 놀랍기도 하고 의문스럽기도 해서 얼굴이 땅에 닿도록 고개를 숙여 절하며 떨리는 음성으로 말했다.

"저는 이방 여인인데 어찌 제게 이렇듯 은혜를 베푸시며 돌보시는지요?"

룻은 자기에게 친절을 베푸는 점잖은 밭주인의 사려 깊은 언행에 겸손하게 존경과 감사를 표했다. 그런 룻을 보며 보아스가 대답했다.

"네 남편이 죽은 후로 네가 시어머니에게 행한 모든 것과 네 부모와 고국을 떠나 전에 알지 못하던 백성에게로 온 일이 내게 분명히 알려졌느니라."

보아스는 이 소녀가 나오미의 며느리라는 걸 알고 있었던 거다. 그는 룻의 행실에 대해 확실한 정보를 갖고 있었다. 룻의 효성과 신앙에 관한 소문은 그녀가 베들레헴에 온 지 얼마 되지 않아 그 일대에 크게 퍼졌던 모양이다. 보아스 같은 유력한 사람이 이런 소문을 모를 리 만무했다.

보아스가 누구인지 독자 여러분을 잘 알 줄 믿는다. 보아스가 누구의 아들인지는 마태복음에 기록된 예수님의 계보에 나타나 있다.

'아브라함과 다윗의 자손 예수 그리스도의 계보'를 기록한 마태복음 1장을 보면, 보아스는 여호수아가 가나안을 정복할 당시 여리고 성을 염탐하러 간 살몬이 라합에게서 낳은 아들이다. 살몬은 유다 지파 사람인데, 가나안 정복 전쟁이 끝난 후 베들레헴에 정착한 것으로 보인다.

보아스는 부친의 재산을 상속받아 베들레헴에서 땅을 많이 가진 갑부였고, 인품이 높아 사람들에게 존경을 받았다.

보아스는 룻을 처음 보았지만, 과연 소문대로 행실이 바르고 현숙한 여자라는 걸 새삼 느꼈다. 그는 진심으로 룻을 축복하고 싶어졌다. 그의 입에서 나오는 다음과 같은 말은 제사장의 축도문을 연상하게 한다.

"여호와께서 네가 행한 일에 보답하시기를 원하며, 이스라엘 하나님 여호와께서 그의 날개 아래에 보호를 받으러 온 네게 온전한 상 주시기를 원하노라"

룻은 보아스의 이 말을 듣고 얼마나 위로가 되었을까? 그녀는 시어머니와 보아스와 베들레헴 마을 사람들이 믿는 하나님을 자기도 믿길 참 잘했다고 생각했을 것이다. 아이러니하게도 룻을 축복한 보아스는 이 축복이 훗날 자기에게 온다는 것을 모르고 있었다. 룻은 사람에게 건넬 수 있는 최고의 존경과 감사의 예로 보아스더러 "내 주여!"라고 호칭하고는 "제가 당신께 은혜 입기를 원합니다."라고 화답했다. 룻은 이렇게 말할 때 하나님의 헤세드 안에서 보아스와 일체가 되었던 것이다.

보아스는 룻을 그냥 보내지 않고 함께 식사도 하고, 룻에게 곡식 단 사이에서 이삭을 줍게 하고, 일꾼들에게는 일부러 곡식 다발에서 조금씩 뽑아 버려서 룻이 충분히 이삭을 줍도록 배려했다. 룻이 귀가할 때 그녀가 주운 보리는 한 에바쯤 되었다. 한 에바는 무게가 12킬로그램으로 나오미와 룻이 열흘 정도 먹을 만큼 되는 분량의 식량이었다.

나오미는 오늘 만난 그 사람 보아스가 자기네와 친족이라는 것과, 그가 기업을 무를 자 중 한 사람이라는 사실을 룻에게 털어놓았다. 이 대목에서 나오미는 보아스가 죽은 남편의 고엘(기업 무를 자)이 될 자격이 있으며, 그가 자기네 기업을 무르길 간절히 소망했다는 것을 우리는 짐작할 수 있다.

룻은 집으로 돌아오면서 다정하고 인간미 넘치는 보아스가 생각나 자꾸 가슴이 뭉클하고 입가에는 연신 웃음을 머금었다.

룻은 그날 일어난 일을 나오미에게 보고했다. 룻에게 그날 있었던 일들을 자초지종 들은 나오미는 '아, 됐구나! 하나님, 감사해요. 이제부터 우리 두 사람의 식량과 안전 문제는 해결될 가망성이 보이는군요.' 하며 감격했을 것이다.

추수하는 보리밭에서 이삭을 줍는 이방 여인 룻에게 친절을 베푸는 보아스. 룻은 보아스의 친절에 감사하며 행복한 모습을 보이고 있다. 보아스와 룻의 뒤에 추수하는 일꾼들과 이삭을 줍는 여인들이 있다.

여기서 룻기의 핵심 단어인 '기업 무를 자'에 대해 잠시 생각해보는 게 좋겠다. '기업 무를 자'에 해당하는 히브리 말을 우리말로 발음하면 '고엘'이다. 이 말은 원래 '친족(kinsman)'이란 뜻이다.

성경의 율법에 따르면, 친족은 어느 한 사람이 자손 없이 죽거나, 빈한하여 땅을 팔았거나, 또는 억울하게 죽는 경우에는 계대결혼을 하거나 복수를 할 의무와 권리가 있었다.

계대결혼은 '수혼'이라고도 한다. 고엘 제도는 형제가 아들 없이 죽으면 그 가업을 잇게 하려고 수혼자인 형이나 동생이 형수 혹은 제수를 취해, 아들을 낳게 해서 가문을 존속하게 하는 제도로, 율법에 규정된 이스라엘의 특수한 문화다. 수혼자는 친족들 사이에서 가까운 사람의 순으로 기업 무를 자의 책임을 이행해야 한다.

한편 '친족 구원자'라는 말은 사람이나 재산의 구원자로서의 역할을 하는 가까운 친족을 가리킨다. 이 두 가지 관습은 룻기의 대사 속에서 서로 연관되어 나타나는 것을 볼 수 있다.

수혼 풍습이 이스라엘과 주변 문화권 속에 발생하게 된 이유는 분명하지 않다. 삶이란 언제나 복합적인 것이기 때문에 풍습들은 복합적인 상황에서 일어나게 마련이며, 또한 여러 가지 복합적인 이유들로 인해 존속되는 것이다. 다산이 축복이라 여겨지던 고대 근동사회에서는 형제 중에 기업을 이을 자가 없이 죽으면, 그 형이나 동생이 죽은 형제의 아내와 동침하여 죽은 형제의 가문을 이을 수 있는 자녀를 낳게 하는 풍습이 있었다.

룻기 4장의 첫 부분은 바로 이 고엘(계대결혼)에 관한 규례로 계대결혼 제도의 목적과 책임을 이행하지 않는 자에 대한 제재 등에 관해 언급하고 있다. 계대결혼 제도는 성경에서 유다와 다말 이야기가 나오는 창세기 38장과 룻기에 나오는데, 특히 룻기는 이스라엘의 독특한 문화 현상인 계대결혼에 대해 상세하고 실감 나게 소개하고 있다.

룻기의 계대결혼 제도는 죽은 형제의 대를 이어주고 형제의 기업을 보호해 준다는 목적 외에도 다른 중요한 의미를 내포하고 있다. 그것은 이스라엘 여인이 이방인과 결혼하는 것을 방지하고, 자녀가 없이 불쌍하게 된 미망인을 보호한다는 사회 보장적 측면도 있었다.

성경이 고엘 제도에 대해 중요한 의미를 두는 까닭은 그 제도를 통해 예수 그리스도의 육적인 혈통이 계속될 수 있었기 때문이다. 또한 고엘 제도는 예수님께서 자기 생명을 대속 제물로 내어주시어 인류를 구원하신 구속사적 측면에서도 대단히 중요한 의미가 있다.

그러나 신약시대에 들어와 율법 자체에 권위를 부여했던 사두개인들은 이 법의 근본 취지를 잘 모르고 예수님을 시험했다. 이 제도를 허락하신 하나님의 긍휼과 사랑을 깨닫지 못하고 하나님 나라를 부인하려 했던 것이다. 현대인들도 계대결혼법의 비윤리적인 측면에 몰두해 하나님의 뜻에 도덕적인 이의를 제기하곤 한다. 그 영적인 의미를 잘 이해하지 못하기 때문이리라.

룻은 보리 추수와 밀 추수가 마칠 때까지 다른 사람의 밭을 기웃거리지 않고 매일같이 보아스의 밭에서만 이삭을 주었다. 룻은 그렇게 이질적인 문화에 그럭저럭 잘 적응해 가고 있었다. 그녀는 빠른 속도로 새 문화와 새 언어를 익혀나갔을 것이다. 그동안 보아스는 룻을 가까이에서 보면서 그녀가 근면하고 순결한 성품을 가진 여자라는 것을 눈으로 마음으로 확인하며, 그녀를 연모하는 마음이 움트기 시작했다.

보아스의 보리밭에서 이삭을 줍는 룻. 가난한 이방 여인인 룻은 시어머니의 먼 친족인 늦깎이 총각 보아스의 특별한 관심과 따뜻한 배려로 남자 일꾼들 가운데서 안심하고 이삭을 주울 수 있었다. 이삭을 손에 쥔 룻이 생각에 잠겨 있다. 그녀는 무슨 생각을 하고 있을까? 점잖고 관대한 보아스를 생각하고 있을까, 아니면 늙은 시어머니에게 밥을 해드려 그녀가 기뻐하는 모습을 상상하고 있을까.

   베들레헴은 집집마다 수확한 보리와 밀을 타작하기 위해 부산을 떨었다. 보아스네도 동구 밖 널따란 타작마당에 곡식 단들을 쌓아놓고 타작 일을 하느라 여념이 없었다. 보아스는 요

며칠 룻을 보지 못해 그녀의 근황이 궁금했다.

나오미는 지혜롭고 인내심이 많은 여자였다. 그리고 말수가 적었다. 룻이 보아스의 밭에 나가 이삭을 주워 오는 일을 한 지도 한 달 가까이 되었다. 나오미는 이때쯤 되면 룻과 보아스는 서로를 미더워하고 웬만치 정이 들 만도 하다고 판단했다.

어느 날 이른 아침이었다. 룻은 아침 식사 준비를 하려고 밀가루를 반죽하고 있었다. 나오미는 젊은 며느리를 불러 말했다.

"얘야, 내 말을 잘 들으렴. 우리 친족 보아스가 오늘 밤에 타작마당에서 보리를 까부를 거야. 넌 목욕을 하고, 향수를 바르고, 고운 옷으로 몸을 단장한 후에 타작마당으로 내려가거라. 그 사람이 먹고 마시기를 마칠 때까지 눈치채지 않게 조심해야 한단다. 그가 잠자리에 들 때에, 넌 그가 눕는 자리를 잘 봐두거라. 그런 다음 다가가서 그의 발치를 들치고 눕거라. 그러면 그가 네가 어떻게 해야 할지를 일러줄 거야."

나오미의 말은 당부라기보다는 명령에 가까웠다. 그것은 위험스러운 계획이었다. 하지만 룻은 기다렸다는 듯이 천연덕스레 대답했다.

"네, 어머니, 어머니가 일러주신 그대로 다 할게요."

롯이 여생을 안락하고 행복하게 살 수 있는 유일한 방편은 품성이 좋고 재력이 튼튼한 보아스와 결합하는 게 최선이라고 확신한 나오미가 마침내 '작전'에 들어간 것이다. 그것은 나오미 자신의 편안한 여생과도 직결되는 과제였다.

나오미는 신방에 딸을 들여보내는 엄마처럼 그날 밤 행동요령을 조목조목 알려줬다. 시어머니의 말을 단 한 번도 거역한 적이 없는 나오미는 이번에도 시어머니의 말에 순종했다. 나오미의 말이 대담하고 도발적인 주문이었는데도 말이다.

나오미의 이런 지시는 부도덕하게 보이지만, 당시 이스라엘 율법과 문화에서는 지혜로운 조치였다.

나오미가 미래를 확보하려는 계획은 홀몸인 롯이 매일 들판에서 일하는 사내들 틈 속에서 식량을 확보하려는 계획보다 훨씬 더 큰 위험으로 가득 차 있는 것이었다. 롯도 그걸 잘 알고 있었다. 하지만 롯은 시어머니의 말이라면 순종하려 하였고, 게다가 결단력과 추진력이 있었다.

롯은 생존을 위해 여느 때보다 야심에 차 있었다. 그녀는 시어머니의 행동지침을 속으로 되뇌며 마을 어귀에 있는 타작마당으로 내려갔다. 한바탕 축제가 벌어졌던 타작마당은 아직도 그 여운이 가시지 않은 듯 향긋한 술 냄새며 고기 냄새가 롯의 코 끝을 자극했다.

나오미가 예상한 대로 보아스는 거나하게 먹고 기분 좋게 술에 취해 낟가리 곁에서 막 잠이 들던 참이었다. 룻은 살그머니 다가가서 보아스의 발치 이불을 들치고 누웠다. 저 옛날 이스라엘 사람들이 타작마당에서 보리와 밀을 타작할 때는 으레 잔치가 벌어졌고, 밤이 되면 창녀들이 몸을 팔려고 타작마당 주위를 서성거렸다고 한다. 한밤중에 이부자리에 웬 여자가 누워있는 걸 알아챈 보아스는 화들짝 놀랐다.

"이게 누구요?"

보아스는 창녀가 자기 잠자리에 몰래 기어들어 오지 않았나 하고 놀라 말했다.

"저는 어른의 여종 룻입니다."

보아스는 룻이 정체를 밝히기도 전에 거의 본능적으로 발치에 있는 누워있는 여자가 룻이라는 걸 알았지만, 룻이 자기 이름을 대자 반갑기도 하고 가슴이 요동쳤다.

"어…어…룻? 근데 여긴 어쩐 일이오? 누구 본 사람 없소?"

"네, 아무도 모르게 감쪽같이 왔지요."

"아, 그건 다행이구려. 그래도 그렇지, 사전에 말을 하고 와야 되잖소?"

"어른은 저를 책임져 줄 분이세요. 기업 무를 분이시지요. 제 시어머니께서 오늘 밤 어른을 꼭 뵈라고 하셨지요. 부디 어려워하지 마시고 어른의 옷자락을 펴 어른의 여종을 덮어주세요."

'옷자락을 펴 여종을 덮어달라'는 말은 '어른의 품에 이 종을 안아달라'는 뜻이다. 룻의 행동은 발칙했지만, 보아스는 마치 이런 일이 올 거라고 예상이라도 한 듯 침착하고 정중하게 룻을 대했다.

크리스천 연애의 진수를 보여주는 이 대목은 룻기 전체에서 가장 도드라진 장면이다. 로맨틱하고 몽환적인 분위기가 압권이다. '당신의 옷자락을 펴 당신의 여종을 덮으소서'라고 말한 룻의 의도는 무엇이었을까? 그것은 이국땅인 베들레헴에서 경제적 안정과 신변의 안전을 희구하는 룻이 고엘의 의무를 진 보아스에게 정식으로 청혼을 한 것으로 볼 수도 있고, 그 청혼의 표징으로서 첫날밤을 치르자는 요청일 수도 있다.

그 의도가 무엇이든, 아무튼 얌전하게만 보아왔던 룻이 보아스에게 이렇게 노골적이고 저돌적으로 접근하는 행동은 마치 당당한 성적 권리를 주장하는 21세기 여성을 보는 것 같은 착각이 들게 할 정도이다.

룻기는 이 장면에서 성적 결합을 암시하는 'OO가 OO에게 들어갔다'는 언급을 하지 않고 독자들의 상상에 맡겨놓았다. 분명한 것은, '보아스가 룻을 맞이해 아내로 삼고 그녀에게 들어갔다'라는 언급은 룻기의 끝부분인 4장 13절에 있다. 룻기 저자는 보리 타작마당에서 있었던 사건을 기록하면서 꽤 고심한 흔적이 역력하다. 이 장면은 독자들의 눈길이 자칫 룻과 보아스의 성적 결합에 쏠릴 염려가 있기 때문이리라. 룻기 저자는 이 장면을 룻과 보아스가 서로를 존중하고 두 사람의 은밀한 만남과 그 만남의 목적이 하나님의 헤세드 안에서 작동되도록 각별히 신경을 썼다.

어쨌든 타작마당에서는 룻과 보아스가 실제로 성관계를 했는지 안 했는지 다소 모호하지만, 앞뒤 정황으로 미루어보면 룻이 타작마당에 갔을 때는 보아스와의 성관계를 기대했을 가능성이 꽤 높다.

한밤중에 남녀 둘만이 있는 한적한 타작마당에서 목욕하고, 화장하고, 맵시 나는 옷차림을 한 젊은 여자가 남자 혼자 잠자는 이부자리에 살그머니 들어간 행동은 누가 보아도 성적인 접근을 한 게 틀림없어 보인다.

웬만한 남자라면(더욱이 보아스는 그날 밤 얼큰하게 술에 취한 상태였다는 걸 기억하시라) 이런 상황을 두고서 '호박이 넝쿨 채 굴러들어 왔다'며 향긋한 여자를 덥석 안고부터 볼 일이렷다.

하지만 보아스는 어디 내놔도 손색없는 점잖은 신사였다. 그는 룻을 집적대거나 나무라지 않고 최대한 편안하고 친절한 말로 대해주었다. 이렇게 말이다.

"이봐요, 룻, 그대는 주님께 복받을 여인이오. 가난하든 부유하든 젊은 남자를 따라감직한데, 그렇게 하지 않으니,

지금 그대가 보여준 갸륵한 마음씨는 이제까지 보여준 것보다 더욱더 값진 것이오. 이제부터는 걱정하지 마시오, 룻. 그대가 바라는 것이라면 무엇이든지 다 들어주겠소. 그대가 정숙한 여인이라는 것은 온 마을 사람들이 다 알고 있소."

보아스의 이 말은 너무나 의미심장해서 개역개정 성경은 같은 구절을 어떻게 번역했는지 살펴보자.

"내 딸아, 여호와께서 네게 복 주시기를 원하노라. 네가 가난하건 부하건 젊은 자를 따르지 아니하였으니 네가 베푼 인애가 처음보다 나중이 더하도다. 그리고 이제 내 딸아, 두려워하지 말라. 내가 네 말대로 네게 다 행하리라. 네가 현숙한 여자인 줄을 나의 성읍 백성이 다 아느니라"(룻기 3:10-11)

이 성경 구절의 골자인즉슨 세 가지다. 첫째는, 룻이 매우 품행이 바르고 단정하고 효심이 깊은 현숙한 여자라는 사실이다. 둘째는, 보아스가 룻을 축복하고 아내로 삼겠다는 의지를 간접적으로 표명했다는 것이다. 셋째는, 이러한 모든 일들이 하나님의 은혜 아래 진행될 거라는 믿음이다.

여기에서 우리가 가장 주목해야 할 단어가 하나 있는데, 그건 바로 '인애'라는 은혜로운 어감을 지닌 단어다. 찬송가 279장

가사 첫 소절인 '인애하신 구세주여'의 그 '인애'다. 이 말은 히브리어 발음으로 '헤세드'라고 한다. '헤세드'란 어진 마음으로 남을 대하는 것을 뜻한다. '헤세드'는 우리말 성경에서는 '자비', '긍휼', '은혜', '인자' 등 다양한 단어들로 번역되었다. 이 단어가 하나님과 사람과의 관계에 대해 쓰일 때는 '변하지 않는 언약에 기초한 하나님의 한이 없으신 사랑'을 의미한다. 그렇다면 지금 보아스는 룻의 현숙한 행위가 신실한 사랑에 바탕을 둔 것이었음을 칭찬하는 한편, 그러한 룻이야말로 하나님의 은혜 안에서 복된 삶을 살게 될 거라고 축복하고 있다.

보아스는 룻에게 자기보다 우선권이 있는 친족이 기업 무를 책임을 이행하지 않으면 자기가 그 사람을 대신해 확실하게 기업 무를 자로서의 책임을 다하게 될 거라며 룻에게 약속했다. 보아스는 이 말을 했을 때 자기보다 우선권이 있는 친족이 책임을 회피할 것을 확신한 게 틀림없다.

룻은 다른 사람들이 얼굴을 알아보기 전인 새벽 미명까지 보아스의 곁에 누웠다가 일어나 집으로 돌아갔다. 보아스는 룻이 타작마당에 왔다는 사실을 아무도 알아채지 않기를 바랐던 것 같다. 소문이 나면 자신이 애써 쌓아 올린 평판이 와르르 무너질 테고, 이주민인 룻은 창녀처럼 취급받을 공산이 매우 컸기 때문이리라. 기민한 룻도 상황을 잘 이해하고 있는 것 같았다.

보아스의 약속을 들은 룻은 희망에 부푼 기분으로 안심하고 잠들 수 있었다. 하지만 서둘러 행동에 들어가야 하는 보아스는 뜬눈으로 밤을 지새웠을 것이다.

'텅 빔'의 삶이 '꽉 참'의 삶으로

이런 일이 있은 후, 보아스는 룻을 아내로 맞이하기까지 약간의 고비가 있었지만, 지혜롭게 처신해 룻을 아내로 맞이하는 데 성공한다. 이렇게 해서 모든 것을 잃고 텅 빈 상태로 고향에 돌아온 나오미는 바야흐로 꽉 찬 여성으로 존경을 받으며 살게 되었다. 그녀는 달덩이 같은 손자 오벳을 품에 품고 양육한 복스러운 할머니로 살았으니, '아멘, 할렐루야!'다. 빈곤과 절망과 죽음이 풍요와 희망과 생명으로 변모한 것이다!

베들레헴의 장로들과 성읍 사람들은 한결같은 마음으로 룻이 이스라엘을 세운 야곱의 두 아내인 라헬과 레아같이 믿음의 어머니가 될 것이고, 그녀로 인해 베들레헴이 유명한 고장이 될 거라고 축복하며 기원했다. 정말 1200년쯤 훗날 베들레헴에서 우리 주 예수 그리스도가 탄생하셨으니, 이 예언은 꼭 맞아떨어졌다.

룻기는 이렇게 베들레헴에서 있었던 한 가정의 일을 기록한 책이다. 어떤 학자들은 룻기를 '다윗의 용비어천가'라고 비아냥거리지만, 한 가련한 이방 여인을 통해 놀라운 구원의 역사를 펼쳐 나가는 이 책은 신구약 성경 66권 가운데 백미라 아니할 수 없다.

룻기는 이기적이고 개인적인 삶을 영위해 나가는 현대인들에게 훈훈한 정과 헌신이 있는 사랑, 감사하는 마음과 덕담 그리고 그 뒤에 있는 미소와 절제 같은 곧고 바른 인간성이 무엇인지를 제시해준다. 해피엔딩으로 끝나는 이야기 속에서 우리는 하나님 안에서 참다운 축복과 행복이 무엇인지를 생각해 본다.

룻기는 또한 삶에 지쳐 어깨가 처지고 피곤한 우리 현대인들에게 새로운 용기와 희망을 듬뿍 선물해 준다는 점에서 참 고마운 성경이다. 특히 나오미와 룻의 관계는 오늘의 교회들에게 진지한 질문을 던져주고 있다. 나오미가 하나님의 원래 백성을 의미한다면, 룻은 나오미를 통해 혈연관계가 맺어지고 그 혈통을 잇는 이방인인 지금의 기독교를 의미한다고 볼 수 있다.

룻의 시어머니에 대한 헌신과 지극 정성의 봉사 정신은 원래는 이방인 처지였던 우리 크리스천들이 이스라엘에게 어떠한 자세로 그들을 섬기고 도와야 하는지를 잘 보여준다.

한편, 룻기는 오늘도 불운한 운명에 맞서 도전하는 여성들에게 힘을 주고 있다. 룻기는 또 은혜받은 신앙의 부부들이 어떤 모습으로 아름답고 은혜로운 부부생활을 해야 할지 보여준다. 그 뿐만 아니라 룻기는 연애 중인 크리스천 젊은 남녀에게 어떤 모습으로 신실하게 연애를 해야 할지도 영화 보듯 보여준다.

롯기에서 우리가 배워야 할 또 하나의 시사점은 다문화 사회가 가져다주는 역동성과 창조성이다. 2024년 1월 현재 우리나라의 국내 체류 외국인은 무려 225만 명에 달한다. 이것은 우리나라도 이미 다문화 사회에 들어섰다는 것을 말해준다.

유럽과 미국에서처럼 다문화 사회는 이질적이고 다양한 문화가 공존해 늘 갈등을 일으킬 소지를 안고 있다. 하지만 다문화 사회의 순기능적인 면이 있음을 알아야 한다. 역동성과 창조성으로 사회를 활력이 넘치게 하는 기능 말이다.

모압에서 이주해 온 룻을 포용하는 베들레헴 공동체는 다문화 사회로 접어든 대한민국에게 좋은 모델이 되고 있다.

한국 사회도 이주노동자들의 유입으로 일감이 줄어들까 봐 외부 유입자들을 경계하지 말고, 그들을 따뜻이 감싸고 권리 보호에 최선을 다해 국제사회에서 일류국가로서의 모범을 보여야 한다.

끝으로, 나는 룻과 보아스 커플을 쓰면서 자신이 좀 버겁게 산다고 생각하는 분들에게 꼭 이 말을 들려주고 싶다. 절체절명의 상황에서도 하나님은 그의 언약 백성을 잊지 않으시고 돌보아 주신다는 소망 하나로 신실하신 하나님을 끝까지 붙잡고 그분의 날개 아래 있으려 하는 믿음의 사람들은 어느 시대에나 있게 마련이다. 극심한 종교적 · 도덕적인 타락, 멈출 줄 모르는 민족의 분열, 계속되는 외세의 침략으로 암울하기 짝이 없었던 사사시대였지만, 하나님 백성다운 믿음과 경건의 유산을 잘 간직하여 어둠 속에서도 한 줄기 빛을 발하는 룻과 나오미 그리고 보아스의 이야기는 우리 모든 크리스천들에게 다시 한번 하나님의 위대하신 사랑을 깨닫게 해줄 뿐 아니라, 오늘을 사는 크리스천 가정과 부부의 모습은 어떠해야 하는지를 곰곰 생각하게 한다.

룻의 신앙과 헌신은 복을 가져왔다. 룻과 보아스의 결혼은 기업 무르기가 아니었더라면 불가능한 일이었다. 그들의 결혼은 은혜가 크시고 신실하신 하나님의 놀라우신 섭리의 결과다. 타락한 사사시대에 순결하고 헌신적인 룻과 인정이 넘치는 보아스의 극적인 만남과 교제, 결혼은 하나님의 구속 사역에서 큰 획을 긋는다. 한 나약하고 보잘것없는 여인을 들어 다윗 왕권을 세우고, 그의 후손으로 태어나실 메시아를 준비해 놓으셨던 오묘하신 하나님께 찬양을 올려 드린다.

오늘의 교회와 가정은 룻과 같이 순결하고 하나님과 이웃에 대한 헌신이 있어야 한다. 교회는 또 신앙을 전수해준 유대인에게 빚을 갚아줘야 한다. 우리 개인의 신앙생활도, 우리 크리스천 가정들도 거룩하고 순결해야 한다. 모든 일상생활에서 희생하고 봉사하며 온정과 사랑이 넘칠 때, 우리의 삶은 빛나고 생명이 넘치게 될 것이다. 룻기가 우리에게 주는 선물이다.

♥나눔

1. 사랑은 과연 무엇일까요? 당신의 생각을 밝혀주십시오.

2. 룻기에서 말하는 '헤세드'란 무엇일까요? 관련 성경구절을 찾아 생각을 말해주십시오.

3. 당신 같으면 오르바처럼 선택할까요, 아니면 룻처럼 선택할까요?

4. 룻기의 주제는 '텅 빔'에서 '꽉 참'으로 이행하는 하나님의 헤세드입니다. 당신의 삶에서 '텅 빔'의 경험이 있었는지요? 당신은 어떻게 '꽉 참'의 은혜를 누리고 있는가요?

5. 룻기와 보아스의 성품에 대해 의견을 나누고, 자신의 성품과 대조해 보십시오.

6. 교회, 동아리 등 당신이 속한 공동체에서 외부인에 대해 당신은 어떻게 반응했는가요? 그리고 당신은 어떤 단체나 공동체 혹은 낯선 곳에서 스스로를 외부인(아웃사이더)이라고 생각한 적이 있는가요?

7. 당신은 선한 목자 되시는 하나님께서 당신의 삶에 얼마만큼 관여하신다고 생각하는지요?

04

다윗과 미갈

__사랑과 증오 사이에서 갈등하는 부부

다윗의 두 얼굴

'세상에 믿을 놈 없다'라는 말이 있다. 요즘 이 말은 잘 쓰이지 않지만, 내가 어렸을 때만 해도 어른들한테서 흔히 듣는 말이었다. 딸을 둔 엄마들은 연애하는 딸이 집을 나설 때면 귀가 따갑도록 훈육했다. '남자는 하나같이 늑대'라며 세상에 믿을 놈 없으니 몸을 함부로 내줘서는 안 된다고. 잔소리 같지만 이해가 된다. 다윗 같은 늑대가 있어서다.

다윗(David)을 모르는 사람도 있을까? 다윗은 성경에 나오는 인물이다. 하지만 성경을 잘 모르는 일반인들도 다윗을 안다. 다윗이 골리앗을 때려눕힌 이야기는 유치원에 다니는 어린아이도 알 만큼 다윗은 슈퍼히어로다.

서양 문화권에서는 다윗을 '데이비드'(영어 발음) 혹은 '다비드'(프랑스어, 스페인어)라고 한다. 이 이름을 가진 남자들이 서양에는 꽤 많다. 영국의 전무후무한 축구선수 데이비드 베컴, 맨시티와 스페인 대표팀의 전성기를 이끌었던 역대급 미드필더 다비드 실바는 우리 한국인에게 익숙한 이름이다. 나이가 웬만한 한국인은 미국의 유명한 마술사인 데이비드 카퍼필드(David

Copperfield)를 기억할 것이고, 문학을 좋아하는 이들은 영국의 문호 찰스 디킨스의 자전소설인 《데이비드 코퍼필드》를 읽으며 인생이 얼마나 모호하고 수수께끼 같은 일들로 꼬여 있는 것인지 알고는 가슴 아파했을 것이다.

이탈리아어로는 다윗을 '다비데'(Davide)라고 한다. 미켈란젤로는 피렌체에서 1501년부터 3년 동안 대리석으로 다윗을 깎아 만들었다. 그게 저 유명한 르네상스 시대 최고의 걸작 중 하나인 다비드상이다.

미켈란젤로(1475-1564)의 <다비드상>, 높이 5.17m, 1504년 완성, 이탈리아 피렌체의 갤러리아 델 아카데미아 소장.

다윗, 이 사람! 천하의 영웅이면서도 천하의 바람둥이였던 사람. 완벽한 것 같으면서도 결함투성이였던 사람. 가장 세속적이면서도 가장 영적이었던 사람. 성자같이 거룩하다가 언제 그랬냐는 듯 야수처럼 잔학하게 표변했던 사람. 지금부터 이 신비한 인물에 대해 탐험해보자.

다윗은 성경에서 예수님을 빼놓고 두 번째로 많이 등장하는 인물이다. 그의 이름은 천 번도 더 나온다. 한 사람의 일대기가 구석구석 조명을 받으며 생동감 넘치게 소개되는 사람은 신구약성경을 통틀어 다윗이 단연 톱이다. 다윗이 차지하는 역사적·신학적 비중은 그만큼 크다.

다윗은 고대 이스라엘 왕국의 두 번째 왕(주전 1010-970)으로 이스라엘을 하나로 통일하고 강력한 국가를 이룬 인물이다. 그는 위대한 장군이면서 정치가였고 시인이면서 음악가였다. 신구약성경에서 가장 부피가 큰 시편의 절반은 다윗이 썼다. 예루살렘 성전은 그의 뜻에 따라 지어진 것이다.

다윗은 용모가 잘생기고 성격이 쾌활한 남자였다. 그는 가는 곳마다 사람들의 이목을 끌었고 화제를 낳았다. 다윗은 타의 추종을 불허하는 섹스 심벌이었다. 남자든 여자든 그에게 반했고 열광했다. 대개의 영웅들이 그렇듯, 다윗은 위엄이 넘치는 카리스마에 매력적인 목소리를 가지고 있었고 강인하면서도 친절했다. 약한 자들의 편에 서길 좋아했고 주변 사람들에게 관대했다.

무엇보다 그가 지닌 강점은 매력적인 용모에 우아한 분위기를 창출하는 재주였다. 소문의 중심에는 늘 그가 있었다. 그는 로맨틱한 소문을 달고 다녔다. 대중의 우상이었으니까.

아마도 인류 역사상 다윗만큼 대중에게 사랑을 받은 사람은 없을 것이다. 다윗은 당대의 사람들만 아니라 세대를 아우르며 대중의 사랑을 받았다. 다윗은 '사랑받는 자'라는 뜻을 지니고 있다. 과연 다윗은 그 이름마따나 사람들에게 엄청나게 많은 사랑을 받았다. 그가 비록 인간적인 결점과 실수가 있더라도 사람들은 눈감아주었다.

그건 하나님도 마찬가지였다. 하나님도 다윗의 허물을 눈감아주셨다. 다윗을 일방적으로 사랑하시고 그에게 은혜를 베푼 것이다. 오죽하면 다윗 왕가의 지속을 약속하셨을까? 놀랍게도 그의 혈통에서 천 년이 흐른 먼 훗날 메시아가 태어났다. 다윗의 씨를 이스라엘의 왕으로 삼고 그의 집을 세우시겠다는 하나님의 약속이 예수 그리스도의 왕권과 그의 왕국(하나님 나라)으로 실현된 것이다. 하나님께서 다윗에게 약속하신 언약을 '영원한 언약'이라고 부르는 소이가 여기에 있다.

믿는 사람들은 다윗에 대한 환상이 있다. 그들은 '다윗', '다윗' 하며 다윗 같은 믿음이 있게 해달라고 기도한다. 다윗이 진실로 하나님께서 기뻐하시고 사랑하시는 사람이었기 때문이리라.

다윗은 하나님의 뜻에 따라 살려고 했고 하나님을 늘 기쁘게 해드리려고 노력한 사람이다. 그는 맑은 영을 지녔으며, 순수하고 정직한 사람이었다. 하나님은 그런 다윗을 마음에 쏙 들어 하셨다. 성경에 나오는 수많은 인물 중 하나님께 '내 마음에 쏙 든(합한) 사람'이라고 칭찬을 받은 사람은 다윗이 유일하다.

크리스천은 시편을 읽으며 하나님을 사랑하고 경외한 다윗과 동질감을 경험한다. 온갖 역경과 시련을 믿음으로 이겨낸 다윗의 삶을 보면서, 혼란과 고통으로 가득한 자신의 모순된 삶을 돌이키며 진실한 신앙인으로 살려고 무진 애쓴다.

하지만 다윗이 등장하는 구약성경의 사무엘서를 찬찬히 뜯어보면, 다윗이 정말 진실한 신앙을 갖고 있는 사람인지 고개를 갸우뚱하게 한다. 정적(그냥 적당히 눈감아 줄 만도 할 사람들까지 포함해)을 무자비하게 살육하는 잔인함, 아내와 자녀를 홀대하고 외면하는 무책임함, 불리한 상황에 부닥칠 때면 거짓말과 협잡도 마다하지 않는 비열함, 자기 잘못을 은폐하기 위해 권모와 술수를 동원하는 교활함이 그의 인생 역정에서 빈번하게 나타나기 때문이다. 한마디로 그는 냉혈한이었다.

다윗이 지닌 이런 나쁜 성품은 그의 좋은 성품(나쁜 성품을 압도하지만)과 함께 실타래처럼 꼬여 있다. 한 사람 안에 천사와 악마가 있는 것이다. 두 얼굴의 인격을 가지고 있는 것이다.

다윗의 이런 부정적이고 볼썽사나운 성품은 그의 실체를 모호하게 만든다. 다윗의 허물을 이렇게 여과 없이 노출하는 성경의 솔직하고 꾸밈없는 묘사에 사무엘서를 대하는 우리의 마음은 한편으론 불편하고 또 한편으론 충격을 받는다.

하지만 성경의 독자들은 다윗 이야기를 읽으며 다윗을 미워하거나 질타하기는커녕 자기도 모르게 다윗 편에 서고 만다. 이상하리만치 다윗의 심정에 동조하며 묘한 카타르시스를 경험하기 때문이다. 그것은 아마도 다윗에게서 '인간'을 느끼기 때문이리라. 다윗에게서 '사람 냄새'가 난다는 것이다!

다윗은 신앙의 인물을 근사하게 소개하는 성경의 속성에 비추어볼 때 사실 잘 어울리지 않는 인물이었다. 그런데도 그가 주목을 받는 이유는 성경의 등장인물 중 가장 인간적인 사람이기 때문이다. 성경의 독자들은 다윗에게서 '인간'을 느낀다는 것이다. 인간의 이율배반성, 모호성, 한계성 같은 그런 인간성 말이다.

미국의 베스트셀러 작가인 조나단 커시(Jonathan Kirsch)는 다윗의 그런 이중적인('극단적'이라고 해도 무방할) 인간성을 그가 저술한 《킹 다윗》(King David)이란 책에서 이렇게 말했다.

"다윗은 우리에게 성(聖)과 속(俗)이 한 인간의 삶에서 똑같이 완벽하게 표현될 수 있다는 근본적인 진실을 일깨운다. 그의 전기는 인간의 본성에 내재하여 우리 각각을 동시에 서로 다른 방향으로 끌어당기는, 신경증적이며 맹목적인 이원성의 가장 오래된 사례를 제시하고 있다."

내 개인적인 생각으론, 다윗에 대한 이러한 평가는 정당하다고 본다. 정말이지 다윗이야말로 우리와 똑같이 가장 인간적인 사람이었다. 사람들은 그런 다윗을 자기와 동일시하려는 경향이 있다. 가령, 바람을 피워도 마치 자기가 바람을 피운 것 같은 착각에 빠져드는 것이다. 그러기에 다윗이 비행을 저질러도 선뜻 눈감아 줄 수 있었고, 기대를 저버려도 기꺼이 응원의 손뼉을 칠 수 있었던 거다. 그런 점에서 다윗은 행복한 사람이라는 생각이 든다.

다윗! 인류 역사상 하나님과 사람들로부터 가장 많이 사랑을 받은 사람. 위대한 인물이면서 때론 시정잡배와 다를 바 없는 사람. 거룩한 인간에 대한 열망을 품고 있으면서도 기분이 좋으면 군중 앞에서 성기를 드러내며 춤을 추고, 남의 예쁜 아내를 빼앗아 자기 아내로 삼아버린 세속적인 사람……. 사람들이 보통 두 얼굴을 가지고 있는 것처럼 다윗도 두 얼굴을 가진 사람이었다. '세상에 믿을 놈 없다' 더니 다윗도 과연 그런 부류의 인간이라는 것인가?

다윗이 가지고 있는 캐릭터 가운데 여성 편력은 특히 두드러진다. 이제부터 다윗의 여자들을 통해 다윗이 정말 그러한 천박한 인간인지, 아니면 믿을 만한 구석이 있는 사람인지 살펴보자. 다윗이 험난한 인생을 살면서 주변의 여자들과 어떻게 살았는지 관찰하는 것은 그가 하나님의 마음에 쏙 든 사람에 걸맞게 살았는지의 여부를 떠나, 한 인간의 부부관계의 삶을 통해 우리 각각의 부부생활을 돌아보는 데 꽤 유익이 될 줄 믿는다.

다윗의 여자들

예나 지금이나 잘생기고 섹시한 남자는 여성들의 마음을 들뜨게 한다. 고혹적인 눈빛과 매력적인 미소, 중저음의 음성, 다소 거만한 걸음걸이, 우아하고 신사다운 몸동작은 여성뿐 아니라 남성들을 매료시킨다. 거기에 강인하고 섹시한 몸매를 지닌 남자라면 거뜬히 여심을 휘어잡는다. 다윗이 그러했다. 대중은 다윗의 끝없는 재주와 용맹에 열광했고 지지를 보냈다. 특히 이스라엘의 수백만 여성들은 멋진 다윗에게 아낌없는 지지와 응원을 했다. 다윗은 수많은 여성의 마음을 사로잡은 정복자였다. 그는 마치 여성들을 기쁘게 해주기 위해 태어난 사람 같았다.

다윗은 도시 출신이 아니었다. 그는 시골에서 태어난 일개 목동이었다. 훗날 예수님이 태어난 베들레헴이 그의 고향이다. 베들레헴은 예루살렘에서 남쪽으로 이십여 리쯤 떨어진 곳에 있다. 여덟 형제 중 막내였던 그는 외모가 형들에게는 미치지 못했지만, 매력적인 얼굴을 가지고 태어났다. 그는 누구나 인정할 수밖에 없는 매력의 조건들을 지닌, 다시 말하면 모든 시대의 사람들이 보편적으로 느끼는 매력적인 용모를 가진 사람이었다.

이스라엘의 초대 왕 사울은 연거푸 하나님을 실망시켰다. 하나님의 마음은 점차 사울에게서 떠났다. 급기야 왕권을 하나님의 마음에 합하는 자에게 넘겨줘야 하는 국면에까지 이르렀다.

성경은 이새의 막내아들 다윗이 하나님의 마음에 합하는 자라고 소개한다. 하나님은 이스라엘의 마지막 사사이자 예언자인 사무엘로 하여금 장차 왕이 될 다윗에게 기름을 붓게 한다. 사무엘이 다윗을 처음 봤을 때 다윗은 "빛이 붉고 눈이 빼어나고 얼굴이 아름답더라"(사무엘상 16:12)고 했다. '빛이 붉다'라는 말은 근육질의 피부가 햇볕에 타서 구릿빛 남성성이 돋보였다는 뜻이고, '눈이 빼어났다'라는 말은 깊고 그윽한 눈빛을 발산했다는 뜻이며, '얼굴이 아름답다'라는 말은 글자 그대로 얼굴이 수려하고 준수했다는 뜻이다. 얼핏 보아도 다윗은 전체적으로 뿜어내는 용모가 남심뿐 아니라 여심을 사로잡는 비주얼이 있었다는 소리다. 그런 다윗이 뭇 사람들의 눈에 금세 띄는 건 시간문제였다.

다윗이 이스라엘 역사의 전면에 부각하기 시작한 사건은 블레셋의 총사령관 골리앗과의 일대일 결투에서 승리한 게 계기가 되었다. 무기라곤 주머니에 든 단단한 돌 다섯 개와 손에 든 물매가 전부인 소년 다윗과 중무장한 거인 골리앗의 싸움은 인간적인 눈으로 보면 상대가 되지 않는 하나 마나 한 결투였다. 하지만 그 결투에 이스라엘의 하나님이 관여하셨다..

루벤스(17세기 바로크를 대표하는 독일태생 벨기에 화가, 1577-1640)의 <골리앗의 목을 베는 다윗>, 캔버스에 유채, 99.1×122.9cm, 미국 캘리포니아 노턴 사이먼 미술관 소장.

소년 다윗은 용맹이 범과 같았고 목소리는 천하를 호령하는 대장군 같았다. 다윗은 만군의 여호와의 이름으로 전투에 나섰다. 전투는 놀랍게도 다윗의 승리로 끝났고, 기겁한 블레셋 군인들은 앞을 다투어 도망쳐버렸다. 이스라엘 군인들이

승리의 함성을 지르자 그 소리가 어찌나 컸던지 엘라 골짜기가 떠나가는 듯했다

사울 왕이 다윗과 그의 군사들과 함께 기뻐 돌아올 때 이스라엘의 모든 성읍에 거주하는 사람들은 길에 나와 노래하고 춤추며 그들을 환영했다. 전쟁을 승리로 이끈 다윗의 이름은 이스라엘 전역에 삽시간에 퍼졌다. 그의 인기는 하늘을 찌를 만큼 높이 치솟았다. 여자들은 이렇게 노래했다.

"사울이 죽인 자는 천천이요 다윗은 만만이로다"

이 노래는 서동요(薯童謠. 백제 무왕이 소년 시절에 신라 진평왕의 딸 선화공주를 아내로 맞아들이려고 가사와 곡을 지어 아이들에게 부르게 해, 신라의 수도 서라벌에 널리 퍼져 대궐에까지 스며들어 간 동요_편집자 주)와는 달리 민간에 저절로 퍼진 노래였다.

이 노래 가사의 숨은 뜻을 잘 아는 사울 왕은 불쾌했다. 사무엘서 기자는 이때부터 사울이 다윗을 경계하는 마음을 품기 시작했다고 밝히고 있다.

이 노래의 가사는 의미심장하다. 그것은 이스라엘과 블레셋 전쟁의 공훈은 다윗이 왕인 사울보다 컸다는 뜻이며, 이는 다윗의 인기가 왕을 능가한다는 뜻이다. 그리고 그것은 궁극적으로 장차 사울 왕권이 다윗에게로 넘어갈 수도 있다는

가능성을 내포하고 있다.

이 노래를 남자들이 아닌 여자들이 불렀다는 건 다윗의 남성성에 반한 이스라엘 여자들이 다윗의 열렬한 팬이 되었다는 뜻이며, 다윗의 인기가 절정에 올랐다는 것을 암시하고 있다. 그만큼 다윗의 반듯하고 잘생긴 용모는 그의 인기 급상승에 크게 한몫했다.

사울 왕은 다윗을 궁정에 머물게 하면서 그를 가까이 두려고 했다. 다윗은 문무를 두루 갖춘 다재다능한 사람이었다. 막료와 관리들은 언변이 뛰어나고 시와 음악 등 예술에 남다른 두각을 나타내는 다윗에게 몰려들기 시작했다. 그는 권력의 중심부에 있으면서 고속으로 출세했다. 약관의 나이에 군대 지휘관의 지위에 올랐다.

다윗은 사울 곁에 있으면서 왕실 가족과 가까워질 수 있는 기회가 많아졌다. 왕의 맏아들인 요나단은 다윗을 특별히 사랑하고 아꼈다. 두 사람은 곧 친한 친구가 되었다. 두 청년은 얼마나 끔찍이도 좋아했던지 둘 다 양성애자가 아닌가 하는 소문이 시중에 나돌 정도였다.

다윗이 대중의 사랑을 받으며 인기가 폭발적으로 상승하면서 사울 왕은 다윗에게 왕위를 빼앗길까 봐 허구한 날 잠 못 이루며 전전긍긍했다, 소심하고 내성적인 사울 왕은 심한 우울증에 시달렸다. 그는 끓어오르는 시기와 질투의 감정을 억누르지 못하고 걸핏하면 화를 냈다. 급기야 사울 왕은 다윗을 제거하려고 이런저런 방법을 동원했다. 하는 수 없이 다윗은 가정과 고국을 버리고 몸을 숨기지 않으면 안 되었다. 때는 다윗이 20세가 조금 넘은 나이였다. 그때부터 다윗은 근 10여 년 동안 도망자 신세가 되어 이스라엘 변두리와 타국을 전전해야만 했다.

다윗이 피신해 있는 동안 그의 명성을 듣고 많은 사람들이 다윗에게 몰려들었다. 다윗이 시글락(유다 남쪽 브엘세바와 가자 사이에 있는 성읍으로, 시므온 지파에 분배된 땅이었으나 사울 왕 때 블레셋에 속해 있었던 곳으로, 가드 왕 아기스가 다윗과 그의 가족과 그를 따르는 사람들이 거주하도록 허락하였음_편집자 주)에 머물고 있었을 때, 사울 왕과 네 명의 왕자들이 블레셋과의 전투에서 전사했다는 소식을 듣는다.

이스보셋이 사울을 이어 왕위에 올라 이스라엘을 통치했을 때, 다윗은 지지자들에 의해 헤브론에서 왕위에 올랐다. 그때 다윗의 나이 30세였다. 다윗은 헤브론에서 7년 6개월 동안 유다를 다스렸다. 그리고 이스보셋이 살해되면서 다윗은 마침내 명실상부한 통일 왕이 되었다. 다윗은 수도를 예루살렘으로 삼고 40년 동안 이스라엘과 유다를 다스렸다.

이처럼 다윗의 삶은 파란만장했다. 다윗처럼 극적인 인생 드라마를 가진 사람도 드물 것이다. 시골 목동 출신이 일국의 제왕이 되기까지의 영웅적인 이야기, 왕위에 있는 동안 겪었던 흥미진진한 이야기는 극적인 요소들로 가득하다.

그의 인생 드라마는 여자를 빼놓고서는 제대로 설명할 수 없다. 지금부터 살펴보겠지만, 다윗의 인생 굽이굽이 살아온 자국마다 여자들이 있었다. 다윗의 여자들은 어떤 형태로든 다윗이 왕위에 등극하는 데 없어서는 안되는 조력자들이었다. 어떤 의미에서는 킹메이커였다는 소리다.

다윗은 자신이 왕위에 오르는 데 도움이 되는 여자라면 좌고우면하지 않고 자기 부인으로 삼았다. 영웅호색 (英雄好色)이란 말이 있다. 영웅치고 여색을 밝히지 않는 영웅 없다는 말인데, 다윗 또한 그러했다. 다윗이 있는 곳에는 늘 여자가 있었다. 다윗의 화려한 여성 편력은 그가 둘째가라면 서러울 정도로 소문난 바람둥이였다는 것을 일러준다.

다윗은 평생에 모두 9명의 아내와 10명의 후궁을 두었다. 정실부인을 제외한 나머지 부인들을 '후궁'이라고 부른 조선조와는 달리, 다윗이 정식으로 아내로 맞이한 9명은 모두 정실부인이었다. 다윗의 10명의 후궁은 왕의 성은을 입은 조선조의 궁녀와 같은 품계라고 보면 된다. 다윗의 정실부인 아홉은 조선조의 태조, 태종, 성종보다는 못하지만, 왕비 1명과 후궁 8명을 둔 세종과 맞먹는다. 후궁까지를 합하면 다윗은 조선조의 어느 왕보다 부인들이 많았던 셈이다.

일부일처제가 원칙인 성경의 정신에 비추어볼 때 다윗이 무려 19명의 정실과 측실을 두었다는 성경의 기록은 '이게 사실일까?' 할 정도로 읽는 사람을 뜨악하게 한다. 더욱이 그 당사자가 다윗이라니 기가 막혀서 그저 아연할 따름이다.

다윗은 9명의 부인에게서 19명의 아들들과 1명의 딸을 낳았다. 1명의 딸 이름은 다말이다. 다말은 다윗의 네 번째 부인인 마아가와의 사이에서 얻은 딸로 셋째 왕자인 압살롬의 친누이동생이다. 추측하건대, 다윗은 다말 이외에도 몇몇 딸들을 더 보았겠지만, 성경은 오로지 다말 한 사람만을 언급하고 있다.

다윗의 아홉 번째 부인은 아비삭이란 매우 아름답고 젊은 여자인데, 이 여자는 다윗의 뜻과는 상관없이 얻은 부인이라서 부인이라기보다는 시녀와 같았다. 아비삭은 늙은 다윗을 시중들도록 왕의 시종들이 억지를 써서 침전에 들여보낸 여자였기 때문이다. 그렇다면 다윗이 정식으로 아내로 삼은 여자들은 모두 8명이라고 보는 게 좋다.

다윗의 부인들은 다윗의 생애와 밀접한 관련이 있다. 다윗의 생애는 사울의 사위로 잠시 있었던 시기, 유랑생활을 하던 시기,

헤브론에서 반쪽짜리 왕으로 있었던 시기 그리고 예루살렘에서 통일 왕으로 있었던 시기 등 네 단계로 나뉜다. 다윗의 맨 첫 번째 부인은 사울 왕과 갈라서기 전 얻었던 미갈이다. 미갈은 사울의 둘째 딸로, 사울이 정략적으로 다윗에게 시집을 보냈다. 미갈은 다윗이 사울을 피해 피신 생활을 하게 되면서 오랫동안 소식이 끊긴 채 지내다가, 사울의 강권으로 다른 남자와 재혼했다.

다윗은 유랑생활을 하는 10여 년 동안 두 명의 부인을 얻었다. 아히노암과 아비가일이다. 아히노암은 이스르엘 여인인데, 평민 출신으로 보인다. 다윗은 아히노암과의 사이에 맏아들인 암논을 얻었다. 아비가일은 갈멜 사람 나발의 아내였으나, 나발이 죽은 후 다윗과 재혼했다. 다윗이 아비가일과의 사이에 얻은 아들은 길르압이다. 길르압은 일찍 죽은 것으로 보인다.

다윗이 헤브론에서 왕위에 있던 7년 6개월 동안 얻은 아내는 모두 네 명이었다. 그술 왕 달매의 딸 마아가, 학깃, 아비달, 에글라가 그들인데, 이들 네 명의 부인에게서 각기 압살롬, 아도니야, 스바댜, 이드르암을 낳았다.

다윗이 예루살렘에서 통일 왕으로 있던 때 얻은 마지막 여덟 번째 부인은 우리가 잘 아는 밧세바다. 밧세바는 본디 다윗의 충직한 부하 장군인 우리아의 아내였지만, 다윗이 불법적으로 빼앗은 여자다.

이처럼 다윗의 권력 쟁취와 권력 유지 그리고 권력의 승계는 부인들과 관련이 있었다. 정력적인 다윗은 부부생활에서 삶의 기쁨과 행복을 찾으려고 했다.

　성경은 다윗의 부인들 가운데 3명의 여자에게 초점을 맞추고 있다. 미갈, 아비가일, 밧세바 세 사람이다. 따라서 이 책은 다윗의 생애와 매우 밀접하게 관련이 있는 세 명의 여자들과 다윗의 부부생활을 추적하면서 부부란 과연 무엇인지 살펴보기로 한다.

미갈 —사랑과 증오의 양극단을 오간 다윗의 첫 번째 아내

사랑과 증오는 인간 감정의 양극단을 대표하는 단어들이다. 두 단어는 인간 존재의 본질적인 요소라고 할 수 있다. 사랑이 인간의 영혼을 고양하는 선한 힘이라면, 증오는 인간을 파괴하는 악한 힘이다. 사랑이 이타와 희생, 참여와 책임에서 나오는 것이라면, 증오는 오해와 편견, 무관심과 이기주의에서 나오는 것이다. 사랑은 왜 그렇게 변덕이 있는 걸까? 우리는 사랑과 증오를 동시에 가지는 심리상태를 어떻게 설명할 수 있을까? 성경에 나오는 부부들 가운데 배우자에 대해 사랑하면서도 증오하고 증오하면서도 사랑을 한 인물들은 몇 있지만, 그중에서도 미갈만큼 남편에 대해 사랑과 증오의 두 감정을 극명하게 갖고 있던 여자는 없을 것이다.

미갈은 사울 왕의 둘째 딸이다. 미갈의 언니는 메랍이다. 사울 왕은 날이 갈수록 인기가 치솟는 다윗을 경계하기 시작했다. 그는 광기에 사로잡히고 만다. 사울은 자신의 왕권에 위협이 되는 다윗을 죽이려 하였다. 하나님은 그런 사울에게서 마음이 떠나셨다. 사울은 자기 곁을 떠난 하나님이 다윗과 함께 계시는 것을 보고 다윗을 두려워했다.

사울은 다윗을 천부장으로 승진시켜 다윗을 블레셋 군인들과 싸우도록 전장에 내보냈다. 싸움에서 승리해 돌아온다면 큰딸 메랍을 주겠다고 약속했다. 사울의 꿍꿍이속을 알아챈 다윗은 미천한 사람이 어찌 왕의 사위가 될 수 있겠느냐며 사울의 제안을 사양했다. 다윗이 미적거리는 사이, 사울은 그런 약속이 언제 있었냐는 듯 안면을 싹 꼬불치고 메랍을 다른 사람에게 시집보냈다.

사울 왕은 다윗에게 다시 제의했다. 블레셋 군인의 포피 100개(할례받지 않은)를 가져오면 둘째 딸 미갈을 아내로 주겠다고 약속했다. '주겠다'라는 말은 전통적인 가부장제 사회에서 아버지에게 딸은 물건처럼 소유물과 같은 존재라는 의미를 내포한다. 다윗은 블레셋 군인 200명을 죽이고 그들의 포피를 사울에게로 가져왔다.

전장에서 죽지 않고 살아 돌아온 다윗을 보고 사울은 실망했지만, 이번에는 꼼짝없이 약속대로 딸을 다윗에게 주지 않으면 안 되었다. 마침 미갈도 다윗을 사랑하는 터였다. 세상 물정을 잘 모르고 궁에서만 자랐던 미갈은 다윗을 사랑하는 게 삶의 유일한 낙이요 목적이었던 것으로 보인다.

사무엘서 기자는 미갈이 등장하는 첫 장면에서 "사울의 딸 미갈이 다윗을 사랑했다"고 전했다. 이 간단한 한 문장은 남자의 심장을 뛰게 하면서도 왠지 모를 불길한 스캔들의 전조를 암시해준다. 웬만해서는 남녀 간의 사랑을 직접적으로 표현하지 않는 성경인데도, 여자가 남자를 사랑했다는 경우는 미갈이 유일하다.

아무튼 이 표현은 미갈이 다윗을 얼마나 좋아했는지를 알려주는 한편, 미갈이 대단히 능동적이고 적극적인 성격을 가진 여자라는 것을 알려준다. 이 대목에서 우리는 짓궂고 귀여운 말괄량이 공주 같은 미갈이 다윗이라는 시대의 쾌남아에게 반해 격정적인 사랑에 빠져, 아버지와 조국을 배신하고서라도 그 사랑을 쟁취하고 말겠다는 아련한 인상을 받는다.

사울은 다윗을 부마로 삼았지만, 명성이 높아져가는 다윗을 더욱 미워하고 두려워하여 평생에 다윗의 대적이 되었다. 사울은 심각한 우울증에 시달리며 다윗에 대한 적개심을 키워갔다. 그러기에 아버지와 남편 사이에서 미갈의 고통은 이만저만 큰 게 아니었다. 미갈은 다윗을 자신이 평생 의지하고 맡길 이상적인 남자라고 여기고 그와 결혼했지만, 결혼과 동시에 사랑은 결코 순수나 낭만으로만 되는 게 아니라는 걸 깨달았다.

사랑은 때로는 신기루 같고, 가면무도회 같은 것이다. 이 신혼부부를 둘러싼 상황은 더욱 나빠져 갔다. 미갈은 부왕이 언제든 다윗을 죽일지도 모른다는 생각에, 잠을 자면서도 바람 소리에 놀라 소스라치게 놀라 깨어나곤 했다.

그러던 어느 날, 미갈은 부왕이 남편을 죽이려고 밤중에 자객들을 자택으로 보낸다는 정보를 입수했다. 미갈은 다윗을 급히 창에서 달아 내리게 하고 도망을 치게 했다. 그러고는 다윗이 침대에 있는 것처럼 위장하려고 사람 모양의 우상(치장용 드라빔이었을 것이다)을 가져다가 침상에 눕혀놓고 염소 털을 머리에 씌우고 의복을 덮어씌웠다.

미갈의 그런 행위는 자신의 조국이나 아버지보다는 사랑을 선택한 것이다. 이것은 미갈이 어떤 성향의 여자라는 걸 잘 보여준다. 그녀의 관심은 권력과 부귀보다는 사랑이었다!

그런데 이상한 건, 다윗이 황급히 피신할 때 미갈에게 입맞춤을 했다거나, 포옹을 했다거나, 잘 있으라고 말했다거나 하는 등 언동이 일절 없었다는 거다. 이 무덤덤한 이별은 다윗이 요나단과 헤어졌을 때 있었던 뜨거운 이별과는 대조적이다.

어쨌거나 우리는 미갈이 왜 다윗과 함께 도망치지 않는지 의아스럽다. 여자가(그것도 귀하신 몸인 공주님이) 몸을 은신하며 산다는 건 결코 쉬운 일은 아니지만, 다윗을 따라나섰더라면 어쩌면 다윗도 미갈의 그런 마음을 받아들이고 그녀에게 사랑을 주지 않았을까 하는 아쉬움이 있다.

다윗이 도망친 것을 보고받은 사울 왕은 아비를 속인 것도 모자라 아비의 평생 대적을 감쪽같이 피신케 하였다며 미갈에게 노발대발했다. 성격이 불같은 부왕에게 자칫 목숨마저 잃을지도 모를 위태로운 상황이었다.

하지만 미갈은 기지를 발휘했다. 미갈은 사울 왕에게 "다윗이 저를 협박했어요. 자기를 놓아주지 않으면 절 죽이겠다고요"라며 다윗을 원망하는 투로 말했다. 사울은 다윗을 죽이지 못하고 놓쳐버린 것을 못내 아쉬워했지만, 딸을 되찾았다는 생각에 다소 안도하며 분을 삭였다.

톡톡 튀는 말괄량이 미갈의 모습은 여기까지다. 이후부터 성경의 독자들은 미갈의 말을 한참 동안 더는 들을 수 없게 된다. 미갈이 역사의 무대에서 사라진 게 아니라, 얄궂은 운명의 소용돌이 속에서 단지 수동적인 역할에 그치는 존재로서 살게 되는 무력한 여자로 그려져 있대서다. 사무엘서 기자는 그렇게 함으로써 자신의 의지와 상관없이 그저 물건처럼 여기저기로 내돌려지는 미갈의 비극적인 운명을 독자들의 해석의 영역에 맡겨놓았다. 과연 미갈의 입은 철저히 봉해지고, 그 행적은 오로지 서술로써만 묘사된다.

미갈은 다윗과 헤어진 지 십수 년이 지나서 다시 등장한다. 그때는 다윗이 이스라엘의 통일 왕이 되기 직전이었다. 사울의 살기등등한 눈을 피해 달아난 다윗은 10년 가까운 도피 생활을 하는 동안 두 명의 부인을 맞이했고, 헤브론에서 왕위에 있는

7년 6개월 동안 네 명의 부인을 맞아 슬하에 여섯 아들을 둔 제왕이었다. 그 십수 년 동안 다윗이 단 한 번이라도 미갈이 생각났다거나 연모했다거나 하는 기록은 눈을 씻고 보아도 성경 어느 곳에서도 찾아볼 수 없다.

우리 속담에도 '빨리 끓는 냄비가 빨리 식는다'라는 말이 있다. 다윗과 미갈의 열정적인 사랑은 당사자인 두 사람도 믿을 수 없을 만큼 싸늘하게 식어 있는 상태였다.

그런 다윗이 뜬금없이 미갈을 불러낸 거다. 다윗과 오랫동안 소식이 끊긴 미갈은 다른 사람에게 다시 시집을 가서 알콩달콩 살던 중이었다. 미갈이 재혼을 하게 된 건 그녀가 다윗에 대한 사랑이 시들해진 이유도 있었겠지만, 그보다는 아버지 사울의 뜻에 따른 것이었다.

수년 후, 사울이 죽고 이스라엘 사람들의 민심은 급격히 다윗에게로 기울어졌다. 사울 왕을 이은 이스보셋은 말이 왕이지 실권이 없는 허울뿐인 왕이었고, 사울 왕국은 급속히 쇠퇴해 가 몰락 직전에 있었다.

이스보셋의 군대 장관 아브넬은 영리한 사람이라, 지금이 다윗에게 투항할 적기라고 판단했다. 그는 은밀히 다윗을 찾았다. 다윗은 아브넬에게 사울의 딸 미갈을 데리고 오면 투항을 받아주겠다고 말한다.

다윗이 미갈을 '내 아내'라고 하지 않고 '사울의 딸'이라고 말한 걸 보면, 두 사람의 재결합은 다윗이 미갈을 자기 아내로 여겼다기보다는 사울 왕의 딸을 자기에게로 데려옴으로써 명실상부한 통일 왕이 되었다는 것을 이스라엘 전역에 알리기 위한 정치 행위였을 것이다.

아브넬에게 보고받은 이스보셋은 다윗의 뜻을 분명히 알아차린 이상, 순순히 응할 수밖에 없었다. 그는 수하들을 급히 보내 미갈의 현재 남편 발디엘에게서 미갈을 빼앗아 다윗에게로 보냈다. 발디엘은 날벼락을 맞은 신세였다. 그는 자신의 사랑하는 아내를 지킬 만한 힘이 없었다. 발디엘은 처연하게 울면서 논틀밭틀길을 따라 바후림까지 미갈을 배웅했다. 그런 발디엘을 아브넬이 그만 돌아가라고 강권하지 않았던들 불쌍한 발디엘은 헤브론의 위풍당당한 다윗 왕에게까지 가서, "미갈은 내가 사랑하는 아내요. 도대체 왜 이러시오? 이래 가지고서야 그대를 어찌 정의의 왕이라고 하겠소?"라며 목숨을 걸고 항변했을는지도 모른다.

그로부터 25년쯤 뒤 압살롬의 반역으로 급히 피신하지 않으면 안 되었던 다윗은 그 바후림에 이르러 정적에게 개망신을 당했다. 그 순간 다윗은 피를 토하는 심정으로 과거 비정했던 자신을 돌아봤을 것이다.

미갈이 두 번째로 등장하는 장면은 다윗이 블레셋 근처에 있던 곳에서 법궤를 다윗 성으로 옮겼을 때다. 이때는 미갈이 왕인 남편에게 거침없는 언행으로 대들었다. 상큼발랄했던 공주 때의 저돌적이고 당당한 미갈로 말이다.

다윗은 요란한 국가적 행사로 법궤를 옮기는 데 성공한다. 그날 모든 이스라엘 사람들이 즐거이 환호하고 나팔을 불며 축제를 했다. 문제는, 너무나 기쁜 나머지 다윗이 과잉행동을 했다는 데 있었다. 다윗은 달랑 에봇 하나만을 걸친 채 미친 듯이 춤을 추었다. 아뿔싸, 다윗이 다리를 쳐들고 돌아설 듯 날아갈 듯할 때 그 순간 휘어져 감기는 듯한 에봇이 펄럭이면서 다윗의 성기가 노출되었다. 그것도 대중 앞에서 말이다.

그 아찔한 장면을 '사울의 딸 미갈'이 창으로 내려다보고는 심중에 다윗을 업신여겼다. 젊었을 적에 다윗을 창으로 달아나게 했던 애틋한 그녀가 지금은 다른 창을 통해 다윗을 경멸하고 있다. 왕궁으로 돌아온 다윗에게 미갈은 "오늘 이스라엘의 임금이 맨살을 드러내고 춤을 추는 한낱 건달같이 신하들의 아내들이 보는 앞에서 몸을 드러내며 춤을 추셨으니, 임금의 체통이 이래서야 되겠사옵니까?"라며 다윗의 면전에서 힐난했다. 참다 참다 그간 쌓인 울분이 임계점에 도달해 폭발하고 만 것이다,

미갈의 이 독설은 요컨대, 그 잘난 몸으로 그간 수많은

여자들을 유혹하고 농탕친 다윗을 비난하는 거였다. 혹은 아내랍시고 자기를 발디엘에게서 강제로 빼앗아 와, 유폐나 다름없는 궁정 생활을 하게 하면서 독수공방 방치한 다윗을 나무라는 듯한 거센 항의의 표시였다.

영적으로 보면, 미갈의 그런 경멸적인 언사는 복받을 만한 품격 있는 태도는 아니다. 때로는 남편이 어릿광대처럼 보이더라도, 아내는 여러 사람이 있는 데서 공개적으로 망신을 줘서는 안 된다. 남편을 존중해도 시원치 않을 판에 말이다. 그러기에, 미갈과 다윗의 결혼생활이 행복하기를 바라는 우리로서는 미갈이 법궤를 다윗 성에 안치한 다윗의 기쁨에 동참했더라면 하는 아쉬움이 있다.

이 사건을 계기로 미갈은 죽는 날까지 자식이 없이 살아야 했다. 아마도 다윗은 미갈에게 정나미가 떨어졌거나, 아니면 일부러 보복하려고 미갈과 잠자리를 한 번도 같이하지 않았던 모양이다. 다윗은 그날부로 미갈의 방으로 가는 발길을 끊었다. '부부 싸움은 칼로 물 베기'라고들 하는데, 다윗과 미갈을 보면 그 말도 사실이 아닌 듯싶다.

이렇게 다윗의 첫 결혼은 행복과는 거리가 멀었다. 미갈의 입장에서 보면 첫사랑은 뼈마디가 욱신거리는 아픔과 같은 것이었다. 실패했다는 것이다. 첫사랑은 환상이었고 무관심이었고 배반이었다. 미갈은 날이 갈수록 다윗과의 결혼이 잘못된 선택이었음을 깨달았다. 야심가 다윗을 사랑한 대가가 이렇게 고통스러웠다니!

미갈은 청년 다윗을 진심으로 사랑했다. 미갈이 다윗을 사랑한 것같이 다윗은 미갈을 진심으로 사랑한 것 같지는 않다. 미갈은 아버지 사울에게나 다윗에게 정략결혼의 희생양이었다. 다윗은 출세를 위해 공주 미갈을 배우자로 선택했을지도 모른다. 다윗은 충분히 그러고도 남을 야심만만한 젊은이었다. "사울이 죽인 자는 천천이요 다윗이 죽인 자는 만만이로다"라는 노래에 권력을 쥐어틀 야심이 없다면 그게 오히려 이상하지 않겠나?

미갈은 순수하고 변함이 없는 발디엘을 진심으로 사랑한 것 같다. 미갈이 발디엘에게 마음을 준 건 어쩌면 첫 남편 다윗과의 냉랭한 결혼생활에 대한 일종의 반발심리 때문일 수도 있다. 다윗은 도피 때 미갈에게 편지 한 통 보내지 않았고, 아내를 둘이나 얻었다.

미갈이 건너 건너 그 소식을 모를 리 없었다. 그녀는 갈림(베냐민 지파의 땅으로 사울의 고향인 기브아와 아나돗 사이에 있는 발디엘의 거주지_편집자 주)에서 다윗에게 '끌려갈 때' 정치 바람에 맥없이 휘둘리는 자신의 처지를 한탄하며 다윗을 원망했을 것이다. 하지만 어쩔 수 없는 노릇이었다. 그녀는 다윗과의 첫사랑을 회복하려고 어지러운 마음을 다잡으려고 애썼다. 하지만 다윗은 끝내 미갈에게 사랑을 주지 않았던 것으로 보인다. 다윗에게 미갈은 정치적 승리의 전리품처럼 취급받았을 가능성이 많다. 미갈은 본능적으로 다윗이 자기를 사랑하지 않는다는 걸 알았다.

'계집의 독한 마음 오뉴월에 서리 친다'라는 우리말 속담이 있다. 여자가 한 번 마음이 틀어져 미워하거나 원한을 품으면 오뉴월에도 서릿발이 칠 만큼 매섭고 독하다는 뜻이다. 미갈이 그랬을 것이다. 그녀는 자존심이 상했고, 자존심이 상할수록 다윗에 대한 애정은 증오 비슷한 감정으로 변해갔다.

미갈의 마음 깊이 맺힌 응어리진 한은 군중 앞에서 춤을 추며 속살을 드러낸 남편에 대해 여지없는 경멸로 나타났다. 기쁨에 못 이겨 춤을 추는 다윗의 진심을 미갈은 위선으로 보았다. 어쩌면 그것은 다윗의 사랑을 받지 못한 미갈의 절망적인 몸부림일 수도 있다.

부부관계가 이런 식이라면 행복한 부부라고 할 수 없다. 그 이유가 어떻든 말이다. 가족 치료 전문가인 존 가트맨 박사는 부부관계를 위협하는 4대 요소를 "비난, 경멸, 방어, 담쌓기"로 보았다. 믿음의 부부가 행복한 결혼생활을 영위하려면 육체적·정서적·영적으로 하나가 되어야 한다. 다윗과 미갈은 이 세 가지가 모두 실패한 부부라고 할 수 있다. 누구 책임이 크다고 할 건가?

♥나눔

1. 다윗은 미갈을 진심으로 사랑했을까요, 아니면 출세를 위해 사울 왕가의 청혼을 받아들였을까요?

2. 다윗이 유랑생활을 할 때 왜 미갈을 찾지 않았을까요? 그런 다윗의 처신은 옳았는지요?

3. 다윗 왕이 재혼한 미갈을 강제로 데려갔을 때, 발디엘은 울면서 바후림까지 따라갔습니다. 그때 미갈의 심경은 어땠을지 나눠보십시오.

4. 다윗과 미갈이 잘 어울리는 한 쌍이 아니었다면, 그 원인을 어디서 찾을 수 있을까요?

5. 한 아내로서 미갈, 한 남편으로서 다윗에 대해 나눠보십시오.

6. 존 가트맨 박사가 말하는 '부부관계를 위협하는 4대 요소'란 무엇인가요? 당신의 부부관계를 위협하는 요소는 어느 단계까지 왔다고 생각하십니까?

7. 당신 부부(커플)에게 '부부관계를 위협하는 4대 요소'는 없는지요?

05

다윗과 아비가일

__정략결혼인가, 순수한 사랑인가?

운명적인 만남

다윗이 도피 생활을 하는 동안 그의 명성을 듣고 동서남북 사방에서 용사들이 다윗에게로 모여들었다. 장정들의 수는 어느덧 600명이나 되었다. 그 덕분에 다윗은 어느 정도 세력을 형성할 수 있었다. 다윗은 자기를 따르는 사람들을 이끌고 갈멜이라는 곳에 머물렀다. 이 갈멜이라는 곳은 훗날 선지자 엘리야가 기적을 일으켰던 갈멜산과는 다른 곳이다. 갈멜은 유다 지파에게 할당된 땅으로, 헤브론에서 동남쪽으로 약 13km 정도 떨어진 곳에 있는 마을이다. 이전에 사울 왕이 아말렉 족속을 물리치고 승전 기념비를 세웠던 곳이다.

사람들을 거느리고 있으면 먹을 것과 입을 것과 거주할 곳을 제공해야 한다. 문제는 다윗에게 돈이 없었다는 거다. 그런 다윗에게 행운이 찾아들었다. 지금부터 그 이야기를 들어보자.

다윗 일행이 머물렀던 갈멜 지역에 나발이라는 굉장한 부자가 살고 있었다. 다윗은 나발을 재정 후원자로 생각해 그의 가축들을 돌봐주고 그 반대급부를 제공받기를 기대했다. 이를테면 금전과 음식물 따위의 반대급부 말이다. 다윗과 다윗의 부하들은 성심성의껏 나발의 가축들을 얼마 동안 돌보았다. 그런 후 다윗은 믿을 만한 사람들을 나발에게 보내 노동력의 제공 대가로 최소한의 대가를 지불해 달라고 정중히 요구했다. 하지만 거만한 나발은 다윗의 요구를 한마디로 거절한다. 그는 면박까지 주었다.

"다윗이란 자가 누구냐? 요즘 보아하니 주인에게서 도망친 종들이 우두머리를 자처하고 날뛴다는 소문이 있다. 어디서 굴러먹었는지 알지도 모르는 자들에게 내가 미쳤다고 먹을 것을 주겠느냐?"

일만 시키고 보상을 하지 않으려는 나발의 심보는 지탄받아 마땅한 일이었다. 한편으로 나발은 사울 왕의 대적인 다윗을 도왔다는 사실이 왕에게 알려지는 것을 내심 꺼렸을는지도 모를 일이다. 아무튼, 나발에게 푸대접과 멸시를 받고 돌아온 다윗의 부하들은 나발의 말을 다윗에게 전했다. 뿔따구가 나면 말에는 살이 붙어 원래보다 과장되는 법이다. 다윗은 부하들의 보고를 받고 화가 머리끝까지 치밀었다.

"이런 때려죽일 놈! 여봐라, 모두 칼을 차고 나발에게 가자!"

400명의 성난 병사들이 나발의 집을 향해 쏜살같이 달려갔다. 정말이지 다윗은 안하무인격인 나발과 나발의 가족들과 그에게 속한 모든 사람을 죽이려고 마음먹었다. 다윗의 이런 행동은 정당했으나, 그렇다고 꼭 지지받을 일은 못 된다. 그렇게까지 무자비하게 보복할 일은 아니었기 때문이다. 우리는 여기서 다윗의 혈기왕성한 성정의 일면을 엿볼 수 있다.

다윗과 다윗의 부하들이 무기를 들고 나발의 집을 향해 급히
내달려오고 있다는 소식은 나발의 부인 아비가일의 귀에 먼저
들렸다. 아비가일은 지혜롭고 총명한 여자였다. 그녀는 민첩하게
종들로 하여금 떡과 포도주, 양고기, 볶은 곡식, 건포도, 무화과를
나귀에 싣게 한 후, 다윗 일행이 오는 쪽을 향해 발걸음을
재촉했다.

선물이란 좋은 것이다. 잠언에도 "선물 주기를 좋아하는
자에게는 사람마다 친구가 된다"라거나, "선물은 그의 길을 넓게
하며 또 존귀한 자 앞으로 그를 인도한다"는 말이 있다. 그런가
하면 "은밀한 선물은 노를 쉬게 하고 품 안의 뇌물은 맹렬한 분을
그치게 한다"라는 말도 있다. 아비가일은 선물의 이런 이치를 잘
알고 있는 여자였다.

아비가일이 일행과 함께 황급히 길을 가고 있는데, 다윗과
그의 일행이 노란 먼지를 일으키며 달려오는 것이었다. 두
일행은 서로 마주쳤다. 다윗을 알아본 아비가일은 나귀에서 내려
이마를 땅에 대고 인사하며 말했다.

"어리석은 제 남편을 용서해주십시오, 장군. 아울러 이 종의
허물도 용서해주시기를 바랍니다. 장군님의 생명은
장군님의 하나님이 생명 보자기에 싸서 보존해주실
것입니다. 주님은 은혜를 베푸셔서 장군님을 이스라엘의
지도자로 세워주실 것입니다. 그런데 지금 공연히 사람을

죽이면 장군님의 명예에 금이 갈까 두렵습니다. 장차 후회할 일을 해서는 아니 됩니다. 그러니 부디 해량해 주옵소서.”

루벤스(Paul Rubens)의 <다윗과 아비가일의 만남>, 1620.

아비가일의 발언에는 여성 특유의 감수성이 있으면서도 보통의 여성이 가지고 있지 않은 당당함이 서려 있었다. 누가 들어도 그녀의 말은 진지하고 침착했으며 심금을 울리는 호소력이 있었다.

아비가일이 머리를 들고 다윗을 바라보았다. 다윗이 그 용모를 보니 아름다운 여자였다. 다윗은 속으로 흠칫 놀랐다.

‘아아, 이 여성은 이해심도 많지만 참으로 아름다운 자태를 지녔구나!’

다윗은 금방 아비가일에게 매료되었다. 아름다운 여자를 한눈에 알아보고 가슴이 뛰는 다윗이다. 다윗은 마음에 감동이 일어났다. 아비가일의 아름다운 기품이 잠시 잃어버린 자신의 아름다운 기품을 일깨워준 것이다. 그것은 하나님의 아름다운 기품이 두 사람의 마음을 동시에 움직였기 때문이었다.

'맞다, 맞아! 하마터면 내가 돌이킬 수 없는 잘못을 저지를 뻔했구먼. 이 여자의 말이 백번 지당하지 않은가.'

다윗은 목소리도 멋지게 아비가일에게 말했다. 조금 전까지만 해도 분노로 속이 뒤집힌 그였다.

"오늘 그대가 나를 영접한 것은 하나님이 하신 것이오. 이스라엘 하나님 여호와께 찬양을 드리오."

시편을 읊는 것 같은 다윗 특유의 음성이 들리자 아비가일은 볼이 빨개지면서 이렇게 아름답고 멋진 영웅이 다 있을까 하는 생각에 그만 정신이 아득해졌다.

'세상에나! 호걸영웅이로다. 다윗이 멋진 남자라는 말은 여러 번 듣긴 했어도 막상 대하고 보니 이렇게 늠름하고 기품이 있는 분이시다니!'

아비가일이 겨우 정신줄을 붙잡으려고 하는데, 그녀의 귀에 다윗의 음성이 또 들렸다. 그 음성은 은혜로우신 주님의 음성과도 같았다.

"그대의 지혜를 칭찬하고 싶소. 그대에게 복이 있기를 바라오. 그대가 급히 내게로 오지 않았더라면, 내일 아침이 밝을 때 나발은 물론 나발의 집안에 있는 남자는 한 명도 살아남지 못할 뻔했소. 이제 됐으니 편히 돌아가시오. 내 기꺼이 이번 일은 없는 일로 하리다."

다윗은 피의 복수를 깨끗이 단념했다, 단념했을 뿐 아니라 그의 마음은 하늘에서 내려온 복으로 가득 찼다. 하나님의 아름다움이 두 사람에게 깃들면서 모든 추한 것들은 언제 있었냐는 듯 사라지고 아름다움이 뚜렷한 형태로 존재하게 되었다.

아비가일이 아니었더라면 다윗은 충동적으로 많은 사람들을 살육하고 남의 부인을 빼앗아 아내로 삼은 후 안무치한 파렴치한이 될 뻔했다. 그런 점에서 아비가일의 등장은 다윗을 왕으로 삼고 다윗 왕권을 통해 하나님 나라를 세우시려는 하나님의 개입이 있었다고 볼 수밖에 없다. 다윗은 언변이 뛰어난 사람이었지만, 설득에 능한 아비가일을 생각하면서 언어가 무엇인지를 곱씹어봤을 것이다.

집으로 돌아오는 도중 아비가일은 자기 집이 화를 면했다는 기쁨도 기쁨이지만, 다윗과 잠시 가졌던 시간에 느꼈던 로맨틱한 감정에 약간은 마음이 들떠 있었다. 짧은 만남이었는데도 다윗이 마치 오래 사귄 연인 같은 생각이 들자, 그녀는 흠칫 놀라 속으로 중얼거렸다.

'다윗 그분은 참 멋진 남자야. 이 나라의 왕이 될 상이야. 한데 내 마음이 왜 이다지 울렁거리지? 아아, 못난 내 남편…….'

집으로 돌아온 아비가일은 술에서 깨어난 나발에게 어제 있었던 일을 고했다. 지금 덧붙이는 말인데, 나발은 아내와 종들에게 존경받는 위인이 아니었다. 나발은 그 말을 듣자마자 낙담하여 심장이 멎고 몸이 돌처럼 굳어져 앓아누운 지 열흘 만에 죽고 말았다. '어리석다'는 이름 뜻 그대로 나발은 그 어리석음으로 인해 죽음을 자초한 것이다.

성경은 나발이 왜 그렇게 느닷없이 죽었는지 독자들의 상상에 맡겨놓는다. 몇몇 성경 해석가들은 나발이 죽은 이유를 아비가엘에게서 찾으려 한다. 나발은 평소 아비가일이 남편인 자기를 무시해 온 데다, 다윗에게 마음을 빼앗긴 걸 보고 울화통이 터져 죽었다는 것이다. 하지만 성경을 이런 식으로 접근하는 부정적인 태도는 옳지 못하다. 내가 보기에는 아비가일과 나발은 어울리지 않은 커플이었던 같다. 슬기롭고 지성적인 아비가일과 잘난 체하고 오만한 나발의 부부 사이가 좋을 거라고 생각하는 사람들은 그리 많지 않을 거다.

게다가 두 사람은 정치 성향과 세계관이 달랐던 것으로 보인다. 아비가일은 훗날 이스라엘의 여론이 사울보다는 다윗에게 유리하게 돌아갈 것 같다고 전망해 다윗을 지지했을 가능성이 크다. 반면, 사울 왕의 치하에서 부를 쌓아올린 지방의 토호 세력인 나발은 권력의 정통성이 사울에게 있다고 생각해 사울 왕을 지지했을 것이다. 이런 요인들은 아비가일과 나발을 부부로서 하나가 되지 못하게 했을 가능성이 농후하다. 물론, 이렇게 결이 다른 두 사람도 부부이기에 다소간 애정은 있을 수 있지만, 참다운 애정과는 거리가 멀다. 아비가일이 남편의 죽음을 애도하지 않았다는 성경의 기록은 두 사람의 부부관계가 썩 좋지 않았음을 일러준다.

악인 나발이 죽었다는 소식을 들은 다윗은 하나님께 감사를 드렸다. 그러고는 아비가일을 아내로 맞이하고 싶다고 사람을 보냈다. 아비가일은 미래에 펼쳐질 축복을 예견했다. 그녀는 다윗의 청혼을 기쁘게 받아들였다. 그 수락은 조금도 망설임이 없었다. 이리하여 아비가일은 다윗의 세 번째 아내가 된다.

죽은 남편에 대한 충분한 애도 기간 없이 아비가일이 얼씨구나, 하고 선뜻 다윗의 청혼을 받아들이고 곧바로 결혼에 돌입한 처사는 얼른 이해할 수 없다. 하지만 이것은 앞서 언급한 바와 같이, 어리석은 남편에 대한 누적된 불만, 늠름한 다윗을 향한 흠모, 다윗을 왕이 될 재목으로 보는 혜안 등이 복합적으로 작용해 다윗에게 자신의 미래를 맡기지 않았을까? 그것은 모든 것이 합력하여 선을 이루시는 하나님의 섭리 결과로 볼 수밖에 없다.

다윗의 든든한 재정 후원자가 되어준 아비가일

아비가일이 다윗의 아내가 됨으로써 나발의 재산은 자연스레 다윗에게 귀속되었다. 이것은 막대한 정치 자금이 필요한 다윗에게 큰 도움이 되었다. 이스라엘의 왕좌에 야심이 있던 다윗은 그 돈으로 부하들을 후하게 대할 수 있었고, 그로 인해 다윗의 인기는 더욱 올라갔다. 따르는 자들과 떼를 지어 이곳저곳 떠돌이 생활을 하며 미래가 불투명한 다윗은 아비가일로 인해 경제적 안정과 정치적 기반을 다지게 되었다.

아비가일은 다윗의 든든한 재정후원자로서 남편이 왕위에 오르는 데 크게 기여했다. 실제로 다윗은 얼마 후 헤브론에서 왕위에 올랐다. 아비가일과의 결혼으로 유다 남부의 나발의 영지가 다윗의 수중에 떨어진 것이다. 아비가일은 안방마님으로서 재정을 조달, 관리했을 뿐 아니라 총명한 머리로 다윗에게 이런저런 정치적 조언도 했으리라 짐작한다.

다소 의아스러운 것은, 입담이 좋은 아비가일이 다윗과 결혼한 이후에는 일절 입을 닫고 있다는 사실이다. 이것은 아비가일을 일관성이 없는 인물로 그려지게 한다. 아비가일의 이러한 침묵 이미지는 전 남편 나발의 죽음에 대한 비정한 태도와 결부,

상승작용을 일으켜 그녀의 캐릭터를 더욱 모호하게 만든다.

이러한 찜찜한 정황에도 불구하고, 다윗은 극적으로 만난 아비가일을 존중하고 그녀를 다른 아내들보다 더 각별히 대했을 것이란 상상력은 충분히 가능하다. 대범하고 단호하고 총명하고 용기 있고 언변이 뛰어난 아비가일이라면 다른 아내들을 제치고 다윗의 사랑을 독차지할 만하다.

하지만 성경은 다윗이 아비가일을 열정적으로 사랑했다고 알리지 않는다. 그렇다면 다윗이 아비가일을 아내로 맞아들인 결정은 정략결혼이었다는 건가 아니면 순수한 사랑이었다는 건가? 그 하나일 수도 있고, 그 둘일 수도 있고, 그 둘이 섞어진 것일 수도 있다. 때론 정략결혼이 순수한 사랑으로 발전하는 경우도 있다고 하지만, 내가 보기에 다윗과 아비가일은 처음부터 이 두 가지가 절묘하게 결합한 것이다.

사실 남자라면 이지적이고 총명한 여자를 그다지 좋아하지 않는다. 남자는 안 되는 줄 알면서도 아름다운 여자를 좋아하는 경향이 있다. 다윗 또한 아비가일처럼 이지적이고 총명한 여자와 열정적인 애정을 나눈 것 같지 않다.

그렇다면 열정적인 사랑만이 사랑인가? 그렇지는 않다고 본다. 사랑은 종합예술이다. 남녀가 서로 사랑한다는 건 성적·정서적·영적인 결합인 것이다. 서로의 존재를 인정하며 가치를 높이 평가하고 소중히 여기는 관계라면 서로 성숙하게 사랑하는 관계라고 자신 있게 말할 수 있다. 그 사랑에는 지적이고 이성적이고 합리적인 것들이 뒷받침되어야 한다. 다윗과 아비가일의 사랑이 바로 이런 게 아닐까?

♥ 나눔

1. 다윗의 경우에 비추어, 남자가 성공하려면 일반적으로 갖추어야 할 요건들은 뭐라고 생각하십니까?

2. 다윗이 사울 왕을 피해 떠돌이 생활을 했을 때, 의지할 곳 없는 많은 사람들이 다윗에게 모여들었습니다. 다윗의 어떤 점 때문에 그랬을까요?

3. 아비가일은 첫 남편인 나발과 도저히 어울리지 않는 부부였던 것 같습니다. 그런데도 그들은 결혼했습니다. 이런 결혼은 우리 주변에서 흔히 찾아볼 수 있습니다. 당신 주변에도 이런 부부가 있는가요?

4. 만일 다윗이 화를 참지 못해 나발과 그의 권속들을 죽였더라면 어떻게 되었을까요?

5. 아비가일은 성경에 나오는 여성들 가운데 '지혜롭고 총명한' 여성을 대표합니다. 아비가일이 갖고 있는 성품에 관해 나눠보십시오.

6. 다윗과 아비가일은 서로 잘 어울리는 한 쌍인 것 같나요? 성경은 이에 대해 이렇다 저렇다 아무런 언급이 없습니다. 당신은 어떻게 생각하십니까?

7. 이상적인 부부란 어떤 걸까요? 세 가지 혹은 다섯 가지로 밝히시길 바랍니다.

06

다윗과 밧세바

_ 그 질기고 질긴 인연과 사랑

밧세바 신드롬

막장 드라마도 이런 막장 드라마가 또 있을까? 그것도 거룩한 성경에서 말이다. 이 드라마의 주인공은 모든 시대 크리스천들이 존경하는 다윗이다!

모든 사람마다 허점이 없는 사람 없다고는 하지만, 다윗 같은 영적 거인이 허점도 그냥 허점이 아닌 치명적인 허점을 갖고 있는 것을 보면서, 우리는 야릇한 위안을 받는다. '바늘 도둑이 소도둑 된다'는 속담과 '호미로 막을 일을 가래로 막는다'는 속담을 잘 알고 있는 우리로서는 범죄를 자꾸 은폐하려다 점점 더 큰 범죄에 빠져드는 한 시대의 영웅이자 영적 거인을 보면서, 혀를 차다 못해 화가 치밀어 오른다.

사회적으로 정점에 올랐다가 일순간에 미끄러져 천 길 아래로 곤두박질치는 인사들이 우리 주위에 왕왕 있다. 성공한 리더들은 왜 함정에 빠지는가? 권력을 거머쥔 사회 지도층 인사들의 윤리적 타락을 '밧세바 신드롬(증후군)'이라고 한다. 미국의 딘 러드웍과 클린턴 롱거네커 두 교수가 20년 전 만들어낸 말이다.

성공한 사람들은 자신이 모든 상황을 통제할 수 있다는 과도한 자만심에 빠지는 바람에 현실 감각이 흐려져 급기야

윤리적 실패를 저지르게 된다. 이때 자기 행동이 잘못된 것인 줄 알면서 자만과 특권의식으로 인해 자신에게는 윤리적 기준이 적용되지 않을 것이라는 착각을 한다는 것이다. 밧세바와 불륜에 빠져(겁탈했는지도 모른다), 밧세바의 남편을 살인 교사하고도 의인인 척했던 저 유명한 '다윗과 밧세바' 사건에서 '밧세바 신드롬'이라는 듣기 거북한 말이 생겼다.

다윗의 인생에서 가장 큰 오점을 남긴 사건을 성경은 이렇게 시작하고 있다.

"어느 날 저녁, 다윗이 잠깐 눈을 붙였다가 일어나 왕궁 옥상에 올라가 거닐고 있었다. 그때 다윗의 눈에 한 여인이 목욕하는 모습이 들어왔다. 그 여인은 매우 아름다웠다."

이 짧은 문장에서 고무줄을 한껏 잡아당기는 듯한 묘한 성적 긴장감과 예리한 도덕적 긴장감이 감돌고 있다. 예의 바르고 도덕률이 높으며 하나님께 기름 부음을 받은 왕 다윗이 뭔가 올바르지 못한 일을 저지를 것 같다.

건장한 남자가 대낮부터 잠을 자고 저녁에 일어나 뒷짐을 지고 왕궁 옥상을 거닐었다는 건 일상을 벗어난 수상한 행동이다. 그것은 다윗이 성적으로 흥분해 있거나, 아니면 중년 남자 특유의 몽환적 낭만 무드에 빠져들고 싶은 충동을 느꼈을 수도 있다는 것을 방증한다.

한가하게 궁에서 지내며 낮잠이나 자는 모습은 평소 다윗의 모습과 다르다. 더욱이 그때는 전시였다. 요압을 총사령관으로 하는 이스라엘 군대는 암몬의 수도인 랍바를 에워싸고 전투를 벌이던 중이었다. 다윗은 응당 전투에 나가야 했는데, 예루살렘에서 빈둥대고 있다. 어쩌면 다윗은 자신의 위대한 업적과 이스라엘의 번영에 득의양양하며 자신이 신에 의해 특별히 선택되고 축복받은 존재라고 스스로 탄복하며 즐거운 감상에 젖어 들었을는지도 모를 일이다.

서산에 기운 해는 어느덧 저물고 사위는 어둠이 얇게 깔린 초저녁이었다. 다윗은 자신이 세우고 번영시킨 예루살렘의 야경을 보려고 궁정 옥상을 느린 발걸음으로 거닐고 있었다. 그때 옥상 아래 민가의 어느 집에서 한 여자가 목욕을 하는 모습이 다윗의 눈동자에 잡혔다. 얼핏 보기에도 매우 아름다운 여자였다.

아름다운 여자는 어둠 속에서도 그 아름다움이 빛나는 법이다. 하녀가 등잔불을 들고 여주인의 목욕을 도와줬다면 등잔불에 비친 목욕하는 여자의 모습은 더욱 섹시했을 것이다. 그것은 비에 젖은 여자의 모습 못지않은 섹시함이 있다.

그런 경우 웬만한 남자는 보지 않으려 눈길을 회피하려 해도 자꾸만 눈길이 가기 마련이다. 그런데도 얼른 고개를 돌려

외면해야 점잖은 신사 소리를 들을 수 있다. 더욱이 다윗은 신앙심이 대단히 높은 사람 아닌가? 춘추전국시대로 말하자면 군자(君子) 같은 사람이다. 아니, 군자보다 도가 높은 성인군자(聖人君子)의 반열에 오를 만큼 뛰어난 인품을 지닌 사람이다.

몸가짐이 공손해, 나아갈 때와 물러설 때를 분별해야 군자의 도가 있다고 할 것이다. 그런 사람이 소인배같이 알몸의 여자를 훔쳐보다니! 군자가 아닌 보통 사람이더라도 발가벗고 목욕하는 여자를 남몰래 훔쳐본다면 추한 행동이 아닐 수 없다.

장레옹 제롬(Jean-Léon Gérôme, 19세기 프랑스의 화가이자 조각가)의 유화 <밧세바>, 1889. 발코니에서 목욕하는 밧세바를 다윗 왕이 훔쳐보고 있다.

욕망의 사슬

3천 년 전 다윗 시대 때 산악지대에 위치한 예루살렘은 가옥들이 경사면을 따라 세워진 테라스식 도시였다. 시민들이 목욕을 하고 싶을 때는 집안에 목욕탕이 없었으므로 평면 지붕이나 테라스에 나와 남의 눈에 쉽게 띄지 않도록 적당히 천을 드리우고 하는 게 보통이었다.

아마도 밧세바도 그랬을 것이다. 그날 저녁 밧세바는 그렇게 운명적으로 다윗에게 왔다. 다윗은 심장이 요동치기 시작했다. 지금까지 저렇게 아름답고 요염한 여자는 처음 보았기 때문이다. 그 짧은 순간 시간은 정지되는 것 같았고, 짧은 인생살이에서 절제나 금욕 같은 미덕은 육신에서 떼어내어 벗어 마땅한 거추장스러운 외투나 다름없는 거였다.

다윗은 그 순간 욕망의 사슬에 기꺼이 자기를 묶기로 했다. 다윗은 신하를 보내어 그 여자가 누구인지 알아보게 했다. 신하가 돌아와 보고하기를, 그 여자는 이름이 밧세바이고, 히타이트 사람 우리아 장군의 아내라고 했다. 우리아는 다윗 왕의 용맹한 장수 그룹인 30인 중 한 사람으로서, 암몬 정벌 부대의 부사령관으로 출전 중이었다. 욕정에 사로잡힌 다윗은 밧세바의 남편이 우리아 장군이든 뭐든 안중에도 없었다. 다윗은 전령을 보내 사람들이 알지 못하게 은밀하게 밧세바를 왕궁으로 데려오도록 했다. 다윗의 신하가 밧세바의 집에 도착했을 때, 밧세바는 월경한 몸을 깨끗이 씻은 후 검은 머리를 말리고 있었다. 방 안의 짙은 향수 냄새가 신하의 코를 찔렀다. 다윗의 신하는 자기가 이 집에 온 목적을 잊은 듯 머리가 일순 하얘졌다. 그는 겨우 마음을 추스르고 왕이 부른다는 기별을 밧세바에게 했다.

왕의 지엄한 부름을 받은 밧세바는 '왜 이 저녁에 하늘같이 높으신 전하가 날 부를까' 의아스럽게 생각했다. 그녀는 소문으로만 들어왔던 이 멋진 왕을 만난다는 기대감에 마음이 설렜다. 그녀는 신하의 뒤를 따라 종종걸음으로 궁으로 올라가며 속으로 중얼거렸다.

'때마침 목욕을 해놓길 망정이지, 평소 같으면 외출할 엄두도 내지 못 했을 텐데…….'

그때 밧세바의 나이가 몇 살인지는 성경은 말하지 않는다. 유대 전통에 따르면 20세 전후였을 거라고 한다. 성경은 밧세바의 나이보다는 다윗과의 간통의 결과에 초점을 맞추고 있다.

밧세바는 다윗 왕 앞에 왔다. 다윗은 그때 팔짱을 끼고 창문 밖을 응시하고 있었다. 그녀는 무릎을 꿇고 목례하며 말했다.

"전하! 부르셨사옵니까?"

다윗의 귀에 부드럽고 약간은 비음인 목소리가 들려왔다. 다윗은 미간을 치켜세우며 뒤돌아섰다. 다윗이 밧세바에게 중저음의 친근한 음성으로 말했다.

"잘 오셨소. 얼굴을 들어올리시오."

밧세바가 얼굴을 들어 다윗을 바라보았다. 소문대로 왕은 미남자였고 전신에서 기품이 흘러넘쳤다. 다윗은 이글거리는 눈빛으로 그녀를 바라보았다.

'과연! 천하일색이로다!'

다윗은 아름다운 밧세바를 가까이서 보고는 하마터면 경탄의 소리를 내지를 뻔했지만, 속으로 꾹 눌렀다. 다윗은 밧세바의 고혹적인 모습에 해낙낙하여 침을 꿀꺽 삼켰다. 밧세바는 그런 다윗을 보며 얼굴이 굳어지며 무릎을 바르르 떨었다.

"왜 떨고 있소? 긴장하지 마시오. 짐이 오늘 그대를 품으려고 하오."

왕은 침실로 밧세바를 데려가 동침했다. 격정의 하룻밤은 그렇게 지나갔고, 밧세바는 밤늦게 집으로 돌아갔다. 짜릿한 쾌락의 불꽃은 새벽이 오기 전에 꺼졌지만, 반갑지 않은 쾌락의 증거물이 밧세바의 배 안에 있게 되었다. 다윗은 밧세바의 배에 반갑지 않은 그것을 남겨놓았다. 얼마 후(1개월 후쯤 되었을 것이다), 밧세바가 임신한 것이다. 밧세바는 사람을 보내 자신의 임신 사실을 왕에게 알렸다.

이 이야기는 사무엘하 11장 1-5절까지에 나와 있다. 밧세바가 임신하기까지는 이 짧은 몇 구절이 전부다. 성경은 짧은 몇 구절에 다윗과 밧세바의 불륜을 기록했지만, 세월은 속절없이 흘러갔고, 밧세바의 배가 불러올수록 두 불륜남녀는 초조해졌다.

'아아, 이를 어쩌나? 어쩌지?'

밧세바의 작은 얼굴에 짙은 그늘이 졌다. 밧세바는 자꾸 커지는 자기 배를 부여잡고 어쩔 줄 몰라 했다.

초조하기로는 밧세바보다 왕이 더했다. 다윗은 불안하고 걱정스러운 나머지 날마다 잠을 이룰 수 없었다.

'그렇다면, 그 방법밖에 쓸 도리가 없잖은가.'

다윗의 머릿속에 번쩍하는 아이디어가 떠올랐다. 이렇게 불륜 로맨스로 시작한 막장 드라마는 파국을 향해 마구 치달았다. 불륜인가, 겁탈인가? 이로써 세기의 로맨스는 시작되었다. 이 이야기는 현대판 막장 드라마도 도저히 따라갈 수 없는 진정한 막장 드라마라 해도 지나침이 없다.

다윗과 밧세바의 간통 사건을 놓고 두 사람이 '놀아난' 시대부터 현대에 이르기까지 입담가들에게는 두부모 자르듯 견해가 둘로 나뉜다. 한 견해는 그건 명백한 불륜이라고 말하고, 거기에 맞서 또 하나의 견해는 사랑이라는 것이다. 하지만 내 생각엔 그건 불륜도 아니고 사랑도 아닌, 다시 말하면 그 중간쯤 되는, 아니 불륜과 사랑이 마구 섞어진 어떤 것이다. 거기에 권력 남용이 뒤섞여 복잡하게 꼬인 어떤 것이다.

불륜은 은밀하고 뜨겁고, 사랑은 덜 은밀하고 덜 뜨겁다. 하지만 둘 다 거기서 거기다. 평소에는 멀쩡한 사람이 불륜에 빠지거나 사랑에 빠지거나 하면 미친 사람처럼 마력에 이끌려 통제력을 잃고 광기에 사로잡힌다. 그런 점에서 본다면, 다윗 왕이 밧세바의 남편 우리아 장군을 화살이 빗발치는 전쟁터에서 평화로운 예루살렘 궁성으로 부르기 전 다윗과 밧세바의 만남을 불륜이냐 순수한 사랑이냐 일도양단으로 나누는 건 매우 불합리한 처사라 아니할 수 없다.

밧세바 사건은 성적 욕망을 채우기 위한 두 남녀의 치정(癡情) 로맨스라서 많은 화가들(대부분 남성 화가)의 관심을 끌었다. 흥미로운 사실은 이 사건을 바라보는 화가들의 견해가 다르다는 것이다. 이 사건이 벌어지게 된 단초를 어떤 화가들은 다윗에서 찾고, 또 다른 화가들은 밧세바에서 찾는다. 단초를 제공한 쪽이 다윗이라고 보는 화가들은 권력을 가진 다윗이 성적 욕망에 못 이겨 밧세바에게 폭력을 행사했다고 본다. 반면, 단초를 제공한 쪽이 밧세바라고 보는 화가들은 밧세바가 아름다운 여체로 다윗을 유혹했다고 본다.

신학자들도 이 사건을 바라보는 견해가 화가들과 마찬가지로 둘로 나뉜다. 화가들과 신학자들은 대체로 이 사건의 원인이 밧세바에게 있다고 보는 경향이 강한 것 같다. 그들은 잠자리를 요구한 다윗에게 밧세바가 망설였다거나 반항했다거나 한 정황을 찾아볼 수 없다는 걸 근거로 댄다. 오히려 다윗에게 호감이 있었던 밧세바가 능동적으로 임했다는 거다. 말하자면, 그것은 강압적인 성관계가 아니라 합의에 의한 자연스러운 성관계였다는 것이다.

　이런 말을 들으면 밧세바로서는 억울할 거다. 하지만 화가들과 신학자들이 주로 남자여서 그렇지, 여자들이 많다면 전혀 다른 평가가 나올 것이다. 밧세바가 계획적으로 다윗을 유혹할 마음이 있었다면 대낮에 목욕했을 것이다. 밧세바는 다윗이 매일 저녁 정해진 시간에 왕궁 옥상을 거닐고 있다는 걸 어떻게 정확히 알고 매일 저녁 목욕을 했다는 걸까? 그렇다면 다윗은 습관적으로 낮에 잠을 자고 저녁때 일어나 발정 난 동물의 수컷처럼 어슬렁거리기라도 했다는 걸까?
　이러한 상상력은 가당치 않다. 성경은 밧세바가 목욕을 한 이유를 정확히 서술하고 있다. 밧세바는 생리가 끝난 후 정결의식을 위해 몸을 씻었다고 말이다.

화가들 중에 밧세바의 목욕하는 장면을 호소력 있게 그려낸 사람은 바로크 시대의 네덜란드 화가인 렘브란트(1606~1669)였다. 렘브란트는 고뇌하는 밧세바를 잘 그려냈다. 다윗 왕이 보낸 편지를 오른손에 든 밧세바는 자신의 슬픈 운명을 체념한 듯 허공을 바라보며 슬퍼하고 있다. '빛의 화가' 렘브란트가 감각적이고 공간적으로 절묘하게 완성한 이 유화는 밧세바의 목욕하는 장면을 그린 많은 그림 중에서 단연 걸작으로 손꼽힌다. 곱고 하얀 피부에 풍만한 여체, 금색 실로 수놓은 옷감, 목욕 후 몸을 감싸는 흰색 리넨 천, 발을 닦아주는 하녀는 밧세바가 상류층에 속한 여자라는 걸 말해준다.

　이 사건의 책임이 전적으로 다윗에게 있다는 증거는 선지자 나단이 다윗을 책망한 데서도 분명히 드러난다. 나단은 밧세바를 꾸짖지 않고 다윗만을 책망했다. 그뿐 아니라, 상식적으로도 이 사건은 다윗 때문에 일어났다고 보는 게 옳을 것이다. 왜냐하면, 밧세바는 그때 20세가 안 되었거나 갓 넘었을 나이였기 때문이다. 다윗은 적어도 40세쯤 되는 중년의 나이였다. 20세 안팎의 여성이 제아무리 강심장을 가졌다고 하더라도 40대 중년의 왕을 대범하게 유혹한다는 건 상식적으로 있을 수 없다. 그렇다면 밧세바는 절대 권력가인 다윗의 정욕에 일방적으로 희생을 당한 여자였을 가능성이 크다. 그녀는 침묵할 수밖에 없는 을(乙)의 위치에 있었다.

렘브란트의 <목욕하는 밧세바>, 1654년, 캔버스에 유채, 142×142cm,
파리 루브르박물관 소장.

불륜을 불멸의 사랑으로 만든 여자

밧세바가 임신했다는 걸 알게 된 다윗은 꾀를 냈다. 말이 좋아 '꾀'이지 '술책'을 강구해냈다. 꾀에 술책이 더해지면 그걸 '술수'(術數)라고 하며, 권력을 가진 사람이 모략으로 술수를 쓰는 것을 '권모술수'(權謀術數)라고 한다. 이제부터 우리는 정직하고 믿음이 좋은 다윗이 아닌, 권모술수로 목적을 달성하려는 전혀 다른 얼굴의 모사꾼 다윗을 만난다.

다윗은 전선에 있는 우리아를 예루살렘에 오도록 명령을 내렸다. 영문도 모르고 예루살렘에 온 우리아는 집에 들르기 전 먼저 왕을 알현했다. 다윗은 장군의 전황에 대한 보고 따위는 관심조차 없었다. 오로지 그의 한 가지 관심은, 우리아를 집에서 며칠 쉬게 해서 그의 아내인 밧세바와 잠자리를 함께해 밧세바의 임신이 바로 그 시점에 되게 한 것처럼 꾸미려는 데 있었다.

"장군은 이제 집으로 내려가서 발을 씻으시오."

'발을 씻어라'라는 말은 목욕을 한 후 아내와 잠자리를 가지라 뜻이다. 하지만 우리아는 우직하고 충직한 사람이었다. 그는 동료 군인들이 전장에서 목숨 걸고 싸우고 있는데, 한가하게 집에서 아내와 뒹구는 건 자기 자신과 전우들에게 있을 수 없는 불명예스러운 행위라고 생각했다. 우리아 장군은 집으로 가지 않았고 왕궁 문 앞에서 잠을 잤다.

그 소식을 알게 된 다윗은 짜증이 났다. 다윗은 우리아를 불러 말했다.

"장군은 어찌하여 집에 가지 않았소?"

왕의 다그치는 듯한 물음에 우리아는 태연하게 대답했다.

"언약궤와 이스라엘과 유다가 전쟁터에서 야영을 하고 있고, 제 상관이신 요압 장군과 휘하의 모든 군인들이 벌판에서 진을 치고 있는데, 제가 어찌 아내와 잠자리를 같이할 수 있겠습니까?"

다윗은 우리아 장군의 강직하고 고매한 인품에 탄복하긴커녕 한숨을 내쉬었다. 다윗은 우리아에게 잔치를 베풀고 술을 권했다. 그가 얼큰하게 술에 취하면 혹 아내에게 갈까 기대해서다. 하지만 우리아는 그날도 집에 가지 않고 궁문 밖 근처에서 잠을 잤다. 다음날 아침, 다윗은 이런 식으로는 도무지 일이 성사되지 않을 거라 깨닫고는, 편지를 써서 우리아의 손에 들려 요압에게 돌아가게 했다. 편지에는 우리아를 전장터의 선두에 나가게 해서 피아간에 치열한 전투가 있을 때, 우리아만 남겨두고 군사들은 후퇴하게 하라는 내용이 들어 있었다.

노회한 요압이 왕의 숨은 뜻을 모를 리 없었다. 요압은 편지대로 실천에 옮겼다. 그렇게 해서 우리아는 젊은 나이에 전사하게 되었다. 밧세바는 남편이 전사했다는 전갈을 받고 소리 내어 울었고, 장례를 치렀다.

이 대목에서 우리는 밧세바가 남편의 죽음을 진심으로 슬퍼했다는 것을 알게 된다. 그녀는 우리가 수호지나 주간지에서 종종 접하는 바람 난 음탕한 유부녀와 전혀 다른 부류의 여자였다! 통상적인 애도 기간이 끝난 후 다윗은 밧세바를 왕궁으로 데려와 정식으로 아내를 삼았다. 이리하여 밧세바는 다윗의 여덟 번째 왕비가 된다.

밧세바는 이 몇 개월 동안 극심한 감정의 혼란을 느꼈다. 밧세바는 단 한 번 만난 다윗에 대한 사랑의 감정이 자기 안에 있는 걸 보고 괴로워했다. 그녀는 한숨을 내몰아 쉬며 중얼거렸다.

'아아, 난 나쁜 여자야. 불쌍한 내 남편 우리아. 날 자기 목숨보다 더 사랑한 사람이었지. 하나님도 무심하시지. 그 착한 사람을 일찍 데려가시다니. 난 이제 어떡하나?'

밧세바는 활화산처럼 불타오르는 사랑의 광휘가 자신을 사로잡은 걸 느끼던 터에, 뜻밖에 우리아가 전사했다는 소식을 듣고는 흑흑거렸다.

'이게 나 때문이야. 나 때문.'

그녀는 손으로 연신 자기 가슴을 두드리며 죄의식에 떨었다.

하지만 그것도 잠시뿐, 밧세바는 미지의 존재인 다윗과 함께하는 운명의 수레바퀴에 기꺼이 올라타려고 마음먹었다. 먼바다를 항해하기 위해 이제 막 돛을 올린 범선처럼 다윗에게 자신의 모든 것을 맡기기로 결심한 것이다.

다윗은 밧세바가 임신하지 않았더라면 그녀를 정부(情婦)로 삼아 오래오래 재미를 보려고 했을는지도 모른다. 밧세바의 임신과 우리아의 죽음으로 그의 은밀한 계획은 차질을 빚었다. 난처하게 된 건, 자신의 못된 악행이 저잣거리의 일개 필부의 귀에도 들어갈 만큼 이스라엘 전역에 삽시간에 퍼져나갔다는 것이다. 뒤에 서술하겠지만, 이런 와중에 다윗이 그나마 잘한 일은 밧세바를 정식으로 자기 아내로 맞이한 것이다. 물론 이것은 선지자 나단이 찾아와 자신의 비행을 나무라며 회개를 촉구하고 나서는 바람에 선택한 어쩔 수 없는 것이었다.

다윗과 밧세바의 관계는 처음에는 불륜인지 사랑인지 잘 알 수 없는 모호한 관계였다. 불륜이라면 뜨거운 욕정에서 비롯된 것이라 할 수 있고, 사랑이라면 온전히 상대에게 몰입하여 자신의 자아를 소멸하고 사랑하는 사람의 자아와 일체가 되는 것이다. 다윗의 밧세바에 대한 사랑은 아무튼 복잡하게 시작된 것이다. 격정적인 사랑은 원래 그런 것이다.

다윗이 밧세바를 차지하기까지의 일련의 행위는 하나님 보시기에 악하다고 성경은 말한다(삼하 11:27). 우리가 보기에도 다윗은 십계명의 여러 계율을 어겼다. '살인하지 말라'는 여섯 번째 계율(살인 교사죄), '간음하지 말라'는 일곱 번째 계율(업무상 위력에 의한 성범죄), '거짓 증거하지 말라'는 아홉 번째 계율(사법 방해죄)을 어긴 것이다.

일반인이 이런 심각한 죄를 짓는다면 무기징역을 선고받거나 최소한 징역 15년 이상 해당하는 중형을 선고받을 거다. 전제군주제니까 망정이지, 민주주의 국가에서 대통령이 이런 죄를 지을 경우에는 탄핵을 받고 감옥살이를 할 만큼 중대한 범죄라고 할 수 있다.

나단의 책망을 들은 다윗은 회개하고 그 죄는 용서를 받았지만, 그 죄의 후과는 꼬리를 물고 나타났다. 우선, 밧세바와의 범죄로 낳은 아이는 7일 만에 죽었다.

몇 년 후, 첫째 아들 암논이 압살롬의 누이동생 다말을 범한 충격적인 사건이 일어났다. 그 일에 앙심을 푼 압살롬은 암논을 살해하고 외국으로 도망쳤다. 3년 후 귀국한 압살롬은 훗날 반란을 일으켰다. 다윗은 요단 건너 먼 나라로 파천을 하는 신세가 되어야 했다. 압살롬은 반란의 실패로 요압에게 죽임을 당했다.

그런 후 나라가 얼마간 평온하다 싶더니 세바라는 베냐민 지파 사람이 반란을 일으켜 나라가 다시 큰 혼란에 빠졌다.

그로부터 얼마 후에는 이스라엘에 3년 동안 기근이 들어 사울의 남은 두 아들과 메랍의 다섯 아들을 처형하는 참화가 있었다. 그런가 하면, 인구조사를 실시한 잘못으로 사흘 동안 전염병이 나돌았다.

다윗 말년에는 열 번째 아들인 솔로몬과 넷째 아들 아도니야가 왕위를 놓고 쟁탈전을 벌이는 왕자의 난이 일어났다(다윗 사후 아도니야는 참살되었다). 이렇게 다윗은 영화를 누린 것 못지않게 파란만장하고 굴곡진 삶을 살아야 했다.

다윗은 밧세바와의 사이에 네 아들을 낳았는데, 막내가 솔로몬이다. 솔로몬은 다윗의 열 번째 아들이다. 성경에는 다윗과 밧세바의 결혼생활이 자세히 기록되어 있지는 않지만, 우리는 여러 정황으로 보아 두 사람은 금실이 꽤 좋았던 것으로 보인다.

밧세바가 다윗을 사랑했다는 말은 성경에는 없지만, 밧세바는 다윗을 천 년이 가도 잊을 수 없는 천생연분으로 여기고 엄청나게 사랑했을 것 같다. 두 사람은 사랑을 뛰어넘는 사랑을 한 사이였던 것 같다. 밧세바는 다윗이 우리아를 죽인 행위는 자신을 사랑했기 때문에 저질은 과오라면서 스스로를 달랬을 것으로 보인다.

다윗은 여느 왕비와는 달리 밧세바에게는 다정한 남편이었던 것 같다. 솔로몬을 임신하게 한 잠자리에서도 다윗은 밧세바에게 위로의 말을 전하고 동침했다. 밧세바는 용모가 빼어나게 아름다웠지만, 그 내면도 아름다웠던 것 같다. 그녀는 오늘날

흔해빠진 성형 미인이 아닌, 타고난 미인이었다. 밧세바는 또한 지적이면서도 건강과 능력과 교양을 두루 갖춘 미적 아우라를 내뿜는 절세의 미인이었으리라. 그녀의 눈부신 광휘는 뭇 남자들을 매료시킬 만했고, 그녀가 스치고 지나간 자리에 잠시 있었던 남자는 괜히 기분이 좋아지며 생의 희열을 맛보았을 게 틀림없다. 그러기에 다윗 같은 당대의 영웅이 그녀에게 한눈에 반하지 안 했겠나?

다윗과 정을 통한 뒤 임신하고 또 그 아이가 일찍 죽고 하면서 이런저런 말들이 궁정 안에서나 장안에 꽤 나돌 법한데도, 밧세바로 인해 불미스럽거나 소란스러운 일이 하나도 없었다는 건 밧세바가 좋은 성정을 가지고 있다는 것을 방증한다. 입이 무겁고 지혜로운 여자가 아니었던들 어디서든지 문제는 터졌을 테니까 말이다. 다윗은 8명의 왕비 가운데서도 그런 밧세바를 제일 사랑했던 것 같다. 밧세바와의 사이에 4명의 아들들을 낳지 않았나? 다른 왕비들과는 죄다 1명이었는데, 밧세바와는 4명의 왕자를 보았던 다윗이다. 이것은 밧세바와의 애정이 한순간이 아니라 변함없이 지속되는 것이기에 가능한 것이었다!

다윗은 아름답고 지혜로운 여덟 번째 아내인 왕비 밧세바를 의지하고 그녀를 통해 위로를 받았을 뿐만 아니라, 하나님과 늘 가까이하려고 했을 것이다. 과거 허물을 돌아보며 두 번 다시는 그런 죄를 되풀이하지 않으려고 날마다 근신하며 자신을 돌아보았을 다윗이었다. 그러기에 다윗은 밧세바 사건 이후에는 딱히 범죄라고 할 만한 행각이 없었다. 다소 조심스러운 추측이긴 하나, 다윗은 이런저런 크고 작은 국사에 관해 밧세바의 조언을 듣고 반영했을 것 같다.

밧세바는 정치 감각도 남다른 데가 있었다. 그녀는 이스라엘의 요동치는 정세를 날카롭게 파악하고 있었고, 왕위 계승 문제를 놓고 조정의 여론과 장안의 여론이 어떻게 흘러가고 있는지에 대해 예의주시하며 정확하게 판단하고 있었다. 그녀는 또한 왕의 후계를 놓고 다윗 왕의 속마음이 솔로몬에게 있다는 것을 일찌거니 알아챘다. 후계 구도를 놓고 솔로몬과 아비아달 두 용과 호랑이가 겨룰 때, 밧세바는 때에 알맞게 왕 앞에 나아가 솔로몬이 왕위를 계승하도록 간청했다. 이 간청은 긴박한 상황에서 기민하게 처신한 밧세바의 용기와 지혜의 결단에서 비롯된 것이다. 다윗 왕은 남편을 사랑하고 존중하며 공경하는 밧세바의 마음씨에 감동이 되어 솔로몬이 자신의 뒤를 이어 이스라엘을 다스리도록 선언했다. 이것은 평소 왕이 밧세바를 신뢰하지 않았던들 결코 있을 수 없는 일이다.

여자를 좋아하는 다윗의 습성은 노년에도 바뀌질 않았다. 성경은 그런 다윗을 가감 없이 묘사했다. "다윗 왕이 나이가 많아 늙으니 이불을 덮어도 따뜻하지 아니하였다"고 전한다. 이것은 '다윗이 노년기만큼은 경건하게 살았어야 하지 않나' 하는 성경

독자들의 기대를 저버리는 글귀 같지만, 꼭 그렇게 볼 일은
아니다.

우리는 다윗을 우리와 같은 현대인, 우리와 같은 일반
시민으로 착각해서는 안 된다. 다윗은 저 옛날, 그러니까
지금으로부터 무려 3천 년 전에 살았던 고대의 군주였고, 한
남편이 여러 아내를 두고 사는 것을 허용하는 시대에 살았던
사람이라는 것을 기억해야 한다. 더욱이 마지막 아내였던
아비삭은 다윗의 뜻이 아니라 늙은 다윗을 안타깝게 여기던
신하들이 챙겨줘서 얻은 여인이었다. 성경은 아비삭을
이스라엘에서 제일가는 미인이었다고 소개한다. 그녀는 심히
아름다운 여자였다. 아비삭은 아마도 20세도 안 된 젊고 싱싱한
여자였을 것이다. 하지만 정력이 좋기로 소문난 다윗은 아비삭과
잠자리를 같이하지 아니했다고 성경은 말한다. 이 표현은 다윗이
늙어서 진액이 빠져 그런 것인지, 아니면 늙어서까지 여자를
밝히는 것을 자제한 것인지 명확히 알 수 없지만, 아무래도
전자가 아닌가 싶다. 천하의 정력왕 다윗도 늙으면 기가 허해져
색욕을 발동하는 자원이 고갈되지 않았을까?

아비삭과 관련해 이런 상상을 해보는 것은 자연스런 일인데,
정작 필자가 하고 싶은 말은 이런 허접스러운 잡설보다는
늙고 노쇠한 다윗의 품에 신하들이 아비삭을 안겨줬다는 이
이상스러운 보도는 순전히 밧세바의 권유 때문이 아닌가 한다.

물론 이것은 작가 특유의 감수성에서 나온 상상력의 발로다. 밧세바 정도의 사려 깊고 남자를 아는 여자라면 이불을 덮어도 한기를 느끼는 늙은 남편이 당장 절실히 필요한 게 무엇인지 꿰뚫어볼 수 있다. 밧세바는 다윗이 여러 차례 사양을 했음에도 불구하고 젊은 여자를 옆에 두도록 간곡히 권유했을 것이다.

다윗에게 순간의 쾌락을 위해 만난 밧세바는 진정으로 사랑을 나누는 연인으로 발전했다. 불륜을 불멸의 사랑으로 바꾼 밧세바에게 열렬한 응원을 보내고 싶다. 누가 밧세바를 남자를 유혹한 매춘녀라고 돌멩이를 던지랴. 밧세바를 안다면 그런 용렬한 비난은 하지 못할 것이다. 남성이 주도하는 가부장적 사회에서 힘없는 아녀자인 밧세바는 수동적으로 행동할 수밖에 없었고, 운명은 그녀를 가만 내버려두지 않았다. 그녀는 운신의 폭이 좁은 여성의 사회적 상황에서도 지혜롭게 처신해 일국의 왕비의 자리에 오를 수 있었고, 자기가 낳은 아들을 왕위에 오를 수 있게 했다. 그런 점에서 밧세바의 아름다움과 지혜는 찬사를 받아 마땅하다. 그녀는 추한 것을 아름답게 바꿔놓는 미의 여신이었고, 어둠을 빛으로 바꿔놓는 빛의 여신이었다.

밧세바를 아내로 둔 다윗에게도 박수를 보내고 싶다. 밧세바와의 사이에서 이어지는 혈통이 위대한 다윗의 나라를 만들었고, 거기서 우리 주 예수님이 태어나신 것이다. 마태복음 기자는 서두에 이렇게 기록했다.

"보아스는 룻에게서 오벳을 낳고, 오벳은 이새를 낳고, 이새는 다윗 왕을 낳았다. 다윗은 우리아의 아내에게서 솔로몬을 낳았다"

'다윗은 밧세바에게서 솔로몬을 낳았다'라고 하지 않고, '다윗은 우리아의 아내에게서 솔로몬을 낳았다'라고 말한 것을 기억하라. 마태복음 기자가 예수님의 족보에 밧세바라는 이름을 넣기가 다소 민망해한 것을 우리는 짐작할 수 있다. 그리고 밧세바가 원래는 우리아의 아내라는 사실을 분명히 알리고 싶었던 거다. 참으로 유머가 있고, 재치가 있고, 솔직한 성경 아닌가? 이 글을 쓰면서 <주와 같이 길 가는 것>이라는 찬송가(439장) 가사가 문득 떠올랐다. 2절에 이런 가사가 나온다.

어린아이 같은 우리 미련하고 약하나
주의 손에 이끌리어 생명 길로 가겠네
한걸음 한걸음 주 예수와 함께
날마다 날마다 우리 걸어가리

정말 그렇다! 날마다 예수님과 함께 걸어가지 않으면 우리도 다윗처럼 어느 날 갑자기 천 길 낭떠러지로 굴러떨어질 수 있다. 살면서 우리가 받은 복은 어쩌면 다윗보다 크다. 날마다 주께서 내게 주신 받은 복을 세면서 유혹 많은 세상을 이기며 믿음으로 승리하자. 할렐루야!

♥ 나눔

1. 당신도 사회에서 잘나갔을 때 혹 '밧세바 신드롬' 충동을 느낀 일이 있었는지 조심스럽게 물어도 되겠지요?

2. 남성의 절반 이상은 이성을 몰래 엿보는 관음적 성향이 있다고 합니다. 이게 발전하면 관음증 환자가 된다죠? '바늘 도둑이 소도둑 된다'는 속담처럼 관음성은 처음부터 경계할 필요가 있다고 보는데, 이에 대해 어떻게 생각하는지요?

3. 버젓이 남편이 있는 밧세바를 밤중에 침실로 부른 다윗의 행위는 지탄받아 마땅합니다. 이것을 포함해 다윗이 계속해서 잘못한 행위는 무엇입니까?

4. 당신이 밧세바라면 다윗 왕의 부름에 어떻게 대응했을까요?

5. 다윗은 밧세바를 진심으로 사랑했던 것 같습니다. 밧세바도 그런 다윗을 사랑했을까요?

6. 다윗과 밧세바 사이에 낳은 솔로몬을 왕위에 오르고 하고, 다윗 왕권을 지속하게 한 하나님의 '행위'는 일면 이해할 수 없습니다. 당신은 어떻게 생각하십니까?

7. 다윗의 위대한 점은 무엇이라고 생각하십니까? 그는 끔찍한 죄를 지었는데도, 왜 하나님은 그런 사람을 사용하시고 그의 혈통에서 우리 주 예수님을 태어나게 하셨을까요?

07

아하수에로 왕과 아름다운 두 왕비

_운명이 엇갈린 와스디와 에스더

정경 에스더서

에스더서는 개신교에서는 역사서로 분류하고 있지만, 히브리 성경에서는 성문서에 들어가 있는 책이다. 유대교에서는 에스더를 룻기, 아가, 전도서, 애가와 함께 '오축'(다섯 개의 두루마리)이라 부르고, 유대인들은 해마다 부림절(9월 14-15일)이 되면 두루마리에 적힌 글을 낭독한다.

에스더서는 우리 한국인에게 꽤 인기가 있는 책이다. 특히 여성 그리스도인들에게는. 좀 규모 있는 교회치고 '에스더'란 이름의 여전도회나 성가대가 없는 경우란 드물다. 예를 들면 '에스더 전도회'니 '에스더 성가대'니 같은. 한국교회의 여성 성도들에게 에스더서가 이렇게 인기가 있는 것은, 이 책의 탄탄한 스토리라인이 한 편의 연극처럼 흥미진진한 이유도 있지만, 주인공인 에스더가 신앙의 모범을 보여주는 데다 아름다운 용모를 지닌 왕후(queen)이기 때문이리라.

하지만 에스더서가 정경으로 들어오기까지 속사정을 안다면 독자들은 약간 실망할 수도 있다. 에스더서는 아가서와 에스겔서와 함께 끊임없이 논란을 불러일으켰다. 구약 39권이 정경으로 확립되었을 때는 얌니야 회의가 열렸던 주후 90년의 일이었다. 주후 90년이라면 로마군이 예루살렘을 완전히 함락하고 성전을 파괴한 때로부터 20년이 지난 뒤다. 에스더서는 얌니야 회의에서도 정경으로 확실하게 채택되지 않았다고 한다.

2세기 후반 사르디스(사데)의 감독이었던 멜리토는 히브리 구약성경의 목록을 제시했는데, 당시 멜리토는 에스더서를 정경에서 제외하고 그 대신 지혜서를 넣었다. 에스더서가 정경에 포함된 시기를 주후 2-3세기까지 늦춰 잡는 학자들도 있다. 분명하게 말할 수 있는 것은, 제롬이 라틴어로 번역한 불가타 성경(주후 4세기 말)에 에스더서를 넣고, 카르타고 공의회(주후 397년)에서 에스더서를 정경으로 확정함으로써 에스더서는 비로소 명실상부한 기독교의 정경으로 확고히 자리 잡게 되었다는 사실이다.

에스더서가 정경으로 편입하는 데 가장 애로가 많았던 이유는 그 안에 '하나님'이란 표현이 단 한 번도 나타나지 않는 데다, 내용 또한 전통 기독교와는 달리 이방적인 색채가 짙게 배어 있기 때문이다. 그래서 그런지, 쿰란 문서(1947년에서 1956년경까지 사해 서쪽 와디 쿰란 주변과 11개의 동굴에서 발견된 히브리 성경 사본_편집자 주)에도 유독 에스더서만 빠져 있다.

종교개혁가인 마틴 루터는 에스더서가 지나치게 유대교적이고 이방의 부적절한 내용들로 가득 찬 책이라며 에스더서에 강한 거부감을 나타냈다. 어떤 비평가는 에스더서에 등장하는 인물들은 전혀 존경받을 만한 인물들이 못 된다며 이 책의 도덕적 기준을 외경보다 낮다고 폄하했다.

이란 파르스주 페르세폴리스에서 13km 떨어진 네크로폴리스 고대 유적지에 있는 페르시아 왕들의 4개 무덤. 왼쪽에서 오른쪽으로 다리오 2세, 아르타크세르크세스 2세, 다리오 1세, 크세르크세스(아하수에로) 1세.

그런데도 에스더서의 인기는 사그라들지 않는다. 영적 매력과 반전이라는 극적 요소가 있기 때문이다. 사실, 은혜는 반전이다. 에스더서에는 '하나님'이란 단어와 하나님의 활동이 직접적으로 언급되어 있지 않지만, 언약 백성을 보호하시고 번성케 하시려는 하나님의 은혜로운 통치가 면면히 흐르고 있다. 이 책에는 하나님의 구원 활동과 하나님 나라를 대적하는 세상 나라는 몰락하고 궁극적으로 하나님 나라의 백성은 승리한다는 종말론적 소망이 담겨 있다.

저 옛날 페르시아 제국의 통치 아래 살아가는 하나님 나라의 백성처럼, 오늘날 신약시대의 그리스도인들도 세상 나라 한복판에서 힘겹게 살아가고 있다. 에스더서는 아무리 절망적인 상황에 있더라도 하나님을 신뢰하며 믿음 위에 서 있던 에스더와 모르드개처럼, 이 땅의 그리스도인도 신실하신 하나님의 보호와 섭리를 기대하며 굳건하게 믿음을 지키며 살아야 한다는 것을 새삼 일깨워준다.

에스더 이야기의 역사적 진실

에스더서는 하나님이 에스더 왕후를 통해 유대인들을 구원한다는 이야기가 박진감 있게 소개되고 있다. 유대인들은 이 민족적인 구원과 해방 사건을 수전절과 더불어 유대인의 민족 절기인 부림절로 지정해 오늘날까지 대대로 기념하고 있다.

에스더 이야기의 배경은 독특하다. 사건이 일어난 장소는 이스라엘이 아니고 페르시아의 수산 궁이다. 이 사건은 페르시아의 다섯 번째 왕인 아하수에로 왕이 제국을 다스렸을 때인 주전 480년 무렵 일어난 일이다(아하수에로 왕은 주전 486년에 왕위에 올라 21년 동안 페르시아 제국을 통치하고 465년에 사망했다).

그런데 에스더 이야기가 역사적 사실인지는 논란이 있다. 우선 먼저 일반사에는 '와스디'와 '에스더'(혹은 에스델)라는 이름이 일절 나오지 않는다는 점이다. 모르드개도 역사적으로 실재한 인물인지 불분명하다. 왕후와 총리대신쯤 된다면, 더더군다나 아하수에로 왕 치세 때 유대인들을 몰살시키려 했던 총리대신을 포함한 페르시아인 칠만 오천 명을 학살했다는 엄청난 사건이 있었다면, 어떤 형태로든 역사적인 기록이나 유물이 있을 법도 한데, 여태까지 세 사람의 고고학적, 문헌학적 자료는 발견되지 않았다.

'역사학의 아버지'라 불리는 그리스 역사가 헤로도토스(주전 484~425)가 비교적 객관적으로 쓴 《역사》(헤로도토스가 주전 490년부터 479년까지 벌어진 그리스-페르시아 간 전쟁을 기술한 역사책. 주전 440년에 저술했으며 모두 9권으로 이루어져 있음_편집자 주)에도 세 사람과 페르시아인 학살에 관한 언급이 없다.

그다음에 문제시되는 것은 아하수에로 왕이 에스더의 진짜 남편인가 하는 의문이다. 에스더서의 배경은 일반사에서 크세르크세스 대제 때 일어난 것으로 보인다. '크세르크세스'라는 이름은 고대 페르시아의 왕위를 그리스어로 음역한 것으로, '영웅들의 지배자'라는 뜻이다. 그런데 아하수에로 왕과 크세르크세스 왕이 동일 인물인가 하는 데는 논란이 있다.

크세르크세스 1세는 다리오 1세와 키루스 2세(아케메네스 왕조의 실질적인 창건자로, 성경에서는 '고레스'로 나옴_편집자 주)의 딸 아토사 사이에서 태어났다. 그는 주전 486년 10월 다리오 1세가 죽자 그의 뒤를 이어 33세의 나이에 즉위했다.

일반사에 나오는 크세르크세스 1세의 아내는 아메스트리스(Amestris)다. 아메스트리스가 남편인 크세르크세스 왕과 부부 사이가 좋지 않았다거나 왕후 자리에서 쫓겨났다는 기록은 일반사에서는 찾아볼 수 없다. 그녀는 크세르크세스와 사이에 낳은 아들 아르타크세르크세스 1세(성경에는 '아닥사스다'로 나온다_편집자 주)가 왕위에 올라 제국을 통치하였을 때에도 영향력을 행사했던 것으로 알려져 있다.

아하수에로 왕은 그리스와의 전쟁에 패한 후 수산 궁으로 돌아와 궁녀들에게 위로를 받으려 했을 수도 있다. 에스더가 다른 궁녀들과 함께 왕궁에 인도되어 왕 앞에 처음으로 나갔다는 성경의 기록은 이때였을 것이다. 눈부시게 아름다웠던 에스더는 금방 왕의 눈에 띄어 은총을 입고 얼마 안 있어 왕후로 책봉되었다. 아마도 그때는 와스디 왕후가 왕후 자리에서 쫓겨난 지 4년쯤 후였을 것이다.

하지만 일반사에서는 아하수에로 왕이 왕후를 폐위했다는 기록은 없다. 조로아스터교 신자로 알려진 아메스트리스 왕후는 남편인 아하수에로 왕이 죽은 후에도 상당 기간 더 살면서 자신이 낳은 아들인 아르타크세르크세스 왕의 치세를 볼 수 있었다. 우리나라 조선조로 말하자면 아메스트리스는 '대비'(大妃)였던 셈이다. 그녀는 위엄이 있었고, 자기를 거스르는 사람들에게 냉혹하게 대했다고 한다.

그다음으로, 에스더서의 역사성에 의문이 더해지는 건 부림절의 배경을 이루는 장소가 수산 궁이었다고 하는 에스더서 저자의 증언이다. 에스더서에 따르면, 아하수에로 왕은 주전

486년 수산 궁에서 즉위하고, 재위 제3년에 모든 지방관리와 신하들을 불러 모아 180일 동안 대대적인 잔치를 열었다고 한다.

이 연회의 목적은 그리스 원정을 대비하기 위해 만조백관의 뜻을 한데 모으고 충성 서약을 받아내는 한편, 전쟁 물자를 조달하기 위한 모임이었을 것이다.

그렇다면 잔치가 베풀어진 해는 주전 484년이었고, 전국 각처에 아리따운 처녀들을 궁녀로 모집한 해는 그리스-페르시아 전쟁이 종료된 주전 479년, 에스더가 왕후로 책봉된 해는 다음해인 주전 478년에 있었을 것이다. 에스더서는 "아하수에로 왕이 즉위한 지 7년이 되던 해인 시월 데벳월에 에스더가 입궁하여 왕을 알현하니 왕이 그녀의 머리에 관을 씌우고 왕후로 삼았다"고 전한다.

크세르크세스는 선왕(다리오 1세)이 못다 이룬 그리스 정복을 위해 주전 484년부터 481년까지 3년 동안 전쟁을 준비했다. 고대 그리스 역사가 헤로도토스에 따르면, 이때 동원된 병력이 무려 170만 명이라고 한다. 하지만 역사학자들은 이 숫자가 과장된 것이라고 말한다. 현대 역사가들은 실제 병력이 약 30만 명이라고 추산한다.

거대한 선단에 오른 크세르크세스의 페르시아군과 소수 정예의 그리스군은 테르모필레의 협곡에서 최초로 전투가 벌어졌다. 이 전투는 할리우드의 스케일이 큰 영화 <300>에

나온다. 영화는 스파르타의 정예병 300이 100만 명의 페르시아군을 상대로 격렬히 싸우다 모두 전사하는 감동적인 일화를 다루고 있다.

페르시아군은 아테네까지 치고 들어갔으나, 살라미스 해전(주전 480년)에서 참패해 페르시아의 수사까지 후퇴했다. 페르시아군은 이듬해 플라타이아이 전투에서도 그리스 연합군에 패해 그리스-페르시아 전쟁은 주전 479년에 끝났다.

이후 크세르크세스의 페르시아 제국은 국력이 크게 약화되었다. 크세르크세스는 페르세폴리스에 궁전을 세우고 거대한 보물창고를 만들었다. 크세르크세스는 정사를 게을리하고 향락에 빠져 차츰 민심을 잃어갔다. 주후 465년 크세르크세스의 신하들은 쿠데타를 일으켜 크세르크세스를 왕위에서 끌어내려 처형한 후, 그의 아들 아르타크세르크세스를 페르시아의 제6대 왕으로 옹립했다. 이 왕이 포로민 유대인들을 두 번에 걸쳐 본국으로 귀환하도록 조서를 내린 아닥사스다 1세(주전 464-424)다.

이같이 역사적 자료들은 아하수에로 왕이 그리스와의 전쟁이 끝난 후 페르세폴리스에 궁을 세우고 그곳에 있으면서 제국을 다스렸고 전한다. 이로 미루어 볼 때, 에스더가 말하는 "당시에 아하수에로 왕이 수산 궁에서 즉위했다"는 서술은 위 역사적 서술과는 맞지 않는다. 그렇다면 오히려 성경의 아하수에로 왕은 크세르크세스 대제가 아닌 그의 아버지인 다리오 1세를 지칭할 수도 있다.

수산 궁은 페르시아의 4개 수도 중 하나로, 왕들이 추운 겨울을 나기 위해 사용한 겨울 궁이었다. 에스더서의 배경을 이루는 수산 궁은 아하수에로 왕의 부왕인 다리오 1세가 건축하고 수도로 삼은 곳이다.

수산 궁은 현재의 이란 남서쪽에 있는데, 이곳은 소아시아의 고대 왕국인 리디아의 수도인 사르데스(성경의 사데)로 가는 길과 페르시아의 또 하나의 수도인 페르세폴리스(Persepolis)로 가는 길의 교차로에 위치해 있어, 페르시아 제국의 정치적 중심지로 활용하기에 매우 알맞은 곳이다. 이곳에서 발굴된 다리오 1세 비문에는 궁의 화려하고 웅장한 면모를 엿보게 한다.

한편, 우리 한국인이 볼 때 '아하수에로'와 '크세르크세스'는 전혀 다른 사람인 것처럼 느껴진다. 하지만 어원적으로 두 이름은 같다고 한다. 펜실베이니아 대학의 언어학자인 롤랜드 켄트(Roland G. Kent)는 설형문자 비문을 번역한 전문가로 유명하다.

그는, 크세르크세스가 자신을 '크샤야르샤 크샤야티야'로 지칭한 설형문자를 '크세르크세스 왕'(Xerxes the King)으로 해독했다. 일부 구약학자들은 '아하수에로'라는 이름은 고대 페르시아어의 크샤야르샤(khshayarsha)를 히브리어로 유사하게 기술한 것이라고 주장한다.

에스더서의 아하수에로 왕이 크세르크세스 대제라는 것을 주장한 학자는 네덜란드의 조셉 스칼리거(Joseph Scaliger, 1540-1609)였다. 하지만 아일랜드의 대주교 제임스 어셔(James Ussher, 1581-1656)는 아하수에로 왕이 크세르크세스 대제의 아버지인 다리오 1세(주전 522-486)라는 견해를 제시했다.

에스더서의 역사성에 또 하나 의문점은 모르드개의 나이와 관련되어 있다. 에스더서에 따르면, 모르드개는 에스더의 사촌 오빠였다. 에스더의 아버지 아비하일은 그의 삼촌이었다. 에스더는 페르시아에서 부모를 여의고 혼자가 된 여자아이였던 것으로 보인다. 그런 에스더를 양아버지처럼 키워준 고마운 사람이 모르드개였다.

그렇다면 모르드개는 말이 사촌오빠이지, 에스더와 나이가 상당히 차이가 있었던 것으로 보인다. '에스더'(에스테르)는 페르시아어 이름인데, '별'이라는 뜻을 지닌다. 에스더의 히브리식 이름은 '하닷샤'로, '도금양나무'라는 뜻이다.

에스더의 돌아가신 아버지 아비하일과 모르드개는 유다 왕국이 느부갓네살 왕의 바벨론 군대에 멸망했을 때 유다 왕 여고냐(여호와긴)와 함께 바벨론에 포로로 잡혀 왔던, 이른바 포로민이다. 유다 왕국이 신바벨론 제국에게 멸망한 때는 아하수에로 왕이 즉위한 해인 주전 486년보다 정확히 100년 전인 주전 586년이었다. 여고냐가 바벨론에 포로로 잡혀갔던 해는 주전 597년이었다. 그러니까 모르드개와 에스더의 부모는 유다 왕국이 완전히 멸망한 해보다 11년 먼저 바벨론에 포로로 잡혀갔던 것이다. 에스더서의 정황으로 미루어볼 때 모르드개가 일약 페르시아의 총리대신으로 발탁된 해는 주전 478년 전후였을 것이다.

그렇다면 이때 모르드개가 바벨론에 포로로 있던 햇수는 어림잡아 110년이나 된다. 모르드개가 바벨론에 포로로 잡혀 왔을 때 나이가 10년이었다고 치자. 그렇다면 모르드개는 무려 120세 나이에 총리대신의 지위에 올랐다는 얘기가 된다. 에스더서에 따르면, 모르드개는 총리로 있으면서 뛰어난 정치적 수완을 보였고 유대인들을 편하게 살도록 돌보았다. 이로 미루어본다면 모르드개는 거의 130세까지 살았다는 셈이 된다.

모르드개의 나이가 그러하다면 그와 사촌지간인 에스더가 왕후로 간택되었을 때의 나이는 사촌오빠인 모르드개와 나이 차가 50살이 된다고 하더라도 70세 할머니가 되고 만다. 얼마나 망측한 일이랴! 상식적으로 있을 수 없는 일이다. 에스더가 빼어나게 아름다운 용모로 왕의 마음을 샀다면, 여성의 아름다움이 가장 절정인 20세 안팎이었을 것이다.

바로 이런 점 때문에 에스더서가 역사적 사실이라면 에스더의 남편은 아하수에로 왕이 아니라 아하수에로의 아버지인 저 유명한 성군 다리오 1세(주전 522-486)가 아닌가 하는 추측들을 자아내게 한다. 이런 추측이 그럴듯한 이유로는, 다리오 1세가 왕비로 맞아들인 아토사(고레스 왕의 딸)를 다리오 1세는 정략적으로 결혼한 배우자로만 여겼지, 그녀를 사랑하지 않았다는 것이다. 이것은 아토사를 와스디와 동일시하게 만든다.

다리오 1세가 에스더의 남편이었을지도 모른다는 또 하나의 설득력 있는 자료는 수산 궁의 주인이 다리오 1세라는 사실이다. 에스드라서 1서에 따르면, 다리오 1세는 수산 궁에서 이집트와 에티오피아까지 이르는 전국 127개 지방을 통치한 왕이었다. 고고학자들에 의해 계속해서 발굴되는 수산 궁의 유적과 우물들은 수산 궁의 화려함과 웅장함을 익히 알게 해준다.

마지막으로, 에스더서의 역사적 사실을 거부하게 하는 게 있다. 그건 다름 아닌 끔찍한 대량 학살이다. 에스더서는 총리대신 하만과 그 일파가 페르시아의 유대인들을 모두 죽이려 했다고 보고한다. 그 계획은 수포로 돌아갔다. 하만의 음모를 알아챈 유대인 출신 왕비 에스더와 그녀의 사촌 오빠인 모르드개의 활약 때문이다. 두 사람은 기지를 발휘해 하만을 물리치고 유대인들을 구해낸다. 물론 그 이면에는 언약 백성을 보호하시고 복을 주시려는 하나님의 활동이 있지만.

문제는 엄청나게 많은 사람들이 학살당했다는 사실이다. 에스더서에 따르면, 모르드개를 죽이려는 높은 장대에 도리어 매달려 처형당한 사람은 하만과 그의 열 명의 아들들이다. 그와 함께 7만5천 명이나 되는 아주 많은 사람이 도륙을 당했다고 한다. 아무리 절대 군주가 폭압적으로 다스리는 전제군주 체제라 하더라도, 상식적으로 있을 수 없는 일이다. 북한의 최고 지도자인 김정은이 그 시대에 있었더라도 엄두도 못 낼 일이다. 왕의 조서 한 장에 맥없이 죽어 나빠지는 참사를 페르시아 민족이 눈만 뜨고 방관할 수 있겠는가. 부림절을 기리는 유대인들은 좋아할지 몰라도 인류애를 가진 사람이라면 좀처럼 납득하기 힘들다.

위와 같이 에스더서가 역사적 사실인지 인정하기에는 얼른 동의하기 어려운 몇 가지 이유가 있다. 그런데도 에스더서가 역사적 사실을 다루지 않은 소설과 같은 책이라고 해서 이 책을 외면한다는 것도 또한 망설여지는 게 솔직한 심정이다. 왜냐하면, 이 책은 허구라고 일축하기에는 너무나 생생한 현실적인 내용들로 가득 차서, 읽는 사람의 가슴에 와닿기 때문이다. 거기에 거부할 수 없는 은혜의 요소들로 범벅이 돼, 마치 우리는 역사의 현장에서 하나님의 구원 사건을 직접적으로 보는 듯한 착각에 빠져들기 때문이다.

그러기에, 에스더의 역사적 문제에 논의를 집중하는 건 부질없는 일이다. 자료들을 있는 대로 뒤져 고개를 갸우뚱해 본들 마음은 더욱 뒤숭숭해지고 은혜는 날아가버린다.

에스더의 독자는 이 책이 역사적 사실이냐 아니냐 하는 문제에 골몰하지 말고, 이 책에서 나를 향하신 하나님의 뜻을 발견하는 데 우선적인 관심을 기울여야 한다. "죽으면 죽으리라"는 에스더의 신앙의 결기와 맑고 순수한 영혼에서 나오는 우아한 언행은 우리들 신앙인이 두고두고 본받아야 할 품격이라고 생각한다.

우리가 열심히 이 땅에서 믿음으로 살다가 죽어, 훗날 천국에 들어가면 꿈에서도 만나고 싶은 에스더다. 에스더가 미소를 지으며 우릴 반갑게 맞이해주는 걸 상상만 해도 은혜가 족하다.

'아아, 에스더여! 잘 지내고 있나요? 그대와 같은 믿음을 본받고 싶다오!'

아하수에로의 첫 번째 왕비, 와스디

에스더 이야기는 '잔치'로 시작한다. 잔치는 에스더서를 이끌어가는 동력이다. 에스더서의 잔치는 연극의 막과 같은 역할을 한다. 아하수에로가 제국의 방백들과 신하들에게 베푸는 잔치로 시작해 유대 민족의 부림절 잔치로 끝난다.

잔치는 모티브(동기)를 부여하고, 후에 일어날 일을 암시하는 복선을 깔아 주며, 사건을 일으키는 전기가 되게 한다. 그것은 또한 하나님의 백성에게는 기쁨과 승리의 축제가 되게 하지만, 하나님을 거역하고 그의 백성을 멸시하고 학대하는 자에게는 조롱과 죽음의 축제가 되게 한다. 잔치의 자리에는 하나님이 참석하지 않으시지만, 마치 하나님이 잔치의 주인으로서 그곳에 계시는 것같이 은혜의 손길이 스며 있다.

첫 번째 잔치는 페르시아 제국의 수도인 수산의 호화로운 궁전에서 벌어지는 거창한 국가적 잔치다. 이 잔치는 제국의 위엄과 부를 과시하기 위해 마련한 것이다. 그뿐 아니라, 이 잔치는 아마도 그리스와의 큰 전쟁을 앞두고 국론을 한데 모으고, 방백과 장군들과 조정 대신들의 충성을 다짐받으며, 전쟁 물자를 조달하고 비축하기 위해 마련되었던 것 같다.

에스더서는 이 축제가 벌어진 때가 "아하수에로 왕이 왕위에 있는 지 제3년"이라고 했다. 아하수에로 왕은 주전 486년에 즉위했으므로, 그렇다면 이 성대한 잔치는 주전 483년에 있었던 일이다.

그리고 두 번째 잔치는 무려 180일 동안 거행된 이 대대적인 잔치가 끝난 직후 제국의 수도인 수산 안에 사는 전 시민을 위해 왕궁 뜰에서 7일 동안 진행되었다.

세 번째 잔치는 와스디 왕후가 왕궁에서 여성들에게 베푼 것이다. 이 잔치는 두 번째 잔치와 동시에 베풀어졌다. 그런데 두 번째 잔치 마지막 날 사건이 터졌다. 잔치가 무르익어 만조백관이 다투어 왕의 치세를 칭송하고 아첨성 발언을 했을 때, 왕은 기분이 좋아 거나하게 취한 상태였다. 그런데 왕이 별난 짓을 했다. 내시들을 불러 왕후를 잔치 자리에 나오게 해, 그 아리따운 용모를 신하들과 만백성에게 보이라고 전했다. 이건 전갈이 아니라 명령이었다.

그런데 왕후는 왕명을 거부하고 끝내 모습을 나타내지 않았다. 신하들 앞에서 왕의 체면이 구겨진 건 불을 보듯 뻔한 노릇이었다. 에스더서는 화가 머리끝까지 치민 아하수에로 왕의 모습을 이렇게 전한다.

"왕이 진노하여 마음속이 불 붙는 듯하였다."

왕의 얼굴이 시뻘게지며 화를 못참겠다는 듯 몸을 부르르 떨었다. 신하들이 눈치를 보며 왕의 기색을 살폈다. 즐거웠던 장내 분위기가 일순 가라앉으며 무거운 침묵이 흘렀다.

우리는 왕후 와스디가 왜 왕의 명령을 받들지 않았는지 그 이유를 정확히 알 수 없다. 흥미로운 것은 와스디 스스로 왕명을 거부한 이유에 대해 침묵하고 있다. 추측하건대, 그 이유를 대라면 평소 남편과의 사이가 좋지 않을 수도 있고, 왕후의 성격이 여간 아니었을 수도 있다. 우리 조선사에서도 성깔이 있다는 장희빈이 숙종의 눈에 손톱자국을 냈다지 않나? 장희빈은 결국 이 일이 빌미가 되어 사약을 받았다.

아무튼 아름다운 와스디가 왜 왕의 명령을 따르지 않았는지 입담가들은 이런저런 이유를 들지만, 그 어느 것도 설득력이 부족하다. 절대적인 왕의 명령을 왕후라고 해서 거부한다는 건 상식적으로 있을 수 없기 때문이다.

그래서 가장 그럴듯한 이유가 제시되었는데, 그건 다름 아니라 왕이 왕후에게 잔치 자리에 나오라고 한 것은 천하제일의 아름다운 자태를 지닌 왕후를 신하들과 백성에게 뽐내며 보이고 싶은 충동도 있었겠지만, 그보다는 왕이 거의 전라(全裸)의 왕비를 사람들에게 공개적으로 보여주고 싶었기 때문이었다고 한다. 일설에 의하면, 이러한 장면은 고대 페르시아에서는 악습이 아니라, 왕후로서는 반드시 거쳐야 하는 일종의 통과의례였다고 한다.

유대교 문헌의 하나인 미드라쉬에 따르면, 와스디는 바벨론 제국의 실질적인 마지막 왕인 벨사살의 딸이었다고 한다. 그렇다면 와스디는 바벨론의 강력한 군주인 느부갓네살 왕의 손녀가 되는 셈이다. 미드라쉬는 와스디에 대해 긍정적이지 않다. 와스디를 고집스럽고 자만심 많은 여성이라며 나쁜 평가를 내리고 있다. 더욱이 그녀는 '하늘 같은' 남편에게 불순종한 여성이었다고 매도한다.

성경을 남성의 관점에서 본다면 와스디는 좋은 평가를 받을 수 없다. 하지만 여성의 입장에서 보면, 와스디는 허세를 부리는 남편에게 휘둘리지 않고 자존감과 용기로 독자적인 여성성을 지켜낸 여성들의 영웅이다. 그녀는 자신의 일을 스스로 인식하고 결정함으로써 성숙하고 당당한 여성의 모델을 보여주었다는 점에서 모든 여성이 본받아야 할 모델이라는 것이다. 그렇다면 그녀야말로 최초의 여성 인권운동가라는 것이다.

와스디에 대한 이런 평가는 기존의 고정관념을 뒤엎는 반전이어서 곁귀로 흘려들으면 안 되는 뭔가가 있다. 성경을 주의 깊게 읽는 사람이라면 왕후 와스디의 잔치 배설 기사는 읽자마자 낌새가 이상하다는 걸 눈치챌 수 있다. 그녀는 남편인 왕이 수많은 사람을 상대로 잔치를 베풀었을 때, 여자들과 따로 자기만의 잔치를 베풀었다. 그러기에 남편인 왕이 자기가 배설한 잔치를 소중히 여기는 만큼 와스디도 자기가 배설한 잔치를 소중히 여겼다. 남편이 자기 잔치의 주인인 것같이 와스디 또한 자기 잔치의 주인이라고 생각했다.

더욱이, 왕이 아내의 벗은 몸을 보여주려고 왕후를 불렀다면 아무리 왕이라 하더라도 그런 지나친 요구를 거절해야 마땅하지 않은가. 그것은 왕의 체통을 스스로 깎아내리는 처사일 뿐 아니라, 자신을 바라보는 모든 여성에게 나쁜 선례를 남기는 일이 될 것이다.

어떤 학자는 와스디의 용기와 결단은 에스더의 용기와 결단을 능가하는 것이라고 본다. 이것은 '와스디는 나쁘고 에스더는 좋다'는 뭇 남성들의 고정관념을 뒤엎는 것이다. 에스더는 남편에게 순종적이고 수동적인 아내인 반면, 와스디는 개성적이고 능동적인 아내라는 거다. 이 말을 곧이곧대로 풀이하면 에스더는 가부장적인 유교 문화에 타성적으로 길들여진 타율적인 구식 여성인 반면, 와스디는 현대 문화에 익숙한 자율적이고 독립적인 여성이라는 거다. 흥미롭지 않은가.

왕후가 왕의 명령에 불응해 끝내 잔치에 참석하지 않자 왕은 화가 나서 얼굴이 일그러졌다. 왕의 얼굴에서 분노의 빛을 읽어낸 눈치 빠른 신하들은 이때다 싶어 왕을 부추겼다. 권력을 틀어쥐고 있는 그들은 법도와 법률에 밝은 자들로서(예컨대 조선조의 송시열 같은 사람들이다) 왕비와 평소 대립각을 세우는 자들이었을 수도 있고, '모든 것을 법대로' 해야만 직성이 풀리는 법치주의자들이었다. 그들은 가부장적 질서가 모든 질서 수립의 기초가 되는 양, 법과 도덕은 오로지 그 질서를 중심으로 운용돼야 한다고 보는 사람들이다.

그중 므무간이라는 대신은 법도에 가장 밝은 달변가였다. 므무간은 왕후의 행동은 절대지존인 왕의 권위를 능멸했을 뿐 아니라 나라의 온 백성, 특히 제국 내 남편들에게 매우 나쁜 선례를 보인 처사라면서, 이번 기회에 과감하게 왕후를 폐위해 법의 지엄함과 왕의 지엄함을 만천하에 공표하도록 건의했다.

이런 건의를 탄원이라고 하는데, 잘못하다가는 상황이 엉뚱하게 꼬이게 되면 탄원한 사람이 죄를 뒤집어쓸 수 있다. 송시열은 희빈 장씨(장희빈. 본명은 장옥정_편집자 주)의 소생인 원자의 세자 책봉이 시기상조라며 상소하였다가 숙종에게 미움을 받아 제주도에 유배되었다. 얼마 후, 그는 서울로 압송되어 오던 중 전라북도 정읍에서 사약을 받아 숨졌다(숙종 15년인 689년).

사회생활에서 '법대로'는 인간관계의 단절을 의미한다. 서로 화해할 여지를 남겨두지 않고 원수같이 살자는 거다. 부부관계에서 '법대로'는 파탄을 의미하고, 결혼 때의 초심을 저버리고 서로 남처럼 살자는 거다. 어떤 학자는 므무간의 이러한 주장을 과도하게 해석한다. 에스더서는 그 당시 전통적인 성 역할에 대한 사회 일각의 움직임을 선제적으로 잠재우기 위해 저술된 책이란다. 이런 식의 '아니면 말고'는 곤란한 주장이다. 말인들 무슨 말을 못 할까.

암튼 아하수에로 왕은 므무간의 간언을 받아들였다. 그러고는 조서를 내려 왕후를 폐위했다. "모든 여성은 귀천을 막론하고 그들의 남편을 존경해야 하며, 남편이 자기 집을 주관하여야 하며, 남편이 쓰는 말이 그 가정에서 쓰는 일상의 언어가 되어야 한다."라는 조서와 함께.

이렇게 와스디는 고귀한 왕후의 자리에서 쫓겨나고 말았다. 어찌 보면 별것도 아닌 일이 괘씸죄로 단단히 걸려들어 돌이킬 수 없는 봉변을 당하고 만 것이다. 여기서 우리는 귀가 얇고 우유부단한 남자를 발견한다. 아니, 아내에 대한 사랑이 메마른 남편을 발견한다. 제아무리 지존한 왕이라 하더라도 아내를 배우자로 둔 어엿한 남편이다. 아하수에로는 와스디를 아내로 맞이해 평생을 함께 살기로 약속한 남편이다. 그런 사람이 자기 성깔에 못 이겨 가정을 파괴하다니, 그게 말이나 될 법한 일인가? 그런 면에서 나는 아하수에로가 전국 127도를 주무르는 절대권력을 손에 거머쥔 왕이었어도 천하에 못 돼먹은 놈팡이였다고 생각하고, 지금 내 옆에 있다면 한 대 쥐어박고 싶은 심정이다.

에스더서에는 왕후 와스디가 폐위된 것으로만 나오는데, 신일숙 만화가의 장편 연재만화인《아르미안의 네 딸들》에서는 폐위된 후 처형당한 것으로 나온다. 『아르미안의 네 딸들』은 1986년 연재가 시작되면서 만화 애호가들한테 선풍적인 인기를 끌었다.

만화에서는 아르미안 왕국의 네 왕녀들은 하나같이 아름다웠는데, 그중 가장 빼어나게 아름다운 왕녀는 둘째인 와스디 스와르다였다. 스와르다는 아름다웠을 뿐만 아니라, 우아함과 기품을 갖춘 세계제일의 미녀였다고 한다. 왕위 계승 다툼에서 밀린 와스디 스와르다는 첫째 언니의 계략으로 아케메네스 왕조 페르시아의 크세르크세스 왕과 결혼하게 된다.

와스디 스와르다는 대제국의 왕후였지만 결코 행복하지 못했다. 크세르크세스 왕과 결혼하기 전 이미 마음을 주었던 페르시아 출신의 기품 있는 귀족을 잊지 못하고 연모했기 때문이었다. 이로 인해 크세르크세스 왕은 점점 상처가

깊어졌고, 날마다 슬픔과 질투로 괴로워한다. 급기야 스와르다에 대한 그의 사랑은 증오로 바뀌었다.

어느 날 연회가 베풀어졌다. 왕은 아름다운 왕후를 신하들에게 자랑하고 싶어 연회에 나와 춤을 추라고 명했다. 하지만 스와르다는 왕의 명령이 예법에 어긋난다며 명령을 따르지 않았다. 이 일로 그녀는 처형당했다. 이렇게 스와르다는 '슬픈 영광의 여인'이었다. 만화 속에 나오는 와스디 스와르다는 에스더서의 와스디를 차용한 것이다.

에스더서의 와스디와 아하수에로 부부는 사랑과 증오의 감정이 운명의 장난질로 어떤 파국을 맞이하는지를 잘 보여주고 있다. 고귀하고 도도한 와스디는 그래서 에스더서의 독자를 슬프게 한다.

하지만 우리는 아름다운 와스디에게 지나친 동정심을 보여주어서는 안 된다. 그녀가 왕후의 자리에서 물러나지 않았더라면 에스더가 역사의 무대에 등장하지 않았을지도 모를 일이기 때문이다. 믿음의 시각으로 와스디의 폐위 사건은 언약 백성을 보호하시고 인도하시기 위해 하나님께서 하신 일이라고 마음 편히 받아들이자. 하나님께서 에스더를 쓰시려고 와스디를 왕후의 자리에서 끌어내셨다!

아하수에로 왕의 두 번째 왕비, 에스더

와스디가 폐위되었다는 건 그녀가 왕후의 자리에서 물러나, 사가(私家)로 쫓겨나 폐서인으로 살게 되었다는 것을 의미한다. 폐위된 후에도 왕궁에서 살게 된다면 복잡미묘한 권력암투의 궁궐에서 어떤 일이 일어날지 알 수 없기 때문이다. 우리나라 조선조에서도 왕비들이 폐서인한 예는 꽤 많다. 단종을 낳았던 문종의 왕비 현덕왕후 권 씨는 조선조에서 맨 처음으로 폐비가 되었다. 단종의 왕비인 정순왕후 송 씨도 단종이 노산군으로 강등되면서 덩달아 폐위되었다. 그 뒤로도 권력다툼에 희생되어 폐위된 왕비들은 즐비하다. 숙종의 1계비인 인현왕후 민 씨는 폐위되었다가 생전에 복위된 유일한 왕비이다.

아하수에로 왕은 와스디를 내쫓고 나서 얼마간 심기가 불편했던 것으로 보인다. 그는 화가 풀린 후에 와스디를 내쳤던 일을 회상했고, 그때마다 그 일이 과했지 않았나 후회하는 모습이었다. 그렇다고 와스디를 환궁시키자니 대신들이 벌떼처럼 일어나 반대할 것은 불을 보듯 뻔하다.

아하수에로 왕이 와스디에 대해 미안한 마음이 들었던 건 아마도 그리스와의 전쟁이 끝난 직후 수산 궁에 틀어박혀 있던 때였던 것 같다. 일반사적으로 말하면, 때는 페르시아군이 살라미스 해전에서 그리스 함대에 패한 데 이어 에게해 일대에서 연합군에게 패함으로써 전쟁이 끝나게 된 주전 478년이었다.

"(아하수에로 왕의) 노가 그치게 되자 과거 행한 일과 조서를 생각하게 되었다"고 에스더서는 말한다. 동서고금을 막론하고 그놈의 '노'(怒)가 문제다. '노'란 '분노'를 말한다. 누구나 마음속에 노를 품고 있지만, 그 노를 아무 때나 아무 데서나 내뿜으면 안 된다. 특히 부부관계나 부자관계에서는 말이다. 부부간에는 실컷 잘하다가도 한순간 분노로 관계를 크게 망칠 수 있다. 그런 사례는 우리 주변에서 비일비재하다. 왕과 왕비라고 해서 크게 다를 게 없다. 그들도 평범한 부부처럼 그저 부부이기 때문이다.

에스더서는 아하수에로 왕이 분을 잘 참지 못하고 신하들의 말에 휘둘리는 소인배 비슷하게 묘사하고 있다. 그렇다고 에스더서의 독자는 아하수에로를 낮게 평가해서는 곤란하다. 에스더서에서 나타나듯 그는 대제국을 통치한 왕이었다. 일반사에서도 그는 아버지 다리오 1세와 함께 페르시아 제국의 전성기를 이끌었던 왕이다. 역사학자들은 그를 크세르크세스 대제(大帝)라고 부른다. '대제'는 '대왕'과 같은 뜻으로, '위대한 왕'이라는 의미를 지닌다. '광개토대왕' '세종대왕'과 같이 위대한 왕 말이다.

아하수에로 왕은 '관용'과 '포용'을 치세의 으뜸 덕목으로 삼은 부왕인 다리오 1세를 본받고자 했다. 그는 이집트 내 반란세력을 진압하고 선왕들이 정복했던 광활한 땅들을 통치하기 위해 강력한 군주가 되어야 했다. 그는 강온 양면정책을 구사해 효율적으로 제국을 다스리려고 노력했다. 그는 자신이 통이 크고 멋진 왕이라는 것을 과시하려고 했다. 무엇보다 그는 자신의 관대함을 보여주려고 했다.

아하수에로가 '관대함'에 얼마나 관심을 기울였는지는 영화 <300>에도 잘 나타난다. 그가 말한 "나는 관대하다"라는 말은 이 영화의 가장 인상적인 장면이다.

아하수에로 왕의 성격에 관해서는 고대 그리스 역사에 상당한 식견이 있었던 프랑스 역사학자 구스타프 그로츠(Gustave Glotz, 1862-1935)가 소개한 바 있다. 정리하자면 이렇다.

아하수에로 왕은 똑똑하고 분별력이 있었다. 자신을 반대하는 의견은 신성모독과 같이 귀찮게 여겼고, 쉽게 흥분했다. 때로는 열정에 넘쳐 있었고, 또 때로는 나태함에 빠져 있었다. 그리스를 침략한 것도 사실은 싫어한 전쟁이었는데 강경한 신하들에게 부추김을 받아 일으켰다고 한다.

아하수에로 왕이 가지고 있던 성격의 이러한 일면은 에스더서에서도 잘 나타난다. 그는 얼큰하게 술에 취한 나머지 수많은 사람이 모인 연회에 아름다운 아내를 보여주려는 치기를 부렸다. 자기 뜻대로 안 되자 흥분해서 왕후를 폐위하고 내쫓아버렸다. 그런가 하면, 귀가 얇아 에스더의 호소에 사리를 깊이 따질 겨를도 없이 자신이 신임하던 총리를 비롯해 자기 백성을 말 한마디로 명령해 7만5천 명이나 죽게 만들었다. 하루아침에 수많은 페르시아 백성을 학살한 사건은 우리들 크리스천이 좋게 봐서 그렇지, 인류애 차원에서 곰곰 생각하면 무고한 생명을 빼앗은 대학살이다.

왕의 심기가 어수선할 때 눈치 빠른 신하들이 나섰다. 세상일이 묘한 건, 이런 사람들이 출셋길이 빠르다는 거다. 그들은 왕에게 전국 각 지방에 있는 관리들에게 명령을 내려 아리따운 처녀들을 물색해 수산 궁으로 모아 후궁으로 들여놓고, 왕의 눈에 그중 제일 아름다운 처녀를 간택해 와스디 대신 왕후로 삼을 것을 주청했다. 왕은 신하들의 주청을 즉각 받아들였다. 그리하여 에스더가 등장하게 된 것이다.

에스더에 대한 정감은 독자 여러분이 필자보다 더 풍부하리라 생각한다. 그만큼 에스더는 남자들의 로망이다. 그것은 우선 에스더의 빼어난 미모 때문일 것이다. 얼마나 미모가 빼어나면 대제국의 왕비로 뽑혔을 것인가! 남자들이 에스더에 대한 호감을 갖고 있는 또 하나의 이유는 에스더의 지혜로움과 덕성 때문 아닌가 싶다. 지덕을 겸비한 여성이 우아한 자태와 교양 있는 음성으로 말한다면 남자치고 반하지 않을 사람은 없다.

<에스더 왕후>, 에드윈 롱(영국 화가, 1829-1891)의 1878년 작품, 캔버스에 유화, 213.5cm×170.3cm, 오스트레일리아 멜버른 국립미술관 소장.

에스더에 대해 남자들이 좋은 인상을 갖고 있는 또 하나의 이유는 그녀가 보통 여자가 아니라 신분이 높은 '귀하신 몸'이기 때문이다. 그녀는 총리대신도 쩔쩔매는 고귀한 왕후였다. 하지만 뭐니 뭐니 해도 에스더가 갖고 있는 최고의 매력은 매우 강렬한 믿음 때문일 것이다. "죽으면 죽으리라"라는 그녀의 단호한 결심 선언은 교회에서 권사로 임직하는 여성이 한 번쯤 기도하고 묵상하는 유명 성경구절이다

수산 궁은 각 지방에서 선발되어 올라온 처녀들로 가득 찼다. 모르긴 몰라도, 그 수는 100명을 훨씬 넘었을 것이다. 에스더도 그 속에 끼여 있었다. 궁녀들은 왕의 눈에 들도록 몸과 마음을 정성껏 가꾸었다. 궁궐에서 쓰는 언어와 예법도 배웠다. 뽑혀 온 궁녀들은 1년 동안 엄격한 교육을 받으면서도 신분 상승을 위해 피곤한 기색도 없이 까다로운 과정을 이수했다.

참으로 묘한 건 눈부신 미인은 미인들 가운데서도 돋보인다는 점이다. 그래서 무리 중에서 걸출한 남자를 '군계일학'(群鷄一鶴)이라 하고, 뛰어난 미인을 '백미'(白眉)라고 하잖나? 에스더는 궁궐에 들어왔을 때보다 훨씬 더 몰라보게 아름다웠다. 그리고 기품과 교양이 온몸에서 철철 흘러넘쳤다.

그런 에스더는 아하수에로 왕의 눈에 금방 띄었다. 와스디가 천하제일의 미인이었다고는 하나, 에스더도 와스디에게 결코 못지않았다. 아하수에로는 에스더를 처음 보는 순간 탄복하고

말았다. 그는 부르지도 않은 와스디 왕후가 앞에 서 있지 않나 자기 눈을 의심할 정도였다. 그는 옆에 있는 신하가 들을 만한 소리로 중얼거렸다.

'아아, 와스디가 세상에서 제일 아름다운 여자라고 생각했는데, 이 여인은 와스디와 또 다른 아름다움과 기품을 지니고 있구나

아하수에로 왕은 모든 후궁 중에서 에스더를 가장 사랑했고, 얼마 후 그녀를 와스디를 대신해 왕후로 삼았다. 왕은 새로운 왕비를 맞이한 것을 기뻐해 잔치를 베풀고 큰 상을 내리고 각 지방의 세금을 면제해 주었다.

그다음 이야기는 독자들도 잘 아리라 믿는다. 총리대신인 하만이 열두째 달인 아달월 십삼일에 유다인들을 남녀노소 할 것 없이 몰살시키고 그들의 재산을 빼앗으려는 조서를 왕에게 받아냈다. 그 조서가 페르시아 제국 127도 각 지방 수령들에게 하달되었다. 모르드개의 목숨도 경각에 달렸다. 하만은 높이가 10미터나 되는 장대를 만들어놓고 모르드개를 매달려 죽일 참이었다.

하지만 대반전이 일어났다! 아하수에로 왕이 자기 민족을 구해달라는 에스더의 소청을 받아들였기 때문이다. 더욱이 에스더의 잔치에 초청을 받은 하만이 왕후를 강간하려 했다는

오해까지 받는 바람에 왕의 분노는 하늘을 찌를 것 같았다. 하만은 자기 집에서 모르드개를 죽이려고 준비해둔 장대에 자기가 매달려 죽는 처형을 받았다. 하만이 유다인들을 죽이려고 했던 그날에 유다인들을 치려던 페르시아 사람들과 그들의 처자들이 도리어 죽임을 당하고, 탈취된 그들의 재산은 유다인들의 몫이 되었다. 열 명의 하만의 아들들도 도륙을 당했다. 왕은 대궐 같은 하만의 집을 에스더에게 주었다. 유다인들은 이 민족적 구원의 날을 절기로 삼아 대대로 지켜왔는데, 그게 곧 부림절이다.

시곗바늘을 며칠 거꾸로 돌려 이 사건을 말해보련다. 유다인들이 몰살을 당할 뻔했던 이 사건의 일등공신은 에스더였다. 하만과 그 일파가 유다인들을 죽이려고 음모를 꾸미고 그 날짜까지 확정해 왕에게 조서까지 받아놓은 마당에, 하필이면 왕은 30일 동안이나 에스더의 침소를 찾지 않았다. 페르시아 왕실 법도에 왕이 부르지 않고서는 왕비가 임의대로 왕 앞에 나오는 게 금지되었다고 한다. 후궁은 물론 왕비까지도 왕이 불러야만 왕 앞에 대령해 배알할 수 있었던 모양이다.

상황은 급박하게 돌아가고 있는데, 왕을 알현하지 못하니 에스더는 얼마나 애를 태웠겠는가. 게다가 하만의 수하들이 에스더의 행동거지를 일일이 파악해 하만과 그의 측근들에게 속속들이 보고했을 게 뻔한 일이고 보면, 에스더가 발 벗고 나서서 사태를 수습하기란 한계가 있었을 것이다. 그런데도 사태는 너무나 심각하게 돌아갔기에, 에스더는 목숨을 내걸고 왕 앞에 나아가 자초지종을 호소하고 막아내야 옳았다. 여기서 우리는 에스더의 성격이 적극적이지 못하다는 걸 느낄 수 있다.

오빠인 모르드개는 조바심이 났다. 그는 사람을 시켜 왕후이자 사촌 동생인 에스더에게 사태의 급박성을 알리고, 그녀가 적극적으로 나서줄 것을 촉구했다. 그제야 에스더는 움직이기 시작했다.

그녀는 즉각 금식에 들어가고, 삼 일 후에 "죽으면 죽으리라" 하는 심정으로 왕의 눈에 띄도록 어전이 있는 왕궁 안뜰에서 서성거렸다. 에스더는 예쁘게 화장을 하고, 화려한 장신구가 달린 의복을 입고, 머리에는 금빛 휘황한 왕후의 관을 쓰고 있었다.

그때 아하수에로 왕의 시선에 뜰에서 조용히 거니는 아름다운 왕비가 들어왔다. 에스더였다. 에스더는 그때 아하수에로 왕의 눈에 에스더는 "매우 사랑스러웠다"고 전한다. 이 또한 하나님께서 에스더를 통해 유다인들을 구원하시려고 섭리하신 거다!

프랑스 화가 펠리스 조세프 바리아스(1822-1907)의 <아하수헤로 왕 앞에 선 에스더>, 1894 작품, 캔버스에 유화, 190.5cm x 119 cm.

에스더서의 세 여성을 통해 보는 부부생활

에스더서에는 세 여성이 활약한다. 대제국을 다스리는 아하수에로의 첫 번째 왕비로 있다가 폐위된 와스디, 와스디 대신 왕후로 책봉되어 동족인 유다인들을 구해낸 에스더 그리고 총리대신인 하만의 아내 세레스. 세 명의 여성 가운데 와스디와 세레스는 비운의 여인이었지만, 에스더는 행운의 여인이었다.

와스디와 에스더 얘기를 하기 전, 하만의 아내 세레스에게 잠시 눈길을 돌려보자. 세레스는 악한으로 등장한 하만의 아내인 데다, 딱 두 번밖에 나오지 않아 에스더서의 독자들은 이 여성에 대한 관심을 자칫 놓치기 쉽다. 세레스는 단역에 불과하지만, 우리는 이 여성을 눈여겨볼 필요가 있다. 필자가 보기에 세레스는 두 가지 측면에서 훌륭한 부인이라 아니할 수 없다.

우선, 세레스는 와스디와 에스더와는 달리 성경에는 용모에 관한 언급이 없다. 와스디와 에스더는 빼어나게 아름다운 여성으로 소개되지만, 세레스는 아리땁다거나 아름답다거나 하는 언급이 없다. 하지만 그녀는 일국의 총리대신의 부인이었으므로 특별히 언급하고 말 것도 없이 아름다운 여자였을 것이다. 내가 말하고 싶은 건, 세레스의 부부생활과 지혜로움이다.

세레스는 아하수에로-와스디 부부와 달리 부부생활이 다정했던 것으로 보인다. 총리대신 하만이 마음이 심란할 때 세레스와 상의하는 장면은 에스더서를 대하는 독자를 어리둥절하게 한다. 세레스는 남편이 코너에 몰려 쩔쩔맬 때마다 남편을 윽박지르거나 신경질을 내지 않고 위로하고 조언한다.

이것은 세레스의 장점이기도 했지만, 하만이 아내에게 고민을 털어놓는 스타일의 남편이었기에 가능했다. 하만이 비록 악한 사람이었음에도 부인에게는 좋은 남편이었던 것 같다. 부부 사이가 좋다면 아이들도 많이 낳는다고 볼 수 있다. 하만과 세레스는 무려 열 명의 아들들을 낳았다.

또 하나 세레스가 가지고 있는 장점은 지혜로움이다. 세레스는 모르드개를 어찌해야 할지 머뭇머뭇하는 남편에게 "높이가 오십 규빗 되는 나무를 세우고 내일 왕에게 모르드개를 그 나무에 매달기를 구하고, 왕과 함께 즐겁게 잔치에 가세요."라고 조언한다. 이 조언은 권력다툼의 성격상 먼저 공격하는 쪽이 유리하다는 걸 잘 알고 있는 말이다. 하만이 처한 상황에서 세레스의 조언은 적절한 것이었다. 하지만 이 조언은 아이러니하게도 사랑하는 남편의 몰락을 재촉하는 것이었다.

세레스의 두 번째 조언은 판세가 이미 남편에게 불리하게 돌아가는 것을 비교적 정확하게 판단한 것을 근거로 하는 것이어서, 이 상황을 객관적으로 간파한 세레스의 총명함이 돋보이게 하는 장면이다. 세레스가 이 조언을 할 때는 지혜로운 자들과 함께 있었다. 그러기에 이 조언은 지혜로운 조언이었다는 것을 방증한다.

하만은 형세가 자기에게 불리하게 돌아가는 걸 깨닫고 황망히 귀가했다. 하만은 자기가 당한 모든 일을 아내와 친구들에게 알려줬다. 그러자 세레스는 "모르드개가 과연 유다 사람의 후손이면(하만은 이스라엘 민족과 앙숙관계인 아각 자손이었다) 당신이 그 앞에서 굴욕을 당하기 시작하였으니 능히 그를 이기지 못하고 분명히 그 앞에 엎드러질 것입니다."라고 고언을 아끼지 않았다.

이 말은 하만이 지금이라도 유다인들을 죽이려던 계획을 철회하고 왕께 선처를 구하고, 모르드개와 에스더 왕후에게 잘못을 사죄하라는 뜻이다. 그 결심은 이미 때늦은 것이어서 결행하기가 쉽지만은 않았다.

하지만 하만이 진심으로 용서를 구하는 마음으로 서둘러 나섰다면 총리직은 박탈되었어도 자신의 생명과 아들들의 생명은 구했을 여지는 조금은 열려 있다(세레스가 남편과 함께 죽었는지는 성경에는 불분명하다). 요즘 시대는 조금 덜하지만 옛날에는 아내는 남편과 함께 운명을 같이 해야 했다. 그런 점에서 세레스는 똑똑했지만 비운의 여성이다.

그다음으로 와스디에 대해 생각해보자. 설교자들은 와스디를 남편에게 막 대들고 제멋대로 행동하는 여자라며 그녀를 교만한 여자, 악한 여자라고 나무란다. 이것은 남성 우월주의에서 나온 것이어서 같은 남성인 필자로서도 영 개운치 않다.

필자가 보기에는 오히려 아하수에로 왕이 문제가 있다. 예쁜 아내를 둔 건 좋은 일이다. 그런 아내를 사석에서도 우쭐해 자랑하면 결례가 된다. 왕이 아내의 미모를 자랑하고 싶어 신하들과 백성이 보는 데서 모습을 드러내라는 요구는 결례를 넘어 지탄을 받을 일이다. 모르긴 몰라도, 왕은 와스디가 왕후의 관만을 머리에 쓰고 거의 벗은 몸으로 대중 앞에 나타나길 바랐던 것 같다. 아무리 절대적인 왕일지라도 이런 해괴한 명령은 있을 수 없는 일이었다.

물론 우리로서는 와스디와 아하수에로의 평소의 부부관계가 어떤지는 잘 알 수 없다. 아마도 썩 좋은 편은 아닌 것 같다. 그렇다면, 성격이 도도한 와스디에게 거의 알몸으로 여러 사람 앞에 나오라는 아하수에로 왕의 명령은 애당초 매우 어리석은 것이었다.

그런데도 진한 아쉬움이 있다. 그건 다름 아니라 왕의 명령이 불합리하고 비인격적이라 하더라도 와스디는 믿을 만한 사람을 불러 그 자리에 나가는 것을 '재고해 주십사' 하는 신중한 절차를 거쳐야 했다.

남편이 왕의 자리에 있는 높은 사람이든 하루 일당을 벌어 근근이 생계를 꾸려나가는 사람이든 남편은 다 같은 남편이다. 남편은 잘났건 못났건 체면으로 먹고사는 남자다. 아내는 남편의 체면을 구기는 일은 하지 않는 게 좋다. 자존심이 상하더라도 말이다. 그래서 지혜로워야 한다.

마지막으로 에스더에 대해 생각해보자. 우리 한국 크리스천에게는 '와스디는 나쁜 여자, 에스더는 착한 여자'로 알려져 있다. 그래서 와스디는 반대편, 에스더는 우리 편이란다. 두 여성을 이런 식으로 이분해서 본다면 참으로 곤란하다.

한국교회의 설교자들이나 성도들은 에스더에 대한 인상이 굉장히 좋다. 그녀는 아름답고, 고상하고, 지혜롭고, 순종적이고, 믿음이 좋고, 용기가 있다. 게다가 금식까지 해가며 기도하는 여성이니까.

물론 에스더에 대해 이런 식의 인상을 가진다고 해서 잘못된 건 아니다. 문제시되는 건 여성의 육체적 미가 정치적 목적을 위해 이용되었다는 것이다! 여성의 아름다움은 비단 정치적 영역에만 국한되는 게 아니다. 상업적 영역과 남녀관계의 영역에서 그것은 거의 폭군처럼 행세하고 있다. 심지어 취직을 할 때도 외모가 중요해서인지 난리법석을 떠는 오늘의 현실이다.

이란 하마단에 있는 에스더와 모르드개의 무덤. 16세기에 지어진 것으로 알려져 있다.

에스더의 아름다운 용모를 이용해 언약 백성을 구원한다는 에스더서의 이야기는 에스더의 믿음으로 어느 정도 씁쓸함이 해소되면서도 여전히 개운치 않은 뒷맛을 남기고 있다.

여성의 아름다움은 반드시 외적인 용모에만 있는 게 아니라, 내적인 모습에도 있다는 것을 현대인들은 왜 모를까. 교회와 기독교 가정에서는, 특히 딸을 둔 부모들은 여성의 아름다움이 그윽한 인품에서 우러나온다는 가르쳐야 한다.

교회는 에스더도 있어야 하고 룻도 있어야 한다(룻이 '아리땁다'는 말은 룻기에 없다). 딸을 둔 부모는 에스더 같은 딸도 자랑스럽지만, 룻 같은 딸도 자랑스러워해야 한다.

♥나눔

1. 와스디는 잔치 자리에 나오라는 아하수에로 왕의 명령을 거부해 폐위당하는 비운의 왕후였습니다. 당신 같으면 그런 경우 어떻게 처신하였을까요?

2. 당신이 잔치 자리에서 아하수에로 왕의 최측근이었다면, 와스디 사건을 어떻게 처리하는 게 좋겠다고 왕에게 건의하겠습니까?

3. 예나 지금이나 아름답고 잘생긴 용모는 상품 가치가 있습니다. 에스더는 교묘하게 자신의 아름다움을 이용해 왕의 마음을 샀습니다. 이것을 부정적인 시각으로 비평한다면 어떤 것들을 생각할 수 있을까요?

4. 에스더서에서는 '하나님'과 '하나님의 활동'이 전면에 드러나 있지는 않습니다. 그런데도 당신은 이 책에서 하나님의 구원 사역을 느끼십니까?

5. 아하수에로 왕은 에스더에게 푹 빠진 것으로 보입니다. 에스더의 어떤 것들이 그를 매료했을까요?

6. 하만의 아내 세레스에게서 우리는 뜻밖에 '아내의 품격'을 발견하게 됩니다. 세레스의 어떤 점이 아내의 품격을 뽐어내고 있다고 생각하십니까?

7. 와스디, 에스더, 세레스에게서 우리는 각기 여성의 고유한 아름다움과 개성 있는 성품을 발견하게 됩니다. 세 여성이 갖고 있는 그러한 아름다운 특질과 성품을 서로 나눠보십시오.

08

아브라함과 사라

_생명의 은혜를 함께 상속받을 부부의 전형

이 장의 대부분의 글은 필자의 저서 《창세기를 캐스팅하다》
225-236쪽을 그대로 빌려온 것임을 밝혀둔다.

축복의 장애물들을 치우시는 하나님

하나님은 아브라함에 대한 축복의 언약이 그의 아들 이삭과 손자 야곱의 대에 이르러서도 변함없이 유지된다는 것을 알려주기 위해 말씀으로 그것을 확증하신다. 이삭은 아버지 아브라함에게 현존하신 하나님을 그 자신도 직접 체험했다. 야곱도 할아버지 아브라함과 아버지 이삭에게 현존하신 하나님을 그 자신도 여러 번 체험했다.

사실 족장들의 이야기인 창세기 12장부터 요셉의 일대기를 포함한 창세기의 나머지까지 내러티브를 이끄는 것은 끊임없이 반복되는 하나님의 약속이다. 미국 예일대학의 구약학 교수로 일했던 차일즈(B. Childs, 1923-2007)는 족장들의 삶에 지속적으로 나타난 이러한 하나님의 약속들이야말로 "이 다채로운 역사의 다양한 상황들 속에서 하나님의 변하지 않는 요소로 작용하고 있다."고 말한다. 그는 하나님의 약속이 조건적인 것이 아니라 일방적이고 절대적(편무적)인 것임을 강조했다.

히브리서 기자는, 하나님은 그 약속을 스스로 맹세함으로써 보증하셨다고 밝히고, 그 약속은 믿는 자들의 영원한 대제사장이신 예수 그리스도를 통해 이루어졌다고 밝힌다(히 6:13-20).

율법과 복음의 관계에 대해 깊은 신학적 사색을 한 사도 바울은 아브라함에게 임한 하나님의 축복은 그리스도 예수 안에서 모든 이방인에게 미친다고 하였다(갈 3:7-14). 그러므로 아브라함에 대한 축복의 언약은 이스라엘과 모든 민족에게 미치는 것이다.

약속의 성취를 방해하는 장애물들

약속의 성취를 방해하는 장애물들을 족장들이 어떻게 하나하나 극복해 나가는가를 눈여겨보는 것은 창세기를 읽는 또 하나의 즐거움이다. 특히 아브라함이 그러하다. 아브라함보다 강도는 세지 않더라도 이삭과 야곱에게도 하나님의 약속 성취를 위기에 빠뜨리게 하는 많은 장애물이 있었다.

아브라함에게 자손과 땅을 주시겠다는 하나님의 약속은 곳곳에서 암초를 만난다. 자손이 번성하고 땅을 기업으로 받으려면 족장들이 우선 생존해야 하고 그들의 가계를 잇는 상속자가 있어야 한다. 그러나 생존과 상속자의 출생은 불확실성 속에서 숱한 위험을 만나고 극적인 긴장을 일으킨다.

하나님의 약속이 과연 어떤 방식으로 실현될 것인가 하는 문제는 사실 신구약성경의 전체 이야기를 이끌어가는 주제다. 무릇 약속은 그 약속이 체결되는 순간부터 약속이 이행되는 마지막까지 취소되거나 파기될지도 모를 변수들이 있는 법이다. 인간끼리의 약속은 언제나 변질될 우려가 있다. 그러나 하나님의 약속은 어제나 오늘이나 내일도 변질되지 않고 확실하다(히 13:8; 계 22:13). 그것은 약속의 상대인 인간의 반응에 따라 언제든 변질될 수도 있는 변증법적인 긴장관계에 놓인 것임에도 불구하고, 하나님 자신이 스스로 한 것이기에 변질되거나 깨질 가능성은 전혀 없다(민 23:19; 히 6:13-18).

하나님은 족장들을 위기 속에 몰아넣고(때로는 족장들 스스로 위기를 선택하기도 한다), 결정적인 순간에 개입하시어 당초 언약이 손상되는 일이 없도록 그 언약을 원래의 완벽한 상태로 돌려놓으신다. 하지만 족장들은 이 약속이 지켜질지 안 지켜질지를 아슬아슬하게 경험해야만 했고, 창세기를 읽는 독자들 또한 그러하다.

장애물이란 적대감을 갖는 이방인뿐만 아니라 지근거리에 있는 친척이나 기근 같은 천재지변을 포함한다. 아브라함과 조카 롯의 결별을 예리하게 분석한 헬러(Helyer)의 말대로 "위기는 약속의 당사자인 주인공 자신에 대한 위협이거나 그렇지 않으면 주인공의 위치를 가로챌 수 있는 상속 경쟁자의 등장이라는 형태로 주어진다."

장애물은 가까스로 하나를 극복하면 그다음에 또 하나의 큰 장애물이 기다린다. 대개는 뒤로 갈수록 장애물은 더 크고 위험하다. 그 장애물이 크든 작든 만일의 경우 족장들이 단 하나의 장애물에 넘어져도 언약은 무효화될 판이다. 아브라함은 아리따운 아내 사라를 이방 왕에게 두 번이나 빼앗길 뻔했던 일(창 12:10-20; 20:1-18), 조카 롯의 존재로 인해 약속의 땅이 상실할 뻔했던 일(13:5-13), 엘리에셀을 상속자로 삼을 뻔했던 일(15:1-3) 등 아찔한 줄장애물들을 넘어야 했다.

장애물 중에서 아브라함이 극복해야 했던 가장 끈질기고 혹독한 장애물은 약속된 아들이다. 이 장애물은 금실 좋은 부부 사이를 갈라놓게 하고, 행복한 가정의 평화를 깨뜨렸으며, 하마터면 하나님의 약속이 우스꽝스럽게 되어버릴지도 모를 '사건'이 되어버렸다. 나이는 자꾸 들어가는데, 아들을 갖지 못해 초조해진 사라가 남편 아브라함에게 건강한 대리모를 데려와, 그 몸종(handmaid)에게서 아들을 낳으면 그를 상속자로 삼으라고 제안해 일이 일파만파 커진 사건이다.

사라의 제안을 덜컥 수락한 아브라함의 결정의 배후에는 그에게 아들을 주시겠다는 하나님의 약속을 사실상 믿지 못하겠다는 불신앙이 깔려있다. 창세기 15장의 하나님의 분명한 약속과 보증과는 완전히 대조적인 16장의 이 에피소드는 하나님의 약속의 성취가 더디 이루어지는 데서 오는 인간의 불확실성과 두려움을 다루고 있다.

아브라함과 사라가 가나안에 기근이 들어 애굽에 내려가 부부라는 사실을 속이며 살다가 발각되는 바람에 창피를

샀지만, 하나님의 개입으로 사태가 수습되어 그들이 가나안에 돌아올 때 가축들과 함께 데려온 신분이 낮은 애굽(이집트) 처녀가 하갈이었다. 아브라함은 사라의 제안을 고민하지 않고 얼른 수납해버린다. 그래서 하갈은 사라의 몸종으로 경건한 아브라함의 집에 들어오게 되었다. 젊고 건강한 하갈은 아브라함의 집에 들어오기 무섭게 금방 임신하고 아들을 낳았는데, 그가 곧 이스마엘이다.

하갈은 아브라함의 집에 들어왔을 때는 그저 사내아이나 한 명 낳아주면 소임을 다할 것으로 보였다. 그러나 그녀는 임신한 후부터는 자기 목소리를 낸 것으로 보인다. 거기서 사달이 났다. 사라가 참다못해 분통을 터뜨린 것이다.

그런 사라는 베드로전서 3장에서 묘사된 온유하고 평정심을 잃지 않으며 행실이 정결한 여자가 아니라, 신경이 날카로운 질투의 화신이었다.

아이를 갖지 못하는 사라의 상처와 질투는 젊고 풍만한 여자를 전격적으로 집에 들여놓기로 결정할 때부터 배태되어 있었던 것으로 보인다. 사라 자신과 주변 사람들이 그것을 확인하기까지는 그다지 오랜 시일이 필요하지 않았다.

사라는 하갈이 임신했다는 것을 알았을 때부터 사사건건 하갈이 하는 짓을 곱상하게 보지 않았고, 이제는 눈엣가시 같은 자기의 몸종이 눈앞에서 완전히 사라지는 것을 보아야 마음이 편할 것 같았다. 하갈은 이스마엘을 낳고 위상이 달라지는 듯했다. 그러나 그녀의 존재감은 거기까지였다.

한 남자의 정식 부인 자리를 놓고 두 여자 사이에 추잡한 암투가 일어난 결과는 하갈의 참패로 결말이 났다. 그녀는 필요할 때면 곁에 두고 필요 없으면 여지없이 차버리는 쓰다 버린 존재였다. 남성들의 마음을 사로잡는 치명적인 매력은 애굽의 잃어버린 에덴과 같은 것이었다. 집도 절도 없는 그녀는 무참하게 쫓겨남으로써 이야기의 중심에서 변방으로 밀리고 마침내 자취를 감추고 말았다.

비운의 여인 하갈

구약에서 힘없고 가련한 여자들의 이야기가 많이 나오지만, 하갈 이야기는 특히 육체적·정서적으로 파괴된 한 상처받은 여자의 기구한 처지를 가장 잘 묘사하고 있다.

전통적인 족장 시대에 그 어떤 희망도 보이지 않는 이 이야기를 미국의 여성 해방 신학자인 필리스 트리블(Phyllis Trible)은 오죽하면 성서의 공포의 본문들 가운데 하나로 채택했을까. 외국인인 하갈은 권력을 거머쥐고 우월한 위치에 있는 사라한테서 부당하게 학대받는 여인으로 묘사된다.

여자로서 아들을 임신하고, 낳고, 그 아들을 낳아준 한 남자의 사랑을 받는다는 것은 행복하고 안전한 일이다. 그 행복과 안전을 확실히 해두려면 무조건 자기가 낳은 아들이 상속자가 되어야 한다. 이스마엘은 객관적인 상황으로 볼 때 아브라함의 상속자가 될 가능성이 매우 많은 위치에 있었다. 아브라함에게서 아들을 낳아준 하갈은 상속권을 주장할 만큼 권리가 있었다. 그러나 그녀는 하녀의 신분이었다.

하녀라는 신분상의 굴레는 언제든 그녀의 운명을 불운한

쪽으로 몰고 갈 소지를 제공한다. 하갈은 한번 삐끗하면 자신이 어떤 처지에 전락하는 지를 본능적으로 감지하고 있었던 것 같다. 그녀는 모처럼 잡은 행운의 기회가 신기루처럼 사라지지 않도록 생각에 생각을 거듭하고 그 생각들을 실천에 옮겼을 것이다.

그러나 그녀의 꿈은 수포가 되었고 희망은 무너졌다. 우리는 이러한 하갈을 보며 복잡하고 거친 인생사에서 흔히 만나는 비애와 그 비애 너머의 색다른 은혜를 맛보는 것이다.

하갈 이야기는 우리에게 많은 것을 시사해준다. 축복과 저주, 상과 벌, 사랑과 증오, 약속과 약속의 폐기, 권력의 획득과 상실, 안전과 불안전, 부와 가난, 정착 생활과 떠돌이 생활, 핵심과 변방, 주류와 비주류, 행복과 불행, 교만과 겸손, 요즘 한국사회에서 유행하는 '갑과 을' 등이 그러한 교훈들이다.

하갈 이야기는 창세기 16장과 21장에 나오고 구약에서는 두 번 다시 취급되지 않는다. 이것은 아마도 하갈은 '부정 타는' 사람으로 인식되어서 그런지, 아니면 성경 전체를 관통하는 언약과 축복 정신에 찬물을 끼얹을까 봐 그런지 그 이유를 정확히 알 수 없다.

하갈이 성경에 다시 등장하는 곳은 뜻밖에 신약성경의 갈라디아서 4장이다. 사도 바울이 기독교 복음을 변증하면서 희미한 기억에 남은 그녀를 소환해 냈다. 바울은 옛 언약과 새 언약을 날카롭게 대조하면서 옛 언약을 대표하는 인물로 하갈을, 새 언약을 대표하는 인물로 사라를 내세운 것이다. 여기에서도 하갈은 불명예스럽다. 바울의 논조를 얼핏 보면 하갈은 악하고 소행이 나쁜 악녀로, 사라는 여성들이 본받아야 할 정숙하고 거룩한 선녀로 그려놓은 것 같지만, 이것은 바울의 의도를 잘 몰라서 하는 오해의 소치다. 바울은 도저히 어울릴 수 없는 대척점의 두 여자를 통해 시내산 언약으로 대표되는 구약의 언약과 예수 그리스도 안에서 주어진 신약의 새로운 언약의 성격에 대해 말하고 있다.

사라와 하갈 이야기로부터 배우는 교훈

하갈은 소행이 나쁜 여자, 사라는 소행이 좋은 여자라는 이분법적인 사고는 아브라함과 사라를 일방적으로 편드는 남성 독자들의 편견에서 비롯되었다. 성경을 남성의 관점, 이스라엘의 관점, 언약신학의 관점에서만 보는 중증 편견남은 하갈을 생각하면 못된 애굽을 연상한다. 애굽은 요셉이 죽은 후 이스라엘 백성을 혹독하게 탄압한 나라였고, 마술사와 거짓 신들이 득실거리는 나라였고, 하나님을 대적한 나라였다. 또 애굽은 이스라엘이 국가를 이루고 위난에 처할 때마다 늘 구애의 대상이었다. 그런데 창세기의 관련 본문을 주의 깊게 관찰하면 오히려 소행이 나쁜 쪽은 하갈보다는 사라 쪽이다.

아브라함은 더 나쁘다. 두 사람의 갈등을 조정하고 봉합해줘야 마땅한 아브라함은 사라의 뒤에 숨어 무력하고 소극적인 태도로 일관한다. 그는 자기 내면 안에 그 어떤 의사 결정권도, 희망도 없는 사람처럼 그저 무기력하게 서 있다. 사람만 좋고 분별력이 둔한 이러한 아브라함의 태도에 발끈하는 여성 독자들이 많은 것은 이상한 일이 아니다. 만일 아브라함이 SNS와 여론조사가 발달한 현대의 남성이라면 여성들로부터 뭇매를 맞을 것이다.

아브라함이 또 하나 비난을 받아도 싼 것은 귀가 얇다는 것이다. 그는 아담에 이어 그의 귀에 속삭이는 사랑하는 아내의 유혹적인 말에 너무나 쉽게 넘어간 '얼빠진 공처가'의 전형이라는 불명예스러운 딱지가 붙었다.

웬함(Wenham)은, 아브라함이 아내 사라의 말에 마음이 확 바뀐 이 장면은 아담이 아내 하와의 말에 넘어간 창세기 3:17의 기분 나쁜 장면을 회상하게 한다고 말한다. 아담이 하와의 손에서 유혹을 받은 것처럼 아브라함은 사라의 유혹적인 제안에 굴복하고 말았다. 아브라함이 사라의 "말을 들으니라"(창 16:2)는 뜻은 문자적 의미로는 창세기 3:17과 마찬가지로 "—의 음성에 귀를 기울이다"로서, 이는 곧 "아브라함이 그의 아내에게 순종했다"는 말이 된다. 두 사건의 결과는 모두 '타락'으로 귀결(창 3:6b; 16:3-4)되었다.

오늘날 하갈은 재조명받고 있다. 이것은 성경이 기록되었던 때부터 지금까지 줄곧 그녀가 부당하게 취급받아 왔다는 것을 잘 보여준다. 성경을 꼭 권력이 있는 자와 권력이 없는 자의 갈등과 주도권 다툼이라는 측면에서 보지 않더라도, 하갈은 구약성경에서 부당한 압제로부터 자신의 권익을 보호하려고 애쓴 최초의 여성이었다. 사실 창세기 문맥을 찬찬히 뜯어보면, 그녀는 결백하고 또한 여주인을 함부로 막 대하지는 않았다. 상상력을 한껏 동원해 봐도, 하갈은 정식 부인인 사라를 밀어내고 안방 자리를 차지하려고 하는 데까지 기세가 등등했을 것같이 보이지만, 눈을 씻고 봐도 본문에는 그런 흔적은 없다.

창세기 기자는 하갈의 긍정적인 측면보다는 부정적인 측면을 더 부각하려고 애쓴 흔적이 역력하다. 그러나 그의 의도와는 정반대로 내러티브는 오히려 하갈의 긍정적인 측면이 부각되고 있다.

그런데도 독자들은 하갈에게만 지나치게 동정심을 보내서는 안 된다. 사실 하갈 이야기는 갈등의 중심에 있는 두 여자가 모두 불행으로 울고 있다. 하갈 못지않게 사라도 고통스러운 경험을 해야 했다. 그녀는 남편의 차가운 시선을 의식해야만 했고, 경제적 안전과 자율권을 침해받아야만 했다.

하갈은 기네스북에 등재될 만한 여섯 개의 신기록 보유자다. 그녀는 천사와 최초로 만나(창 16:7), 천사와 대화한 최초의 사람이었고(창 16:11), 자기 생각을 접고 하나님의 뜻에 순종한 최초의 여성이었고(창 16:9), 수많은 자손을 약속받은 최초의 여성이었고(창 16:10), 부당한 압제로부터 스스로 자기의 권익을 보호하고 표현하는 최초의 자율적인 여성이었으며(창 16:8), 그녀가 만난 하나님을 '나를 살피시는 하나님'이라고 이름을 지어 부른 최초의 사람이었다(창 16:13).

한국적 상황으로 말하면, 하갈은 아기를 낳지 못하는 한국인 부부의 요청으로 먼 이국에서 한국에 온 베트남 여자와 같은 사람이다. 의지할 곳 없고, 힘없고, 변변한 집 한 채 가지고 있지 않은 그녀다. 이 때문에 그녀는 이웃들로부터 돌봄의 대상이 되어야 마땅하다. 그러나 그녀의 말 못 할 억울함과 소외감을 그녀 주변의 사람들은 외면하였다. 오로지 하나님만 아시고 그녀를 위로하셨다. 하나님은 그녀의 고통을 들으시고 구원해주신 것이다.

약속의 상속자가 될 뻔한 이스마엘

적지 않은 페미니스트들은 하갈은 그녀를 부당하게 대우한 이스라엘 족장 사회와 민족주의적인 사회의 희생자라며 안쓰러워한다. 본부인한테서 학대받고, 한 이부자리에서 사랑을 나눈 남편한테서 외면받은 하갈에게 동정이 가는 것은 인간 정서로는 자연스러운 일이다. 그러나 인간적인 생각이 지나치면 하나님의 신묘막측한 섭리와 구원의 행사를 간과할 수 있다는 점에서 우리 생각에는 함정이 도사려 있다.

하갈과 이스마엘 이야기에서 우리가 반드시 놓쳐서는 안 되는 요체는 이스마엘이 하마터면 약속의 상속자(약속의 합법적 아들)가 될 뻔했던 아찔한 일이다. 그랬더라면 오늘날 애굽으로 대표되는 아랍 사람들이 정통성을 가진 언약 백성이 될 수도 있었던 게 아닌가? 이스마엘의 존재는 아브라함을 통해 후손을 주시겠다는 하나님의 약속을 방해하는 장애물 중 결정적인 장애물이었다. 하갈은 하나님의 구속 계획을 송두리째 뒤흔들어 놓을 수 있는 여자였다.

하갈 이야기는 이야기의 중심이 점차 하갈에서 이스마엘로 이동한다. 하나님의 구속사를 복잡하게 만들었을 뻔했던 하갈과 이스마엘, 이 두 사람의 이야기는 창세기 12-22장의 수사적 흐름을 방해한다. 이 단락은 두 사람이 끼어들지 않았더라면 더욱 깔끔했을 것이다. 또 하나 양념으로 알아둘 것은, 하나님의 자비로우신 성품과 구원의 범위이다. 하나님은 하갈의 고통을 들으시고 필요한 조치를 취해주셨다. 성경에서 하나님의 인애와 친절이 빛나는 장면 중 하나다. 하나님은 이스라엘의 하나님도 되지만, 애굽의 하나님이며 모든 민족의 하나님이시다. 실제로 훗날 하나님은 이사야를 통해 애굽을 '내 백성'(사 19:25)이라고 부르셨던 것이다. 사라를 사랑하신 하나님은 하갈도 사랑하셨다.

후손을 주시겠다는 하나님의 약속을 위협하는 장애물은 하갈 이야기 다음에도 도처에 깔려있다. 요셉 이야기에는 그러한 장애물을 하나씩 하나씩 걷어치우고, 이스라엘이 지구상의 어엿한 민족으로 태동하는 그림이 가시권에 오도록 하게하는 하나님의 섭리가 섬세하고 놀라운 필치로 다루어져 있다. 요셉이 형제들에 의해 광야의 구덩이에 던져지고, 타의에 의해 애굽으로 끌려가, 훗날 총리대신이 된 것은 그의 형제들을 생존시키려는 하나님의 치밀한 계획이 아니었으면 불가능한 일이다. 이렇듯 창세기는 이런저런 장애물들이 하나님의 은혜와 보호로 제거되어 나가는 것을 독자들에게 보여준다.

아브라함의 둘도 없는 아내 사라

성경에 나오는 부부들 가운데 가장 사이가 좋으면서도 가장 티격태격 부부 싸움이 잦았던 부부는 아마도 아브라함-사라 부부가 아닌가 싶다.

잘 아시다시피 아브라함과 사라는 사촌간이다. 근대법은 가까운 친족끼리의 결혼을 금지하고 있는 게 보통이다. 하지만 옛날에는 가까운 혈족끼리 결혼을 하는 게 전혀 이상하지 않았다. 심지어 같은 어머니를 둔 오빠와 여동생이 결혼하는 경우도 있었다. 결혼하기 전에는 '오빠'라고 불렀던 여동생이 결혼한 후에는 오빠를 '여보'라고 불러야 했으니, 그때마다 아브라함과 사라는 서로 미묘한 감정을 느끼지 않았을까 싶다.

아브라함과 사라의 나이 차이는 10살이다. 아브라함이 가나안에 들어갔을 때 나이가 75세였으므로, 그때 사라의 나이는 65세였다. 하나님은 아브라함에게 자손을 주시겠다고 여러 번 약속하셨다.

아브라함과 사라가 가나안에 이주한 지 10년 가까이 되었다. 사라는 나이는 자꾸 들어가는데 아이를 낳지 못할 것 생각에 갈수록 마음이 초조해졌다. 도저히 아이를 낳지 못할 거라고 판단한 사라는 아브라함을 채근했다. 하갈을 첩으로 얻어 후사를 두라고 말이다. 결국 아브라함은 하갈을 첩으로 들여 이스마엘을 낳게 되었다. 아브라함이 86세 되던 해였다. 그로부터 14년 후, 사라는 하나님의 은혜로 마침내 이삭을 낳았다. 그때 사라의 나이 90세였고, 아브라함은 100세였다.

사라는 이삭을 낳은 후 37년을 더 살고 죽었다. 향년 127세였다. 이삭은 40세에 리브가와 결혼했으므로, 사라는 이삭의 혼인을 보지 못하고 애석하게도 3년 전 죽은 것이다. 이삭이 결혼했을 때 아브라함의 나이는 140세였다. 아브라함은 그로부터 35년을 더 살고 하나님 품에 안겼다. 향년 175세였다. 그렇다면 아브라함은 사랑하는 아내 사라가 죽은 후 38년을 더 살았다는 셈이 된다.

사라는 대단한 미인이었다. 창세기 기자는 사라가 "심히 아리따웠다"고 말한다. 눈부시게 아름다웠다는 거다. 다른 책도 아니고 성경이 이렇게 여자의 용모를 묘사했다면 사라의 아름다움은 천하제일이었던 것으로 보인다.

그녀는 어찌나 아름다웠던지 가는 곳마다 소동이 일어났다. 아브라함과 사라는 가나안에 기근이 들어 이집트에 내려갔다. 그때 사라는 60대 중후반의 나이였다. 우리 나이로 환갑을 훨씬 넘었다. 그 나이였는데도 사라는 남자들이 한눈에 봐도 아름다운 여자였다.

성경에 나오는 부부들 가운데 가장 사이가 좋으면서도 가장 티격태격 부부 싸움이 잦았던 부부 아브라함-사라 부부. 두 사람은 사촌 간이다. 아브라함이 사라보다 10살 더 많은 오빠다. 의혹으로 가득 찼던 그 시절, 이 부부는 갖은 역경을 이겨내고 믿음으로 승리한 부부였다. 믿음의 아버지 아브라함과 믿음의 어머니 사라는 2000년 기독교 역사상 믿는 자들의 신앙생활에 영감을 불러일으켜 온 위대한 분들이다.

사라의 미색이 이집트의 파라오의 눈에 얼른 띈 건 당연했다. 파라오는 그녀를 보고 황홀한 나머지 잠자리를 함께하려 했다. 하마터면 약속의 아들이 무산될 뻔했던 아찔한 순간이었다.

그 절박한 순간에 하나님이 개입하셔서 그 일을 막으셨다. 하나님이 개입하지 않으셨더라면 정말이지 큰일이 벌어질 뻔했다. 이 일은 아브라함이 목숨을 잃을까 봐 비겁하게 사라를 자신의 누이동생이라고 속인 게 화근이었다.

훗날 아브라함과 사라는 이집트에서 겪었던 똑같은 일을 또다시 겪었다. 소돔과 고모라가 재앙을 입은 후, 아브라함과 사라 부부는 네게브 땅으로 옮겨가 가데스와 술 사이 그랄에 거류했다. 그때 사라의 나이는 80세 후반이었다. 사라는 비록 경수는 끊겼지만, 그 나이에도 젊고 풍만한 여자처럼 여전한 아름다움을 유지하고 있었다.

그녀가 아름답다는 소문은 그랄 일대에 와자그르르 퍼졌고, 그 소문은 그랄 왕 아비멜렉의 귀에까지 들어갔다. 아비멜렉은 수하를 보내 사라를 침소로 데려왔다. 왕의 권력으로 사라를 강제로 겁탈하려 했다. 그때도 하나님께서 개입하시어 불상사를 막으셨다.

문제는 아브라함이 그랄에서도 이집트에서 했던 똑같은 잔꾀를 썼다는 데 있다. 사라를 아내라고 하면 목숨이 위태로울까 봐 그녀의 오빠처럼 행세했던 것이다. 그랄 왕의 겁탈은 불발로 끝났지만, 아브라함은 거짓말을 했다 해서 그랄 왕에게 책망을 들어야만 했다.

아브라함과 사라 부부는 산전수전을 다 겪은 사람들이다. 그들은 하나님께서 약속의 땅으로 가라는 말씀 한마디에 순종해, 정든 고향과 모아둔 재산을 버리고 정처 없이 길을 떠났다. 생판 처음인 가나안은 문화도 다르고 언어도 통하지 않고 마땅히 거주할 곳도 없었다. 게다가 잦은 기근은 삶을 괴롭혔다.

천막생활도 하루 이틀이지 비가 오나 바람이 부나 천막생활은 지루하고 불편했다.

하지만 그런 불편과 고통은 다 견딜 만한 것이었다. 아브라함과 사라 부부에게 가장 고통스러운 건 후사가 없는 거였다. 사라는 75세가 될 때까지 자식을 얻지 못했다. 절망을 느낀 사라는 아브라함에게 첩이라도 얻어 후사를 보라고 날마다 졸라댔던 것으로 보인다. 그 과정에서 자식을 보지 못하는 원인이 네 탓이니 내 탓이니 하며 부부가 서로 티격태격했을 것은 불을 보듯 뻔하다.

하는 수 없이 아브라함은 86세 되던 해에 하갈을 얻어 아들을 낳았는데, 그가 곧 이스마엘이다. 아브라함과 사라 부부의 갈등과 싸움은 이때부터 더욱 심했다. 성경이 점잖게 표현해서 그렇지, 이 부부 싸움을 적나라하게 묘사했더라면 정말이지 이 사람들이 믿음의 조상 부부인지 고개를 갸우뚱하게 했을 거다. 가정이 얼마나 시끄럽고 불화했는지 하갈이 두 번이나 집에서 쫓겨났다.

두 번째는 이스마엘도 쫓겨났다. 비극도 이런 비극은 없었다! 우리가 성경을 믿음의 눈으로 읽어서 그렇지, 눈물 아니면 읽을 수 없는 아픈 가정사다. 아브라함도 사람이고, 하갈이 비록 첩이라고는 하지만 그 여자의 남편이고, 그 여자에게서 낳은 아들의 아버지 아닌가!

사라는 하갈을 내보낸 지 몇 년 후 이삭을 임신하고 낳았다.

그녀의 나이 90세였다. 그 후부터 성경은 아브라함의 믿음의 성숙에 관해 서술을 할 뿐, 가정사에 대해서는 일절 언급이 없다. 추측하기론 이삭을 얻은 후에는 아브라함과 사라의 부부 관계는 매우 원만했던 것으로 보인다. 정말이지 두 사람의 관계는 천생연분이요 복 받은 믿음의 관계였다.

룻기는 이스라엘의 집을 세운 두 여인을 라헬과 레아로 소개하고 있다. 라헬과 레아는 이스라엘 열두 아들들의 아버지인 야곱의 정실부인들이다. 그 존경받는 라헬과 레아가 누구던가. 이삭의 아내 리브가의 며느리들이다. 곧 사라의 손부들(손녀며느리들)이다.

기독교의 초석을 세운 사도 바울은 사라를 하나님의 은혜의 산물인 믿음의 어머니라 부른다. 그녀는 성령을 따라 난 자로서 자유자, 곧 우리 믿음의 어머니가 되는 사람이다. 그녀는 약속으로 말미암았고 오직 위에 있는 예루살렘, 곧 믿음으로 유업을 얻은 천국 시민의 전형적인 모델이다.

사도 베드로는 베드로전서 3장에서 그리스도인 아내들은 남편에게 순종하라고 권면한다. '순종'이란 남편에게 맹종하는 게 아니라, 가정의 중요한 일에 대한 최종적인 판단과 결정을 남편에게 맡겨야 한다는 것을 의미한다. 혹 남편이 비그리스도일 경우 아내의 정결한 행실은 남편을 예수님께 인도해 구원의 결실을 맺게 할 수 있다고 말한다.

그리스도인 아내들은 또한 몸단장을 할 때 지나치게 화려한 것을 피하고 절제의 미덕이 있어야 한다고 베드로는 말한다. 오히려 아내들은 외면의 아름다움보다는 내면의 아름다움에 신경을 써야 한다. 내면의 아름다움으로 남편에게 순종하는 아내가 이상적인 그리스도인 아내이다.

사도 베드로는 그런 이상적인 아내로 아브라함의 아내인 사라를 실례로 들고 있다. 사라야말로 "오직 마음에 숨은 사람을 온유하고 안정한 심령의 썩지 아니한 것으로 한 거룩한 아내"였다. 그런 사라였기 때문에 그녀는 아브라함을 '주'라고 부르며 순종했다는 거다.

아브라함과 사라가 살았던 당시 풍습이 아내가 남편을 '주'라고 불렀다고 할지라도, 사라가 아브라함에 대해 '주'라고 호칭한 건 남편인 아브라함을 존중하고 예를 다해 섬겼으며 순종적인 태도로 대했다는 것을 말해준다. 이것은 우리들 믿는 사람들이 그리스도를 '주'라 부르며 순종하는 것과 같은 이치이다.

베드로의 말인즉슨, 아브라함이 모든 믿는 자의 믿음의 아버지인 것처럼 아브라함에게 순종한 사라 역시 모든 믿는 자의 어머니가 되며, 따라서 아브라함과 사라는 모든 믿는 자의 부모가 된다고 하는 성경의 다른 가르침(롬 4:11, 갈 3:7; 4:22–31)과 궤를 같이한다.

남편인 아브라함을 '주'라고 부르며 순종한 사라의 태도는 아내는 남편에게 어떠해야 하는지를 잘 보여준다. 그녀는 모든 그리스도인 아내가 본받아야 할 '정결하고 온유한 아내'의 표상이다. 사도 베드로는 남편들에게는 이렇게 당부했다.

"남편들아 지식을 따라 너희 아내와 동거하고 그를 더 연약한 그릇이요 생명의 은혜를 함께 이어받을 자로 알아 귀히 여기라 이는 너희 기도가 막히지 않게 하려 함이라"

아내는 유약한 여성이기 때문에 강인한 남자인 남편에 비해 '훨씬 더 연약한 그릇'이다. 아내는 조심히 다루지 않으면 깨지기 쉬운 그릇처럼 자칫 상처받기 쉬우므로, 남편은 아내를 늘 존중히 여기며 귀하게 섬겨야 한다. 아내는 또한 '생명의 은혜를 함께 이어받을 자'다. 아내는 남편과 함께 한 몸과 한뜻을 가지고 주님을 믿고 따르는 부부이므로, 남편은 아내를 천국에 가는 그날까지 최선을 다해 섬기고 귀하게 여겨야 한다.

♥나눔

1. 아브라함-사라 부부가 살았던 시대와는 달리, 요즘엔 자녀가 없어도 부부는 그럭저럭 행복하게 살 수 있는 것으로 보입니다. 특히 아들이 없어도 말입니다. 필자는 부부라면 자녀가 있어야 한다고 보는데, 여러분은 어떻게 생각하십니까?

2. 하나님의 약속은 변하지 않는다고 성경은 말하고 있습니다. 정말 그렇습니까? 당신의 삶에 (부부에게) 하나님의 약속은 뭐라고 생각하십니까?

3. 당신의 삶 가운데 (부부 생활 가운데) 하나님의 약속을 방해하는 장애물이 있었다면 그게 무엇인지 밝히고, 만일 그 장애물을 극복하였다면 어떻게 극복하였는지 알려주십시오.

4. 아브라함은 이웃 나라에 갔을 때 자신의 안전을 위해 두 번이나 아내 사라에게 자신을 '오빠'라고 부르도록 요구했습니다. 당신은 자신을 위해 아내를 이용한 적이 있는지요? 그런 적이 있다면 그 처신이 불가피했는가요?

5. 아들을 낳지 못한 사라가 남편 아브라함에게 첩을 들여서라도 아들을 낳도록 요구했다고 성경은 전합니다. 그런 사라의 고통에 대해 의견을 나누고, 당신이 사라라면 어떻게 하였을까요?

6. 하갈을 두 번이나 집에서 쫓아낸 사라의 처신에 대해 의견을 나누어보세요. 당신이라면 어떻게 하였을까요? 최선의 해결책이 있었을까요? 있었다면 그건 뭐라고 생각하십니까?

7. 사라가 남편 아브라함을 '내 주여'라고 불렀듯, 아내 된 당신은 남편에게 가끔은 '내 주여'라고 불러보면 어떨는지요? 용기를 내어 몇 번 시도해보십시오.

유다와 다말

_시아버지와 며느리의 기상천외한 낮 뜨거운 에피소드

이 장의 대부분의 글은 필자의 저서 《창세기를 캐스팅하다》
274-290쪽을 그대로 빌려온 것임을 밝혀둔다.

요셉 이야기 안에 불쑥 끼어들어 온 38장

창세기 38장은 요셉 이야기의 자연스러운 읽기를 방해한다. 한 장에 수록된 이 에피소드는 야곱의 넷째 아들인 유다에 관한 보고서다. 우선 먼저 알아둘 것은, 유다는 이스라엘의 뛰어난 군주인 다윗 왕의 직계 조상이며 예수님도 이 혈통을 따라 나셨다는 사실이다. 창세기 38장은 성경에서 '작은 단위의 문학적 완성'의 모범을 보여주는 걸작품으로 꼽힌다는 사실이다. 미국의 구약신학자인 멘(Esther Marie Menn)은 이 이야기에서 다양한 의미들을 발견한다. 그가 푸념했듯이 유다와 다말 이야기는 "무슨 말을 하는지 얼버무리고 도발적인"(understated and provocative) 문체들로 가득한 성경의 대표적인 사례다.

38장은 37장부터 시작하는 요셉 이야기 속에 불쑥 끼어들어 온 훼방꾼이라는 점에서 독자들을 당혹하게 한다. 38장이 요셉의 삶과는 별로 관계가 없는 이야기이기 때문이다. 38장은 야곱의 넷째 아들 유다와 그의 며느리인 다말과의 사이에서 일어난 에피소드를 다루고 있다. 전통적으로, 주석가들은 구성진 요셉 이야기의 첫머리 부분에 끼어들어 온 이 반갑지 않은 에피소드가 못마땅해한다. 기독교가 태동할 무렵인 1세기

『유대고대사』(Jewish Antiquities)를 쓴 요세푸스도 이 에피소드를 다루기가 난처한 듯 의도적으로 지나쳐 버렸다. 짐작하건대 점잖은 요세푸스는 시아버지와 며느리 사이에 벌어지는 낯 뜨거운 이야기를 자기 책에서 취급하기에 난처함을 느꼈을 것이다.

현대의 주석가 중에도 유다와 다말 이야기가 전반적인 요셉 내러티브에 끼어들어 온 이야기라고 보는 이들이 더러 있다. 폰 라드는 유다와 다말 이야기가 치밀하게 구성된 요셉 이야기와 관련이 없고 훗날 끼워진 것 같다고 생각한다.

38장은 연대기적으로 보면 41:48 뒤에나 나오면 혹시 괜찮을지 모르겠다. 이때 유다의 나이는 아마도 40세쯤 되었을 것이다. 요셉 이야기는 37장에서 시작한다. 요셉이 형제들의 작당으로 지나가는 상인들에게 팔려 애굽에 모습을 드러낸 것은 39장이다. 이 기간은 길어봤자 석 달도 채 안 될 것이다. 이때 요셉의 나이는 17살이었다. 요셉보다 서너 살 위인 유다는 20살 조금 넘은 나이였을 것이다.

38장 1절에 언급된 바와 같이, 유다가 수아라고 하는 가나안 여자와 결혼한 때가 만약 요셉이 애굽에 팔려간 지 얼마 안 돼 생긴 일이라면, 37장 끝에서부터 시작해 유다가 가족들(아내,

두 아들, 두 손자)과 함께 애굽에 내려갔다고 보도한 창세기 46장 12절까지의 세월의 경과는 22년 정도로 추산된다. 하지만 이 기간은 너무 짧아 앞뒤 연대를 매끈하게 이어주기에는 불충분하다.

최근 들어 이 에피소드를 새롭게 해석하는 개혁주의적인 주석가들은 38장의 위치가 다른 곳에 있는 것보다 현재의 자리에 있는 게 적절하다고 생각하는 경향을 보인다. 다소 자유주의적인 기풍이 있지만, 신학의 깊이가 있었던 부시(G. W. Bush)는 일찍이 38장을 날카롭게 관찰했다. 그는 38장이 시작되는 시기가 야곱이 밧단아람에서 내려와 세겜에 장막을 쳤다고 보도하는 창세기 33장 18절까지 소급하는 게 자연스러우며, 이 경우 유다와 다말 이야기를 다룬 창세기 38장의 현재 위치는 다른 곳에 위치하는 것보다 훨씬 편안해 보인다고 생각했다.

유진 메릴(Eugene Merrill)은 창세기 38장의 현재 위치가 지극히 정상적이라고 본다. 가나안 출신 여자와 유다의 불미스러운 결혼이 요셉을 애굽에 팔려 가게 하는 계기를 제공하였을 수도 있다고 추측하는 그는, 유다가 결혼한 때를 야곱이 세겜에서 헤브론으로 옮긴 직후에 있었을 것으로 보면서, 아예 그 시기를 주전 1900년 아니면 1901년으로 추산한다. 유진 메릴의

연대기 계산법에 의하면, 유다의 결혼은 요셉이 애굽에 팔려 간 1899년보다 불과 1-2년 전의 일이라고 한다.

여성 신학자인 멘(Menn)도 창세기 38장에서 야곱의 넷째 아들인 유다에 모이는 초점을 주목한다. 멘은 유다에 대한 스포트라이트가 37장부터 시작해 50장으로 끝나는 전체 요셉 이야기를 하나로 묶어줄 만큼 훌륭하게 기여하고 있다고 생각한다. 곧 38장은 그다음부터 이어지는 야곱의 12 아들의 삶의 이야기가 어떻게 전개되어 나갈 것인지를 미리 함축하고 있다는 것이다.

유다와 다말 이야기에서 배우는 교훈

　그런데 이 이야기의 위치가 어딘지 아는 것도 중요하지만, 그보다 더 중요한 것은 이 메시지가 던지는 교훈과 의미다. 이 이야기는 하나님의 거룩한 계시로 기록된 정경의 말씀이라는 점에서, 그리고 구속사에서 빠뜨릴 수 없는 중요한 사건이라는 점에서 그렇다.

　현대판 막장 드라마 같은 유다와 다말 이야기는 독자들에게는 불편한 진실이다. 주간 잡지에서나 접할 수 있는 망측한 세속 언어들이 난무하는 이야기가 거룩한 성경에도 나오는 것을 보고 의아해하지 않는다면 오히려 이상할 것이다. 창녀로 변장한 며느리가 점잖은 시아버지를 유혹해 잠자리를 같이해서 아기를 임신했다는 이 이야기는 정말이지 성경 애독자의 얼굴을 화끈거리게 할 만큼 황당하다.

　하지만 이 이야기는 오늘날 문명사회에서 있었던 게 아니고 고대 근동의 한적한 한 시골 마을에서 있었던 실화다. 아기를 얻기 위해 며느리가 기를 쓰고 시아버지와 성적으로 결합한다는 이 이야기는 현대 문화의 시각으로는 도저히 이해가 안 된다. 현대의 독자들은 당시 사회 시스템이 만든 통념의 시선으로 이 이야기를 접근할 필요가 있다. 성경 본문의 세계와 현대의 독자들이 사는 세계는 윤리와 문화가 너무나 다르기 때문에, 우리는 이 이야기를 초윤리적인(meta-ethical) 틀에서 접근하지 않으면 잘 이해하지 못하게 될 것이다. 더욱이 구약의 증거를 기독교 윤리에 적합하게 사용하기 위해서는 고도의 윤리적 해석이 요구되므로 방법론적으로나 세부적으로 엄청나게 많은 자료와 노력이 요구된다고 하겠다.

본문은 이 이야기를 오늘의 윤리와 가치의 잣대로 보려 하지 말고, 그 당시의 문화의 잣대로 대할 것을 요청한다. 여성 편에서 성경 본문을 관찰하는 멘은 '오디세우스의 흉터'(Odysseus' scar)처럼 이 본문을 읽을 것을 권장한다. 주의 깊게 이 이야기를 읽지 않으면 역동적 이야기를 쓴 원저자의 의도를 놓칠 수 있다는 것이다. 해석자가 팔레스타인의 특별한 역사적·문화적 상황에 그의 해석을 정초하면 진실 게임 같은 이 별난 사건을 이해할 수 있다.

멘은 이 이야기에서 기독교적인 정경적 해석을 시도한다. 그는 시아버지 유다가 많은 사람이 운집한 가운데 며느리를 보고 토로한 "그는 나보다 옳도다"라는 표현에서 하나님 앞에서 허물을 고백하는 한 죄인으로서의 유다의 초상을 한층 발전시키는 신학적 탐색을 하고 있다. 과연 유다는 자신의 이름마따나(유다라는 이름은 본래 '고백하다'란 뜻을 지니고 있다) 하나님 앞에서 자신을 낮추고 하나님을 찬양하는 이름값을 톡톡히 해내고 있다.

"그는 나보다 옳도다"의 '옳도다'라는 말에서 우리는 하나님의 의를 발견한다. '의롭다'라는 말은 히브리어로 צַדִּיק(짜디크)라 하고, 영어로는 'righteous'(라이티어스)라고 한다. 이 말의 명사는 '의' 또는 '의로움'이다. 하나님께서 죄인인 사람을 그리스도의 대속의 은혜로 의롭다고 선언하신 것을 신학적인 용어로 보통 '칭의'라고 말한다. 구약에서 '의'는 원래는 하나님의 속성을 일컫는 말로, 하나님만이 갖고 계시는 성품을 말한다.

하나님이 갖고 계시는 이 성품은 하나님을 피조물인 인간과 근본적으로 다르게 한다. 죄인인 어떤 인간도 의롭지 못하다. 죄인인 인간은 율법의 도덕적이고 윤리적인 규범들에 적극적으로 순응하고 실천해 율법이 제시한 표준과 일치를 이룰 때 비로소 의인이 되는 것이다.

하나님이 이스라엘을 선민으로 선택하신 것도 이스라엘 사람들이 의로워서가 아니라, 하나님께서 그들을 일방적으로 사랑하셨고 아브라함-이삭-야곱으로 이어지는 그들의 조상들에게 하신 약속을 지키려고 하셨기 때문이다(신 7:6-8). 그렇다면 구약의 의는 구약 백성을 향하신 하나님의 사랑에 기초해 하나님과 인간의 올바른 관계를 온전하게 이어주는 일종의 줄이나 띠와 같은 것이다(엡 4:3; 골 3:14).

"그는 나보다 옳도다"라는 유다의 표현에서 우리는 '배타적 유일신 사상'과 함께 '언약적 율법주의'(신율주의)가 유대교를 규정하고 작동시키는 두 가지 근본원리라는 것을 실감하게 된다. 기독교가 예수 그리스도 안에서 구원의 선물이 배달되는 것처럼, 구약의 의는 하나님과 인간 사이에 창조적 질서이면서 동시에 구원이라는 요소를 끊임없이 실어 나른다. 그것은 완전 · 사랑 · 정직 · 성실 · 진실 · 평화 · 신뢰 · 순수 · 선 · 친절 · 봉사와 같은 공의로우시고 바른 하나님의 성품들(신 32:4)을 반영한다. 유다가 다말에게 "그는 나보다 옳도다"라고 한 이 말은 이 세계와 인간들의 활동 속에서 완전한 질서와 신묘막측한 섭리를 통해 일하시는 하나님의 뜻과 계획에 젊은 며느리인 다말이 인생깨나 살았다는 자기보다 훨씬 잘 깨닫고 순응하고 있다는 솔직한 고백이다.

여기서 우리는 유다가 자기보다 높은 수준의 윤리와 신앙을 가졌다고 인정한 다말이라는 여성을 눈여겨볼 필요가 있다. 성경을 거꾸로 읽지 않더라도 유다와 다말 이야기의 중심축은 유다라기보다는 다말이라는 것은 쉽게 짐작할 수 있다. 내러티브를 이끌어가고 있는 사람은 유다인 것 같지만, 자세히 뜯어보면 다말이라는 말이다. 유다보다는 다말의 존재감이 훨씬 더 부각되어 있기 때문이다. 다말은 유다의 이야기를 보조하는 역할에 머무는 게 아니라 오히려 이야기의 중심에 있다.

창세기의 명주석가인 폰 라드는 다말이 본격적으로 등장하는 12절부터가 38장의 실제 이야기가 시작된다고 보았다. 그녀는 남자들이 관습적인 방법으로 생식하는 방법을 찾지 못하고 있었을 때 인습에 얽매이지 않고 자기가 옳다고 생각한 신념을 과감하게 행동에 옮김으로써 명실상부한 "비관습적인 주인공"(unconventional protagonist)이 될 수 있었다.

다말의 존재감은 며느리 다말이 외간 남자와 정을 통해 임신한 걸로 오인한 시아버지 유다가 하인들에게 다말을 끌어내어 불사르라고 명령했을 때, 다말이 시아버지와 잠자리를 같이 했던 증거물들을 내보이며 준엄하게 항의한 장면에서 빛나고 있다.

어지간해서는 자세가 흐트러지지 않는 유다였지만 며느리가 내민 증거물들을 보고는 꿈쩍했다. 다말이 제시한 증거물들은 상황을 반전시킬 만한 강력하고 실효적인 것이었다. 그 증거물들은 수개월 전 유다가 너울로 얼굴을 가린 창녀와 하룻밤을 지낸 대가로 지급할 화대를 훗날 염소 새끼로 치르겠다는 약속을 이행하기 위한 담보물로 제공한 바로 그 소지품들이었다.

이 세계와 자연, 그리고 모든 인생사와 그 배후에서 일하시는 하나님의 일하심에 대한 유다의 고지식한 사고체계를 확 뒤집어 놓은 것은, 그 결정적인 증거물도 증거물이지만 극한의 상황에서도 동요하지 않고 시아버지의 올바른 사태 파악과 결정을 요구하는 며느리의 의연한 눈빛과 항거의 목소리였다. 이러한 요인들이 상승작용을 일으켜 유다로 하여금 사람들이 보는 앞에서 엉겁결에 발뺌하지 못하도록 막아주었을 뿐만 아니라, 하나님 앞에서 스스로 죄인임을 고백하며 하나님의 은혜의 섭리 안에 들어오게 하였다.

다말은 많은 사람 앞에서 시아버지를 면박하고 야유하려 했던 게 아니다. 그녀는 한 인간으로서 그리고 한 여자로서, 아니 하나님의 약속—자손을 통해 번영과 복을 주시겠다고 하는—을 악착같이 붙드는 구약 백성의 모델적인 캐릭터로서 자신의 권리를 당당히 주장하며 하나님께 극한의 처지를 호소하고 있는 것이다. 바로 여기에 삶과 미래를 통째로 하나님께 기대는 언약 백성의 치열함이 있다. 다말은 고분고분하고 말이 없는 여자였지만, 자기의 운명을 바꿔놓을 수 있는 결정적인 기회가 올 때는 할 말은 하고(38:16-18,25) 당돌하게 행동했다.

하나님의 은혜는 유다의 양심에 정밀한 타격을 가했다. 홀아비로 살면서 창녀의 유혹에 쉽게 몸을 맡겼던 그였다.

며느리의 항의로 부끄러운 민낯이 드러났지만, 그 사실을 애써 감추려고 하지 아니하고 몸을 낮춘 것은 그가 본질적으로 악당이 아니라 은혜의 빛에 노출된 사람이었기 때문이리라.

마지막 조각이 끼워져 모자이크가 완성되자 유다는 이 모든 일의 전모를 알아챘다. 그 순간 그는 모골이 송연해지면서 하나님의 섭리를 온몸으로 느끼며 어떤 신비한 경외감에 떨었을 것이다. 그 순간 사람들에게 거칠게 끌려 나가는 며느리의 음성이 그의 귓전을 때렸다. 그러자 유다는 '콰르릉'하는 하나님의 음성을 듣고 있질 않나 자기 귀를 의심했을 것이다.

예나 지금이나 사람들은 잘못을 저질러놓고 들통이 나면 대개가 변명하거나 발뺌하는 게 보통이다. 남들이 보면 점잖고 교양 있게 보이는 유다였다. 그런 그가 백주에 동네 사람들과 하인들 앞에서 자기의 잘못이 드러났는데도, 선뜻 자기의 허물을 인정하고 그 허물을 폭로한 상대방을(그것도 다른 사람이 아닌 며느리를) 옳다고 공개적으로 시인했다. 여기 유다의 남다른 면모가 있다. 이것은 결코 쉬운 일이 아니다.

이스라엘 역사에서 뛰어난 유다와 요셉

유다는 야곱이 레아에게서 낳은 넷째 아들이다. 야곱의 아들들 가운데 인간적으로 가장 뛰어난 아들은 열한 번째 아들인 요셉이지만, 그러한 요셉도 유다가 받은 축복에는 미치지 못한다.

야곱은 유다의 혈통에서 먼 훗날 인류에게 특별한 일이 일어날 것이라고 내다보았다. 야곱은 유다의 미래에 대해 신비스러운 예언을 했다. "규가 유다를 떠나지 아니하며 통치자의 지팡이가 그 발 사이에서 떠나지 아니하기를 실로가 오시기까지 이르리니 그에게 모든 백성이 복종하리로다"(창 49:10).

과연 야곱의 유언처럼 유다는 범상치 않은 영적인 사람이었던 것이다. 그의 혈통에서 다윗이 태어났고 급기야는 예수님이 태어나셨다. 다윗은 이스라엘을 고대 근동의 최강국가로 만들었고, 예수님은 영적 이스라엘 나라를 온누리의 민족들에게 주셨다. 다윗은 위대한 하나님의 왕국을 세웠고, 메시아로 오신 예수님은 하나님의 나라를 이 땅 위에 몰고 오셨다.

창세기의 독자들은 요셉 이야기를 주의 깊게 읽어보면

내러티브를 이끄는 인물은 요셉임에도 요셉의 역할은 유다의 역할에 종속되고 있다는 것을 포착할 수 있다. 유다가 형제 중에 뛰어나기 시작한 것은 야곱의 열두 아들의 얘기가 나오는 창세기 37장부터가 아닌가 한다. 유다는 구덩이에 빠져 목숨이 위태롭게 된 요셉을 변호하는 데 앞장서는데, 이것은 그가 리더십이 있다는 것을 살짝 보여주기를 시작한다는 점에서 눈길을 끈다.

유다가 야곱 내러티브의 중심인물 가운데 한 사람으로 부각하기 시작한 것은 다말과의 불미스러운 사건이 있었던 때부터였고, 창세기 38장은 바로 이 에피소드를 다뤘다는 점에서 창세기 독자들의 흥미를 유발한다.

유다는 타인을 설득하는 타고난 재주가 있었지만, 다말 에피소드의 처음 갈등 부분에서 보듯 경솔하고 충동적인 사람이기도 했다.

그러나 이 에피소드의 종결부는 그런 그가 잘못에 대해 치사하게 변명을 늘어놓거나 발뺌하지 않고 책임감 있게 처신하고 있는 것을 보여준다.

이 일이 있고서 유다는 매사에 절제와 신중을 기하며 야곱의 아들들 가운데 가장 출중한 지도력을 확보해 간다. 다말과의 부끄러운 이야기가 나오는 창세기 38장이 유다에게는 오히려 결정적인 전환점이 된 셈이다. 그는, 형제들이 곡식을 사러 애굽에 내려가 곤경에 처했을 때 위험을 무릅쓰고 사태를 수습하는 일에 발 벗고 앞장서는 등 두드러진 활약을 했다. 이러한 일련의 사건들의 전개과정에서 유다는 형제들의 리더가 될 만한 충분한 자질과 능력을 가진 자로 비쳤다.

유다의 이러한 면모는 애굽 생활은 물론 훗날 세워질 다윗 왕국 시대에 유연한 리더십을 발휘할 유다 지파를 예견하게 한다. 야곱의 모든 가족이 애굽에 내려왔을 때 "유다와 그의 형제들이 요셉의 집에 이르니"(창 44:14)라고 한 창세기 기자의 서술을 보더라도, 유다는 다른 형제들을 제치고 지도자의 위치에 확고히 서 있다는 것을 미루어 짐작할 수 있다. 역대상 기자는 그런 유다에 대해 이렇게 평가했다. "유다는 형제보다 뛰어나고 주권자가 유다에게서 났다"(대상 5:2).

그렇더라도 창세기의 독자들은 요셉 내러티브를 이끌어가는 주역은 아무래도 요셉인 것을 부인하기 어려운 게 사실이다. 요셉이 워낙 걸출해 독자들로부터 존경과 사랑을 받기 때문이다.

요셉은 도덕성 측면에서 유다와는 결이 다른 사람이었다. "유다는 형제보다 뛰어나고 주권자가 유다에게서 났으나 장자의 명분은 요셉에게 있으니라"(대상 5:2). 역대상 기자가 요셉에 대한 미련을 떨치지 못하는 대목이다.

요셉이 얼마나 뛰어났으면 역대상 기자가 이렇게 말했겠나.

그런데도 유다는 육적인 축복만 아니라 영적인 축복이 요셉을 능가하고 있다는 것은 놀라운 일이다.

성욕에 못 이겨 창녀에게 눈길을 보낸 전력이 있던 유다가 믿음이 좋고 유능하고 성품이 좋은 요셉을 제치고 왜 우월한 지위를 차지했는지 우리로서는 의아스럽다.

요셉의 팬들은 실망할 수밖에 없지만, 그게 구원의 역사를 이루어 가시는 하나님의 기가 막힌 섭리의 방법이니 어쩌랴. 하나님의 생각은 인간의 생각과 다르며, 하나님의 길은 인간의 길과 다르다(사 55:8).

새롭게 조명되는 신여성 다말

창세기 38장을 은혜로 읽지 않고 인간 사회의 윤리와 도덕의 잣대로 읽는 경우에 우리는 당혹하지 않을 수 없다. 그건 다름 아니라, '때로는 나쁜 행위라도 그게 고차원의 동기에서 하는 것이라면 괜찮은 것인가?' 하는 난해한 질문이다. 그것은 도덕적인 가치로는 용납이 안 되지만 하나님의 섭리 차원에서는 용납이 된다는 것을 유다와 다말 내러티브는 보여준다.

구약성경에 종종 남자들보다는 여자들이 사기 행각을 벌이는 경우가 많다는 사실은 성경 애독자들을 놀라게 한다. 순진한 남자들은 여자들이라면 대개가 사기나 협잡 따위의 비행과는 거리가 멀다고 생각하는 경향이 있다. 게다가 남자들은 여자들에게 묘한 성적 감정을 가지고 있으므로 때로는 속는다고 생각하면서도 당하는 쪽을 택하는 어리석은 존재다. 동서고금을 막론하고 미인계가 그래서 통한다.

구약성경에 등장하는 여성 중 사기나 협잡 같은 비행을 저질러 자기의 뜻을 관철하려는 여성이 많다는 것은 이런 여성들이 원래가 거룩하고 경건하다고 생각하는 독자들을 당황하게 만든다. 이삭의 아내인 리브가, 야곱의 첫째 부인인 레아, 모압 여인으로 보아스의 아내가 되었던 룻, 약소민족으로 사회의 말단 신분으로 있다가 페르시아 왕의 왕비가 되어 위기에 처한 조국을 구해낸 에스더 등이 바로 이런 여성들이다.

그러나 이 여성들의 비행은 하나님의 목적을 이루기 위한 일종의 '의로운 행위'이므로 하나님이 눈감아 주신다는 데서 성경은 통쾌한 재미를 불러일으키면서 신학적 통찰을 요구한다. 성·경건·협잡 등 복잡한 요인들이 얽히고설키면서 보여주는 여성들의 활약이 때로는 신비스럽고 진진한 감동을 주는 까닭은 이 여성들의 행위가 하나님의 뜻에 부합되고 하나님의 구원의 목적을 이루는 데 요긴하게 쓰임을 받기 때문이다.

주석가들은 창세기 38장의 주제를 놓고 저마다 한마디씩 한다. 그만큼 유다와 다말 이야기는 난해하다. 브루그만(Bruggemann)은 자신이 생각하는 주제가 옳게 보이더라도 다른 사람이 제기하는 주제를 가볍게 여기지 말라고 주문한다. 그 주제가 더 설득력이 있을지 모르기 때문이다.

유진 메릴은 하나님의 백성인 이스라엘이 영적·사회적인 순수성을 지키기 위해서는 계속적인 타락의 우려가 있는 가나안으로부터 고립된 장소에 있어야 할 필요성을 제기한다. 그런 면에서 애굽은 최상의 장소였고 요셉은 하나님의 섭리로 미리 그곳에 가게 되었다는 색다른 의견을 내놓았다.

얼핏 보기에 유다와 다말 이야기를 다룬 38장은 요셉 내러티브의 자연스러운 흐름을 방해하는 듯이 보이지만, 이 이야기는 창세기의 전체 이야기 진행에 중요한 역할을 하면서 중심주제의 발전에 기여하고 있다. 여기에서 우리는 룻기와 유사한 주제를 발견한다. 유다는 족장들처럼 약속의 씨와 혈통에 대한 관심이 거의 없는 듯한 무책임한 사람으로 묘사된다. 오히려 유다의 집을 보존한 것은 다말의 의로움 때문이었다(창 38:26).

인간적 측면으로 보면 다말은 보통 여성들이 갖고 있지 않은 성정과 결기가 있었다. 그녀는 암담한 현실에 자신의 처지를 비관하지 않고 생존과 축복을 자기 것으로 쟁취하기 위해 자신만의 용기와 도전 정신을 여과 없이 보여줬다. 그 과정에서 튀는 언행은 무모한 것 같았지만, 그녀가 보여준 끈질긴 투혼과 솔직하고 대담한 발언은 결국 그녀가 옳았다는 지지를 이끌어 냈다.

이처럼 앞이 보이지 않는 상황에서 하나님의 축복과 약속을 보장받고 말겠다는 다말의 다부진 결의와 그 목적을 수행하기 위한 치열한 도전 정신은 이 진실 게임에서 주도권을 거머쥐게 하였고, 그것은 급기야는 하나님의 은혜의 빛에 들어서게 하는 축복의 견인차가 되게 하였다.

한편 이스라엘의 위대한 왕인 다윗이 유다의 혈통이라는 사실은 그 자체로 흥미롭다. 다윗은 유다와 다말 사이에서 태어난 베레스의 후손이다(룻 4:18-22; 대상 2:3-17). 다윗의 고조부인 살몬의 아내 라합은 가나안의 여리고 성의 기생이었고, 증조부인 보아스의 아내인 룻은 모압 출신의 가난한 여인이었다.

이러한 사실은 다윗의 집안이 남들이 부러워할 만큼 명문 귀족은 아니었다는 것을 말해준다. 다윗 자신도 그에게서 솔로몬을 낳아준 밧세바가 이스라엘 출신이 아닌 헷 족속이었다. 다말-라합-룻-밧세바로 이어지는 이색적인 혈통은 솔로몬부터 약 일천 년 후 한적한 시골 마을 베들레헴에서 예수님의 탄생으로 절정을 이룬다. 이것을 보면 기원전 1800년 무렵 살았던 다말은 모나고 흠투성이인 다윗의 가계에 하나님의 은혜의 섭리가 임하게 하는 페이브먼트(포장도로)를 깔아준 여인이었다.

다말의 기묘한 행동은 하나님의 유장한 구원의 역사에서 우리에게 쑥덕공론이 아니라 언약과 축복, 선택과 섭리라는 가치 논쟁으로 격상시켰다. 마태는 복음서를 쓰면서 첫머리에 "아브라함과 다윗의 자손 예수 그리스도의 계보라"라고 하면서 예수님이 누구인지를 소개하고 있다. 예수님은 하늘에서 어느 날 뚝 떨어진 메시아가 아니라, 허물 크고 죄 많은 인간의 혈통에서 태어나신 분이시다.

하지만 인간과 함께 써 내려온 하나님의 구원 역사에서 이 땅에 왕으로 오신 예수님은 이 세상의 모든 인간과 다른 신적인 분이시다. 수많은 장애와 딜레마에 빠진 인류는 오직 그에게서 소망을 발견할 수 있다.

메시아이신 예수님이 품행이 단정하지 못한 시아버지 유다와 악착같이 대를 이어 나가려는 며느리인 다말의 결합을 통한 혈통에서 나왔다는 사실은 우리에게 저항할 수 없는 묘한 은혜를 감지하게 한다.

♥나눔

1. 거룩한 성경에 마치 주간지에서나 읽을 수 있는 유다와 다말 같은 이야기를 접하고서 어떤 느낌이었는지 서로 의견을 나누어주시고, 이 기사에서 하나님의 은혜를 발견하였다면 그게 무엇인지 밝혀주실 수 있겠습니까?

2. 늙지 않은 나이에 아내를 여읜 유다는 다른 고장에 여행을 가서 창녀와 하룻밤을 보냈습니다. 많은 남자들에게는 유다 같은 성향이 있습니다. 과연 그렇습니까?

3. 어떻게든 아들을 보려고 창녀로 변장해서 시아버지를 유혹한 다말의 행동은 정당한 것인가요?

4. 필자는 "다말이 제시한 증거물들은 상황을 반전시키킬 만한 강력하고 실효적인 것이었다."라고 썼습니다. 증거물은 때와 장소를 가리지 않고 제시하기보다는 결정적인 때와 장소를 가려야 할 필요가 있는 것 같습니다. 꼭 부부관계가 아니더라도, 당신은 이런 종류의 경험이 있었는가요?

5. 유다는 며느리 다말과의 사건의 자초지종을 파악하고 "그는 나보다 옳도다"라고 토로했습니다. 이 말을 이해하기란 쉽지 않습니다, 이 말은 대체 무슨 뜻인가요?

6. 저돌적인 언행으로 자신의 운명을 개척한 다말에 대해 나눠보십시오.

7. 유다의 장점에 대해 의견을 나눠보십시오.